Gordon Ramsay

Um chef para as quatro estações

tradução de Carolina Selvatici

colaboração de Roz Denny

fotografias de Georgia Glynn Smith

Ediouro

Para as minhas três pequenas estrelas: Megan, Jack e Holly.

Que vocês cresçam e amem comida como eu amo.

Página 2: Salada morna de mousseron,
mexilhões e alcachofra-chinesa (receita na p. 128)

Título original: Gordon Ramsay — A Chef for All Seasons

CIP-BRASIL. CATALOGAÇÃO NA FONTE
SINDICATO NACIONAL DOS EDITORES DE LIVROS, RJ

R15c

Ramsay, Gordon
Um chef para as quatro estações / Gordon Ramsay ; tradução de Carolina Selvatici ; colaboração de Roz Denny ; fotografias de Georgia Glynn Smith. - São Paulo : Ediouro, 2010.
il.

Tradução de: A Chef for All Seasons
ISBN 978-85-00-02557-0

1. Culinária inglesa. I. Denny, Roz. II. Título.

CDD: 641.5941
CDU: 641.568(41)

EDIOURO PUBLICAÇÕES LTDA.
Rua Nova Jerusalém, 345 — Bonsucesso
Rio de Janeiro — RJ — CEP: 21042-235
Tel.: (21) 3882-8200 — Fax: (21) 3882-8212/8213
www.ediouro.com.br

Produção editorial: Phellipe Marcel
Revisão de tradução: Fernanda Medeiros, Suellen Barbosa
Revisão: Luana Luz, Rosana Moraes
Diagramação: Filigrana

Texto estabelecido segundo o Acordo Ortográfico da Língua Portuguesa de 1990, em vigor no Brasil desde 2009.

Introdução

Quando o assunto é comida, meu humor varia de acordo com o que está acontecendo com as pessoas mais próximas de mim e com o que acontece no cotidiano. Eu estou sempre viajando e quase nunca fico parado. Ainda existem tantas coisas para descobrir, provar e experimentar... O sucesso dos nossos cardápios depende de um equilíbrio entre opções tradicionais, experiências com novos sabores e ideias inovadoras. Um preparo perfeito e uma técnica perfeita tranquilizam nossos clientes, mas é a criatividade constante que os faz voltar.

Por isso, quando eu e meus chefs conversamos sobre os cardápios até tarde da noite, depois do serviço, temos que saber quais os melhores ingredientes daquela estação do ano, para que possamos aproveitar ao máximo seu potencial. Nossas decisões se baseiam não só na qualidade dos ingredientes, mas também no fato de serem apropriados ou não a determinada época do ano. Mesmo que possamos importar do outro lado do mundo uma carne de caça perfeita, não adianta servir um ensopado de carne de caça encorpado e deliciosamente cheiroso no cardápio de verão, por exemplo, quando os clientes querem um prato leve.

O transporte refrigerado moderno fez com que as fronteiras sazonais enfraquecessem. No entanto, essas não são novidades nas quais se esteja interessado. Não vou usar alimentos de fora de estação vindos do exterior a não ser que sejam tão bons quanto os produtos cultivados em nosso país na época certa. Alguns alimentos desafiam todos os obstáculos, sendo cultivados em fusos horários diferentes daquele em que estou, e o fato de serem exóticos me deixa ainda mais feliz quando eles se tornam os ingredientes principais da minha cozinha. Dizem que um bom chef é tão bom quanto a equipe que o apoia (o que é verdade), mas bons fornecedores e produtores são a base de tudo, e eu agradeço sempre aos meus, que compartilham comigo a paixão e o entusiasmo pela boa comida.

Este livro não é só uma coletânea de receitas que usam os melhores ingredientes de cada estação, mas em seu conjunto também incluímos pratos que combinam com as estações, com ingredientes que podem ser encontrados durante o ano todo. Você vai ver que a maioria das receitas é bastante simples de preparar e cozinhar, porque alimentos utilizados no auge de seu fornecimento sazonal, em seu momento de maior perfeição, ficam melhores se cozidos de maneira simples. Cada capítulo começa com algumas de minhas reflexões sobre os alimentos que costumo associar com as estações do ano. Além disso, vou passar para você ideias de sabores, cores e texturas que funcionaram muito bem para mim. Você pode achar algumas escolhas surpreendentes, mas espero que elas o incentivem a experimentá-las.

Gordon Ramsay

Chelsea, Londres.

sumário

Nota do editor: Gordon Ramsay utiliza uma ampla variedade de ingredientes que, quando não existentes no Brasil, podem ser importados por casas especializadas ou substituídos com criatividade. Entre no espírito da cozinha contemporânea e sinta-se livre para adaptar as receitas com os melhores ingredientes disponíveis e conforme as estações do ano onde você vive.

primavera

A primavera começa na minha cozinha por volta de março. O vento frio ainda pode estar soprando lá fora, mas nós ficamos mais animados quando os fornecedores começam a trazer alimentos do sul da França, mais quente. O aumento da duração dos dias e a ansiedade pelos melhores produtos da nova estação anima a todos na cozinha do restaurante.

Um dos primeiros alimentos a aparecer são as **ervilhas-de-cheiro**, ainda nas vagens. Elas são tão macias que você pode quebrá-las, retirar as pequenas ervilhas e comê-las cruas. Na França, as donas de casa gostam de cozinhar as vagens inteiras porque esse invólucro é macio e cheio de sabor. Eu gosto muito de ervilhas porque elas foram o primeiro legume que pude preparar em uma cozinha em Paris, depois de ter sido promovido do setor de sorvetes para o de preparação de legumes. Eu finalmente tinha conseguido! Ervilhas ficam ótimas com peixe. Eu uso as maiores em forma de purê para preparar um molho *velouté* para peixes. Não sou louco por ervilhas frias, mas me lembro de ter gostado de comer um vinagrete de ervilhas com lagosta fria em Paris.

Na época da *nouvelle cuisine*, muitos chefs britânicos foram acusados de usar **minicenouras** (e outros legumes em miniatura) apenas para decorar os pratos. Essa crítica assombrou muitos deles, mas hoje essas cenouras jovens voltaram a fazer sucesso e não estão mais fora de moda. Disponíveis por cerca de seis meses do ano, as minicenouras começam a aparecer na primavera. Assim, podemos obter ótimas cenouras produzidas na região, retilíneas e cheias de sabor. Nós só as raspamos e as cozinhamos rapidamente em manteiga, e com um pouco de água. Elas ficam ótimas acompanhando cordeiro, é claro, mas experimente comê-las com um filé de bacalhau frito ou corte-as em tiras finas e sirva-as como um "espaguete" de legumes. Outra ideia é cozinhá-las um pouco e mergulhá-las em vinagrete para servi-las frias.

Para mim, o Rolls Royce dos legumes de primavera são as *fèves* ou **favas**. Na França, elas são usadas como um adorno exuberante ao prato ou cozidas da mesma maneira que as ervilhas — nas vagens, para preparar uma sopa. Na minha época no Jasmin, restaurante de Joël Robuchon em Paris, eu passei horas preparando favas para o leve e fantástico "cappuccino" de *fèves* com minilagosta, uma das entradas de primavera favoritas de seu cardápio. Também já as comi em uma salada quente com sépias grelhadas. Favas têm um gosto terroso ótimo e ficam boas em muitos pratos no estilo do interior, como nhoque de batata ou salada com ricota. Ervilhas e favas juntas podem criar um bom prato porque as duas se complementam muito bem. Enquanto uma é doce e macia, a outra é mais encorpada e tem uma textura mais consistente. Elas são uma ótima dupla.

Nas melhores cozinhas, o **miniespinafre** agora tem um status de marca famosa, mas a maioria dos chefs ainda em treinamento comete o erro de ferver e espremer essas folhas jovens e delicadas, deixando-as sem vida. Se meus auxiliares quiserem me agradar, eles só vão separar as folhas machucadas e as raízes. Quando se trata de miniespinafre, existem muitos "nãos": não retire os talos, não lave bruscamente, não os amasse em um secador de folhas, não os ferva coberto de água e, por favor, não esprema ou pique as folhas murchas. O melhor miniespinafre é produzido na primavera. Nós simplesmente o regamos com vinagrete ou o cozinhamos com uma colher de sopa de água e uma colherada de manteiga. Às vezes, o espinafre é tão delicado que simplesmente colocamos um pequeno punhado de folhas frescas em um prato muito quente. Elas murcham na hora, e esse é todo o cozimento de que necessitam.

Uma verdura que está cada vez mais presente na minha cozinha é o **repolho-chinês**, um pequeno repolho com talos que parecem acelga e um sabor que é uma mistura deliciosa de espinafre e alcachofras. Nossos fornecedores nos enviam carregamentos do final da primavera até o meio do verão. Nós cozinhamos os menores inteiros e usamos um por porção. Eles são verduras ótimas para criar pratos com frango, peixe-galo grelhado ou salmão cozido. O repolho-chinês também fica ótimo refogado porque cozinha em segundos em um *wok* quente, uma espécie de frigideira chinesa.

Se as favas são o Rolls Royce dos ingredientes de primavera, então eu diria que os **aspargos brancos** são uma Ferrari em um *test drive*, porque eles desaparecem num segundo. Até as trufas brancas podem ser colhidas por mais tempo. Eu fico muito animado quando eles chegam às cozinhas. Aqueles cigarrinhos brancos como pérolas têm um sabor brando e delicado, muito mais suave ao paladar do que os aspargos verdes, mais fortes. Os talos só precisam ser descascados um pouco. Sempre servimos aspargos brancos inteiros, normalmente ao vinagrete apenas. Os norte-americanos são loucos por eles e os franceses os adoram com frango (no *poulet de Bresse*, é claro) e alguns cogumelos-morel à *sauté*.

Disponíveis por um tempo muito maior do que os brancos, os **aspargos verdes** ficam muito bons como acompanhamento de pratos principais. Os talos, mais duros do que os dos aspargos brancos, por conterem menos água, necessitam da remoção de quase toda sua casca. Seu preparo consiste em primeiramente fervê-los e resfriá-los e, depois, requentá-los em um pouco de água com manteiga minutos antes de servir.

Existem duas outras variedades de aspargos: os aspargos selvagens, raros e com a grossura de um lápis, e os lindos aspargos d'água — em inglês, *water asparagus* —, que são legumes de primavera delicados com pontas que parecem brotos de trigo. Eles ficam ótimos servidos com peixe.

Raízes e tubérculos ocupam um lugar especial no nosso repertório culinário. Entre os favoritos estão as raízes dos **girassóis** — em inglês, *Jerusalem Artichokes*, ou seja, o que se chama em Portugal de alcachofras-de-jerusalém — que, apesar de poderem ser encontrados em qualquer época do ano, são melhores se utilizados na primavera. Ao contrário do que pode indicar o nome em inglês e em Portugal, eles não são da mesma família das alcachofras nem são originados da cidade sagrada. Girassóis e alcachofras se tornaram populares na Europa por causa dos franceses, que os utilizam de diferentes maneiras. As raízes dos girassóis quase não precisam ser descascadas — o que é uma vantagem, uma vez que elas são cheias de reentrâncias como suculentos gengibres frescos —, e elas têm uma textura grossa e aveludada quando cozidas. Nós tiramos proveito disso e as usamos para preparar sopas incrivelmente cremosas. Ao serem aferventadas e, depois, preparadas à *sauté* com um pouco de manteiga, as raízes ganham uma cor linda.

A primavera marca a chegada — pelo menos para mim — do melhor dos cogumelos: o **morel**. Eu devo ter gostos extravagantes, porque meus ingredientes favoritos (trufas brancas, aspargos brancos e cogumelos-morel) são produzidos por muito pouco tempo e resistem ao cultivo, independentemente do esforço dedicado a eles por bons hortelãos. Cogumelos-morel frescos só estão disponíveis de quatro a seis semanas. Eles possuem um formato estranho, com aparência de toucas de lã marrons e esponjosas. Esses cogumelos são difíceis de limpar e precisam ser esfregados delicadamente (como as trufas brancas) e enxaguados rapidamente. Nós recheamos os maiores com uma musse de frango e usamos os menores em molhos. Não preciso dizer que gosto de comê-los com talos de aspargos brancos ao vinagrete ou com manteiga derretida.

Em março e abril, meu fornecedor, Mark Bourget, volta da Itália com **alhos** frescos, colhidos das montanhas ao norte daquele país. Não os confunda com o alho-dos-ursos, que tem a cabeça menor do que a do alho normal e um gosto mais doce. Esses alhos frescos têm sabor e cheiro fortes, que podem mascarar os outros sabores de um prato. Você pode controlar isso aferventando os dentes várias vezes. As folhas de alho fresco, que parecem um pouco com folhas de hortelã, podem ser picadas para temperar risotos, pratos de carne bovina, carneiro ou peixes mais consistentes, como o halibute. Eu gosto de cobrir dentes de alho, com casca e tudo, com gordura de ganso e fritá-los até que a casca esteja bem crocante.

Nós usamos muita **salsa**, tanto a crespa quanto a lisa. A salsa crespa tem um sabor muito forte, que é abrandado quando aferventada. Além disso, esse processo intensifica sua linda cor verde-escura. Depois que a salsa cozida é resfriada com água gelada, nós a escorremos e socamos. Esse purê de salsa é misturado a um de batata cremoso, acrescentado a molhos para peixe e ostras, e pode também ser usado para encorpar pratos. A salsa lisa é ideal como acompanhamento porque cria uma sensação agradável de limpeza ao paladar. Ela não deve ser cortada muito fina porque fica machucada com facilidade. Há pouco tempo, começamos a servi-la com sardinhas e vinagrete. Também as fritamos para decorar peixes.

Às vezes os chefs são acusados de ter popularizado tanto o bacalhau que sua oferta está ameaçada por causa da grande procura. Bem, apesar de adorar preparar bacalhau, eu também gosto de outros peixes brancos. Um deles é o **badejo** — é o favorito da minha mãe e muito popular na Escócia. Tenro e saboroso, ele tem a força do bacalhau com uma carne um pouco mais macia, o que o torna perfeito para uma *brandade*. O melhor badejo é o disponível na primavera, e ele pode ser comprado facilmente. Apesar de a carne ser bem macia, ela não é aguada. É melhor eu não dizer mais nada ou o badejo também vai se tornar famoso e os preços vão começar a subir.

Para mim, **franguinhos** sempre vão combinar com cardápios leves de primavera. Sua produção quase desapareceu dez anos atrás, mas, agora, é bastante fácil comprá-los. Descobrimos que os ingleses preferem comê-los na hora do almoço, mas não no jantar, provavelmente porque eles parecem mais leves. Meu método de preparação favorito é o que os franceses chamam de *poché-grillé*: nós fervemos a ave inteira em caldo de frango para pré-cozê-la, depois removemos o peito e as coxas e os fritamos. Assim, a carne se mantém suculenta, e o sabor se aprimora quando o frango é dourado numa frigideira quente.

Quando o assunto é carne, a primavera é a melhor estação para **cordeiros**. De certa forma, carnes mais pesadas, como a carne de vaca, de caça e, até certo ponto, de porco, não parecem apropriadas para essa época do ano, enquanto o cordeiro é atraente. Sua carne é macia e tem sabor adocicado e delicado. Além disso, a parte de fora cozinha em muito pouco tempo, proporcionando um sabor delicioso, caramelizado, parecido com churrasco. Na minha opinião, quase toda a melhor carne de cordeiro que consumimos na Inglaterra vem da Grã-Bretanha. Nossos produtos vêm de diferentes áreas, dependendo da estação. Eu prefiro o cordeiro escocês e galês na primavera e, quando posso, uso cordeiros que foram alimentados com leite. Durante o outono, gosto de comprar cordeiros dos Pireneus, onde eles são criados de modo quase selvagem. No fim da estação, a carne obtém um sabor mais forte, parecido com o do javali selvagem. O cordeiro é a carne mais versátil de todas. Nós usamos os braços — na Inglaterra, *little legs* —, cortes do lombo (muito populares entre as mulheres) — *cannons from the saddle* — e do pescoço. Também usamos os quartos — *shanks* — para dourar.

Eu devo confessar: sou um homem que adora maçãs verdes **Granny Smith** porque são muito bem-equilibradas — são doces, fortes, com uma textura firme e suculenta — e ficam boas tanto cruas quanto cozidas. Nós as usamos em muitas sobremesas: *parfaits* gelados, saladas de fruta e como um caldo doce para a sobremesa que é nossa marca registrada, o *crème brûlée*. Para prepará-lo, amassamos uma maçã e criamos um molho simples. Mas isso não é tudo. Se forem cortadas em fatias muito finas, mergulhadas em um concentrado de limão que na Inglaterra chamamos de *stock syrup* e deixadas para secar durante a noite, maçãs Granny Smith se tornam excelentes biscoitos *tuile* (sem gordura). Não existe um ingrediente mais versátil!

No fim da primavera, **damascos** pequenos e cheirosos com cascas rosadas começam a aparecer na lista do nosso fornecedor. Os damascos vêm da França e da Espanha, dois países que oferecem várias receitas maravilhosas para essa fruta incrivelmente versátil. Nós a usamos tanto em pratos doces quanto salgados. No início da minha carreira no Aubergine, servíamos um prato de carne de porco recheada com damascos que conquistou muitos fãs. *Clafoutis* feitos com damascos pequenos são uma sobremesa leve. As frutas também podem ser fervidas com um pouco de xarope de canela e essência de anis para acompanhar um arroz-doce cremoso. O fornecimento de pequenos damascos dura até o início do

verão, quando chegam as frutas maiores. Usamos estas para fazer um *chutney* que é servido com *foie gras* (como o *chutney* de pêssego da p. 213). Fora da estação, usamos damascos franceses parcialmente desidratados (que os franceses chamam de *mi-cuit*), que não precisam ser reidratados. Eles são ótimos para preparar geleias.

A fragrância exótica das **mangas** é simplesmente maravilhosa. Quando for comprá-las, não escolha mangas maduras demais — você vai precisar de um pouco de amargura para equilibrar a forte doçura. Para cozinhá-las de modo saboroso, compre frutas que estejam duras e um pouco ácidas. Combine-as com frutos do mar (sendo moluscos ou crustáceos), carne de frango ou porco preparada na churrasqueira com uma pitada de temperos aromáticos. Mangas pouco maduras também são boas para molhos e *chutneys*. No cardápio de sobremesas, mangas combinam com sabores amanteigados, mas minha combinação favorita é a com café e creme que usamos em uma receita de ravióli doce. Para prepará-la, descasque uma manga grande e firme e corte em fatias bem finas. Mergulhe-as em concentrado de limão durante algumas horas para amolecê-las, depois escorra e seque-as. Faça um recheio de café expresso bem forte, *crème fraîche* espesso, creme de leite fresco levemente batido e adoce um pouco. Faça bolinhas com esse creme e coloque-as entre tiras de manga amolecida.

Eu poderia falar sobre o **ruibarbo** por horas. Na primavera, conseguimos talos macios e rosa forte, que são às vezes chamados de ruibarbos "forçados" porque são cultivados em estufas ou cobertos com vasos altos (isso os faz crescer retos e altos). O ruibarbo-champanhe — em inglês, *champagne rhubarb* — é o mais macio e doce. Em geral, na Inglaterra pode-se obter ruibarbo o ano todo, vindo tanto de Kent quanto da Holanda, porque sua colheita é feita em diferentes épocas do ano nesses dois lugares. Até o fim da década de 1940 essa planta era classificada como um legume, mas agora é considerada uma fruta. Eu a uso como ambos. Como legume, nós a fritamos e misturamos com chucrute ou a usamos para fazer um molho fantástico para peixes e lagostas (o que também é um bom assunto para qualquer jantar). Refogue o ruibarbo picado em um pouco de manteiga com sal e açúcar, deixe cozinhar em fogo baixo, acrescentando um Caldo de Legumes Reduzido (p. 212) até formar um purê. Finalize com um pouco de vinagrete. Outra sugestão saborosa é refogar o ruibarbo em manteiga, acrescentar grenadina — um licor de romã ou outras frutas vermelhas — até formar um caldo e servi-lo como um molho rápido para *foie gras* ou fígado frito. Para mim, a melhor maneira de preparar ruibarbo como doce é assá-lo com açúcar, manteiga e baunilha, servindo-o com *crème brûlée*.

Sopa de ervilhas da primavera

Esta é uma sopa cremosa e leve que tem tudo a seu favor: uma cor tentadora, uma textura aveludada e um sabor refrescante maravilhoso. Ervilhas e bacon *são uma combinação tradicional. Eu gosto de usar o* bacon *da Alsácia, mas qualquer outro* bacon *com gordura levemente defumado e curado fica perfeito.* **SERVE 4 PORÇÕES COMO ENTRADA**

100 g de *bacon* com gordura levemente defumado (preferencialmente o *Alsace Ventrech*), sem a pele
2 chalotas fatiadas
2 colheres (sopa) de azeite de oliva
400 g de ervilhas frescas sem as favas
2 colheres (sopa) de vinho branco seco
1 litro de Caldo de Galinha *Light* (p. 212) ou de Caldo de Legumes Reduzido (p. 212)
100 ml de creme de leite fresco e uma porção extra para servir
sal marinho e pimenta-do-reino moída na hora

1 Reserve quatro tiras de *bacon* e pique o resto. Coloque o *bacon* picado em uma panela com as chalotas e o azeite. Esquente até que comece a estalar, depois cozinhe em fogo baixo por cerca de 5 minutos.
2 Adicione as ervilhas e cozinhe por mais 2 a 3 minutos. Acrescente o vinho e cozinhe até que ele tenha evaporado.
3 Acrescente o caldo, 250 ml de água e deixe ferver. Tempere e ferva em fogo baixo por 15 minutos. Bata em um processador de alimentos ou liquidificador até que fique homogêneo; depois, pressionando a mistura com as costas de uma concha, passe-a numa peneira fina e ponha numa tigela. Deixe esfriar e leve à geladeira.
4 Enquanto isso, grelhe as fatias de *bacon* reservadas até que fiquem crocantes. (No restaurante, nós assamos as fatias entre duas assadeiras pesadas para mantê-las retas e planas, mas você pode preferi-las enroladinhas.) Seque bem em papel toalha para que não fiquem engorduradas. Mantenha quente.
5 Quando a sopa estiver fria, prove o tempero e misture o creme de leite. Tempere novamente. Sirva em tigelas, decorando com creme de leite e uma tira de *bacon*.

Sopa de raiz de girassol com cogumelos-morel

Antigamente consideradas legumes de inverno sem graça, as raízes de girassol estão voltando à moda e sendo utilizadas novamente. No Daniel's Restaurant, em Nova York, eles apenas lavam as raízes, em vez de descascá-las. Você pode fazer isso nesta sopa, o que dará a ela uma cor bege-acinzentada rústica e clara. Caso sejam descascadas, a sopa ficará mais clara.

A temporada de cogumelos-morel frescos é muito curta, então você deve tentar aproveitá-los ao máximo enquanto estiverem disponíveis. Sempre os preparamos cerca de uma hora antes de cozinhá-los. Nós os lavamos com cuidado — os cogumelos que usamos são cultivados na areia e mesmo apenas alguns grãos podem estragar esta sopa incrivelmente aveludada — e os deixamos secar. Se quiser preparar esta receita fora da temporada, você pode usar 50 g de cogumelos-morel secos reidratados em água morna.

SERVE 4 PORÇÕES COMO ENTRADA

150 g de pequenos cogumelos-morel frescos
400 g de raízes de girassol frescas
suco de 1 limão pequeno
3 colheres (sopa) de azeite de oliva
2 chalotas picadas
100 ml de vinho branco seco
1 litro de Caldo de Galinha *Light* (p. 212) ou de Caldo de Legumes Reduzido (p. 212)
150 ml de creme de leite fresco
25 g de manteiga
um pouco de noz-moscada ralada na hora
sal marinho e pimenta-do-reino moída na hora

1 Corte os cogumelos-morel ao meio no comprimento e lave-os bem com água corrente fria para retirar toda a areia. Enxugue-os com papel toalha e deixe-os descansar por uma hora para que sequem completamente.
2 Lave as raízes de girassol, esfregando-as bem, ou descasque-as com cuidado, usando um descascador. Encha uma tigela com água fria e acrescente o suco de limão. Corte cada raiz em fatias e passe-as imediatamente para a água acidificada. Isso evitará que escureçam. Deixe-as de molho por cinco minutos, depois escorra e seque-as.
3 Esquente duas colheres (sopa) de azeite em uma panela grande e refogue cuidadosamente as chalotas por cinco minutos. Acrescente as fatias de raiz de girassol e cozinhe por mais cinco minutos.
4 Adicione o vinho e ferva tudo até que ele evapore completamente. Acrescente o Caldo. Deixe ferver, tempere e cozinhe em fogo baixo por 15 minutos ou até que as fatias de girassol comecem a amolecer.
5 Bata tudo em um processador de alimentos ou liquidificador e passe a sopa por uma peneira, pressionando-a com as costas de uma concha. Devolva-a à panela e misture o creme de leite. (Nesse ponto, você pode congelar a sopa para servir depois.) Esquente até começar a ferver e reserve.
6 Esquente o azeite restante com a manteiga em uma frigideira e refogue os cogumelos-morel por cerca de cinco minutos, sem parar de mexer. Tempere e polvilhe com um pouco de noz-moscada ralada na hora. Seque-os com papel toalha.
7 Reaqueça a sopa, caso necessário. Passe-a para quatro pratos de sopa aquecidos e espalhe os cogumelos-morel. Sirva rapidamente. Não há necessidade de decorar, a não ser com os cogumelos. É simples e sublime!

Sopa de aspargos com *croûtes* de queijo fresco

Esta é a mais leve das sopas de primavera. Ela é servida com delicados croûtes *— uma espécie de torrada — flutuantes de queijo de cabra* chèvre e mascarpone, *feitos com uma baguete fina. Esta sopa pode ser preparada antes e reaquecida na hora de servir.* SERVE 4 PORÇÕES COMO ENTRADA

500 g de aspargos verdes frescos
2 colheres (sopa) de azeite de oliva
1 cebola média bem-picada
1 cenoura pequena bem-picada
20 g de manteiga
2 raminhos de tomilho fresco
1 litro de Caldo de Galinha *Light* (p. 212) ou de Caldo de Legumes Reduzido (p. 212)
sal marinho e pimenta-do-reino moída na hora

Para servir
1 baguete fina
2 dentes de alho descascados
um pouco de azeite de oliva para fritar
100 g de queijo de cabra *chèvre* semimacio sem a casca
1 colher (sopa) de *mascarpone*

1 Corte as bases dos aspargos e use um descascador para retirar a casca dos talos caso estejam um pouco duros. Corte 12 pontas de cerca de cinco centímetros de comprimento. Pique o restante dos aspargos.
2 Esquente o azeite em uma panela grande e refogue levemente as cebolas e as cenouras por cerca de cinco minutos. Adicione a manteiga e, quando estiver derretida, acrescente os aspargos picados e o tomilho. Refogue por cinco minutos, cubra e deixe cozinhar em fogo baixo por mais 15 minutos até que os aspargos amoleçam, mexendo ocasionalmente.
3 Adicione o Caldo e um pouco de tempero. Deixe ferver, cubra e cozinhe por apenas cinco minutos em fogo baixo — isso mantém um sabor fresco. Confira a consistência dos talos de aspargo — eles têm que estar bem macios. Retire os raminhos de tomilho.
4 Passe os legumes para um processador de alimentos ou liquidificador usando uma escumadeira. Reserve o líquido que ficou na panela. Bata até que a mistura fique cremosa, acrescentando o líquido ao processador aos poucos. Para obter uma textura aveludada, peneire a mistura, pressionando-a com as costas de uma concha, e devolva-a à panela. Prove o tempero e reserve.
5 Afervente as pontas de aspargos reservadas por dois minutos. Escorra e mergulhe-as em uma tigela de água gelada. Escorra de novo e reserve.
6 Para fazer os lindos *croûtes*, corte a baguete em fatias de um centímetro. Faça dois ou três *croûtes* por pessoa (talvez você não use todo o pão). Esfregue os dois lados das fatias com alho. Esquente uma camada fina de azeite em uma frigideira e, quando estiver quente, frite as fatias até que ambos os lados estejam dourados e crocantes. Seque imediatamente em toalhas de papel e deixe esfriar.
7 Bata o queijo de cabra com o *mascarpone* e tempere suavemente. Espalhe a mistura de maneira atraente sobre os *croûtes*.
8 Reaqueça a sopa, prove o tempero e passe-a para tigelas de sopa aquecidas. Coloque as torradas e as pontas de aspargo por cima e sirva.

Sopa de espinafre e molho *velouté* com *quenelles* de queijo de cabra

Com textura aveludada, coloração verde vibrante e de simples preparo — essa sopa é composta pelo sabor puro dos legumes e por uma mistura leve e macia de queijo de cabra e mascarpone. **SERVE 4 PORÇÕES COMO ENTRADA**

400 g de folhas frescas de espinafre
2 colheres (sopa) de azeite de oliva
1 batata média (cerca de 200 g), sem casca e cortada em fatias finas
um pouco de noz-moscada ralada na hora
100 g de queijo de cabra macio e fresco
40 g de *mascarpone*
1 colher (sopa) de cebolinha-miúda fresca picada
150 ml de creme de leite fresco
sal marinho e pimenta-do-reino moída na hora

1 Escolha as folhas de espinafre e jogue fora talos grandes ou duros e folhas machucadas. Lave bem o resto em duas porções de água fria e retire o excesso de água.
2 Esquente o azeite em uma panela grande e refogue a batata por cerca de cinco minutos até que amoleça. Acrescente o espinafre e refogue-o até murchar.
3 Adicione um litro de água, tempero a gosto e um pouco de noz-moscada ralada. Deixe ferver, mexendo sempre. Cubra parcialmente a panela e deixe cozinhar em fogo baixo por 15 minutos, mexendo de vez em quando.
4 Enquanto isso, bata o queijo de cabra e o *mascarpone* até formarem uma mistura firme, mas macia, e acrescente a cebolinha-miúda. Tempere, se quiser. Eu não gosto. Reserve.
5 Passe a sopa para um processador de alimentos ou liquidificador e bata até que fique homogênea. Pressionando-a com as costas de uma concha, passe-a por uma peneira e devolva à panela.
6 Misture o creme de leite e deixe ferver lentamente. Prove o tempero e cozinhe em fogo baixo por um ou dois minutos.
7 Passe a sopa para tigelas aquecidas. Faça *quenelles* com a massa de queijo de cabra ou, com cuidado, coloque colheradas da mistura no centro da tigela com sopa. Sirva imediatamente.

Variação
Em ocasiões especiais, eu às vezes preparo essa sopa com ostras. Eu retiro as conchas de oito ostras, conservando seu caldo. Fervo as quatro ostras maiores em seu próprio caldo por um minuto ou dois, depois escorro, mas reservando o molho que se forma. Bato as outras quatro no processador de alimentos com a mistura de espinafre e batata. Nesse ponto, eu acrescento o caldo de ostra reservado. Quando a sopa é servida, eu coloco uma ostra fervida no meio de cada tigela e a mistura de queijo de cabra por cima.

Nhoque de ricota com ervilhas e favas

Se você tem a impressão de que o nhoque é algo massudo e sem graça, então deixe-me tentar convencê-lo a experimentar o nhoque de batata. Ele é muito mais leve do que o de sêmola. Qualquer pessoa que gosta de cozinhar vai se divertir muito fazendo esta receita! SERVE 4 PORÇÕES COMO ENTRADA

1 kg de batatas com alto teor de massa seca (preferencialmente do tipo Desirée ou Maris Piper)
175 g de farinha de trigo e uma porção extra, para dar forma aos nhoques
1 colher (sopa) de sal marinho refinado
1 colher (chá) de pimenta moída na hora (preferencialmente pimenta-branca)
1 ovo orgânico batido
100 g de ricota
75 g de manteiga
200 g de ervilhas frescas sem a vagem
200 g de favas pequenas sem a vagem
3 colheres (sopa) de Molho Vinagrete Clássico (p. 213)
2 colheres (sopa) de salsa fresca picada
sal marinho e pimenta-do-reino moída na hora

1 Ferva as batatas com as cascas até que comecem a amolecer. Escorra e descasque-as enquanto estiverem quentes (com luvas de borracha, para proteger as mãos — chamadas com carinho pelos meus jovens assistentes de "Marigold", em referência a um personagem de uma série de televisão britânica). Corte cada batata em quatro pedaços e espalhe-as em uma assadeira.

2 Seque-as em forno preaquecido a 200°C por cerca de cinco minutos. Depois, amasse-as até que formem uma massa homogênea. A melhor maneira é passar a batata em um espremedor. Não use batedeira elétrica nem processador de alimentos porque a textura do nhoque vai ficar grudenta.

3 Misture as batatas com a farinha, o sal marinho refinado, a pimenta-branca, o ovo e a ricota. A mistura vai se tornar uma massa macia. Não bata demais ou o nhoque vai ficar duro. Espalhe a mistura em um prato e leve à geladeira até que fique firme.

4 Enrole a massa de batata para formar um charuto longo de cerca de um centímetro e meio de espessura. Usando as costas de uma faca normal, corte o charuto em pedaços de três centímetros de comprimento (veja fotografias dessa técnica na p. 220). Coloque uma panela grande de água para ferver. Adicione os nhoques e deixe que cozinhem em fogo baixo por cinco minutos (talvez você tenha que dividi-los em porções para cozinhá-los). Escorra bem e jogue-os imediatamente em água gelada. Escorra de novo e seque-os com papel toalha.

5 Derreta a manteiga e esquente-a devagar até que adquira uma cor levemente marrom. Passe-a por uma peneira fina e descarte a parte sólida. Transfira a manteiga para uma frigideira e frite os nhoques com cuidado até que estejam todos dourados. Tempere e mantenha quente.

6 Enquanto isso, cozinhe as ervilhas e as favas em água com pouco sal por dois a três minutos. Escorra e tempere. Misture-as ao vinagrete e depois acrescente a salsa.

7 Divida as ervilhas e as favas entre quatro pratos e cubra-as com o nhoque frito. Sirva imediatamente.

Salada quente de cogumelos-*porcini* e aspargos brancos

*Aspargos brancos são muito famosos na Europa, onde são associados a jantares chiques. Os talos são quase sempre servidos inteiros. Entre abril e maio ingleses, eu consigo comprar aspargos brancos grossos cultivados no vale de Evesham, aqui no Reino Unido. Eles são tão macios que não é preciso descascá-los, só aparar a base do talo. Esses aspargos combinam com uma salada simples e saborosa, coberta com cogumelos-*porcini *fatiados e refogados e um molho* beurre noisette. **SERVE 4 PORÇÕES COMO ENTRADA**

cerca de 12 aspargos brancos frescos grandes ou entre 24 e 30 pequenos
suco de um limão
4 colheres (sopa) de azeite de oliva
75 g de manteiga derretida
200 g de cogumelos-*porcini* frescos, com as bases aparadas e fatiados
2 colheres (sopa) de folhas de salsa lisa frescas
sal marinho e pimenta-do-reino moída na hora

1 Prepare os aspargos primeiro. Apare as bases deles. Coloque uma panela rasa de água para ferver e adicione metade do suco de limão e uma colher (sopa) do azeite. Acrescente os talos de aspargo e ferva-os por cerca de quatro minutos. Em seguida, escorra com cuidado (para não machucar as pontas) e mergulhe-os em uma tigela rasa de água gelada. Deixe esfriar, escorra com cuidado de novo e seque, batendo-os levemente.
2 Faça a *beurre noisette*. Esquente a manteiga em fogo baixo em uma pequena panela, depois aumente o fogo e cozinhe até que a manteiga comece a escurecer. Tome muito cuidado! Passe-a para uma xícara rapidamente para que pare de escurecer. Reserve.
3 Esquente o restante do azeite em uma frigideira e frite os cogumelos-*porcini*, mexendo sempre, até que comecem a amolecer. Adicione as folhas de salsa, tempere e passe tudo para um prato.
4 Limpe a frigideira e adicione a *beurre noisette*, mas deixe a parte sólida na xícara. Esquente em fogo baixo e adicione os talos de aspargo. Aqueça com cuidado. Quando estiverem quentes, regue-os com o restante do suco de limão.
5 Coloque quatro talos de aspargos em cada prato, regue-os com o caldo que ficou na panela e cubra-os com os cogumelos-*porcini*. Pronto. Naturalmente simples.

Salada de abacate e caranguejo com molho de toranja

Combinações clássicas de sabor e cor são insuperáveis — a mistura de abacate com frutos do mar sempre arrebanha fãs. No entanto, em vez de um molho no estilo maionese, experimente misturar os frutos do mar — aqui, o caranguejo — com um vinagrete leve temperado com poderosos gominhos de toranja. A tonalidade pastel e o sabor fresco vão tornar essa receita uma entrada muito popular.

A carne de caranguejo fresca é a melhor opção. Caso tenha que usar a congelada, pressione a carne de caranguejo em uma peneira ou um escorredor usando as costas de uma concha para retirar o excesso de líquido. **SERVE 4 PORÇÕES COMO ENTRADA**

1 toranja
150 ml de Molho Vinagrete Clássico (p. 213)
2 abacates grandes e maduros
2 tomates italianos picados, sem pele e sementes
suco de meia lima
1 colher (chá) de chalota ou cebolinha bem-picada
algumas gotas de molho de pimenta forte (opcional)
150 g de carne de caranguejo-branco
cerca de 100 g de pequenas folhas (uma mistura, alface-de-cordeiro ou pequenas folhas de rúcula-selvagem)
sal marinho e pimenta-do-reino moída na hora

1 Retire a casca e a parte branca do meio da toranja. Em seguida, com uma faca para frutas afiada, separe os gomos. Faça isso sobre uma tigela para recolher o suco. Adicione os gomos à tigela e desfaça-os em gominhos com os dentes de um garfo. Acrescente 100 ml do vinagrete e reserve.
2 Faça um guacamole. Corte os abacates ao meio, retire o caroço e a casca e passe as frutas para uma tigela rasa. Amasse-as com um garfo, criando um purê grosseiro. Em seguida, acrescente os tomates, o suco de lima, as chalotas ou cebolinhas, o molho de pimenta a gosto (se preferir) e tempere.
3 Procure atentamente por pedaços de casca na carne de caranguejo (fazemos isso em um prato raso com as costas de um garfo). Tempere bem e misture com uma colher (sopa) do vinagrete.
4 Misture as folhas com o restante do vinagrete e tempere também.
5 Para montar a salada, use um cortador de biscoitos comum de sete ou oito centímetros de diâmetro. Coloque o cortador no centro de um prato médio e ponha um quarto do guacamole dentro dele. Coloque um quarto da carne de caranguejo por cima e pressione levemente. Depois, faça uma pequena pilha de folhas por cima. Retire o cortador com cuidado (veja fotos dessa técnica na p. 221), limpe a parte de dentro dele e repita a operação em outros três pratos. Você também pode simplesmente empilhar as saladas em cada um dos pratos.
6 Por fim, enfeite ao redor de cada salada com pequenas colheres (chá) de molho de toranja e sirva.

Aspargos e vieiras cozidos no vapor com molho de manteiga e capim-limão

Quem disse que comida feita no vapor é algo sem graça? Eu não. Adoro os sabores puros e delicados de vieiras e aspargos finos como um lápis cozidos no vapor, em seus próprios caldos, e, em seguida, cobertos com um molho beurre blanc *cheiroso. Peça ao peixeiro para abrir as vieiras e entregar as conchas côncavas para você. No restaurante, geralmente jogamos as gônadas — a parte mole, normalmente vermelha — fora, mas você pode cozinhá-las, se preferir. Cestas chinesas para cozimento a vapor, feitas com bambu, são baratas e fáceis de achar se você procurar em alguma loja especializada em produtos chineses. Eu as utilizo com frequência para preparar peixes e legumes.* **SERVE 4 PORÇÕES COMO ENTRADA**

4 a 6 vieiras grandes sem as conchas (reserve 4 conchas côncavas)
150 g de pontas de aspargos verdes finos
1 colher (sopa) de cerefólio ou cebolinha-miúda frescos e picados
sal marinho e pimenta-do-reino moída na hora

Molho
1 ramo de capim-limão fresco sem as folhas mais duras de fora
2 chalotas bem-picadas
100 ml de vinho branco seco
1 colher (chá) de vinagre de vinho branco
2 colheres (sopa) de creme de leite fresco
100 g de manteiga sem sal gelada e cortada em pequenos cubos

1 Lave as vieiras bem e seque-as. Retire a parte dura dos lados. Vieiras muito grandes ficam melhores se cortadas horizontalmente em três pedaços. Se quiser diferente, corte-as ao meio.
2 Limpe as conchas e divida os aspargos entre elas. Tempere suavemente e coloque as fatias de vieira por cima. Coloque também as gônadas, se optar por utilizá-las.
3 Prepare uma panela de água fervente, onde a sua cesta de bambu será posta. Enquanto a água esquenta, faça o molho de manteiga.
4 Pique bem o capim-limão e jogue fora os pedaços mais duros. Enrole-o e prenda-o em um pedaço de musselina. Cozinhe as chalotas e o capim-limão no vinho branco por cerca de 15 minutos até que amoleçam e o líquido esteja reduzido a quase nada. Retire o saquinho de capim-limão. Adicione o vinagre e cozinhe até que evapore, o que leva apenas segundos.
5 Acrescente o creme de leite, tempere e deixe ferver em fogo baixo. O creme de leite ajuda a estabilizar o molho. Acrescente alguns cubos de manteiga e mexa bem, com movimentos curtos, até que derretam e emulsifiquem. Adicione mais cubos de manteiga e misture de novo. Quando todos os cubos tiverem sido adicionados, acrescente duas colheres (sopa) de água fria e retire a panela do fogo. Cubra a parte de cima do molho com papel filme ou manteiga e reserve para manter quente.
6 Deixe a água da panela ferver bastante. Tempere as vieiras e coloque as conchas no fundo da cesta. Ponha-as sobre a panela e cubra com a tampa. Cozinhe no vapor por três e meio a quatro minutos, dependendo da espessura das vieiras.
7 Retire a cesta da panela. Tome cuidado porque o vapor pode causar queimaduras graves. Retire as conchas com cuidado para não derramar nenhum caldo e coloque-as em pratos, apoiando cada concha em um montinho de sal grosso (o sal ajuda a manter as conchas equilibradas, para que não virem no prato).
8 Cubra as vieiras com o molho de manteiga, salpique ervas por cima e sirva na hora.

Badejo com crosta de limão e salsa

Acho que o badejo é um peixe subestimado, ofuscado pelo bacalhau e pelo hadoque, mais carnudos. Apesar de a carne do badejo ser mais molenga, ela é saborosa. Esta receita deve ser feita com um badejo grande, que o seu peixeiro poderá cortar em quatros filés longos. A crosta é feita de uma maneira engenhosa. Em vez de pressionar uma massa solta contra cada filé, ela é amassada para formar uma folha, cortada e posta por cima deles. Em seguida, o peixe é cozido parcialmente submerso, enquanto a crosta fica para fora. Se quiser usar verduras frescas, você pode servir o peixe em uma pilha de miniespinafre. Não é preciso cozinhá-lo. Só coloque o espinafre em um prato muito quente para que as folhas murchem. SERVE 4 PORÇÕES COMO PRATO PRINCIPAL

1 badejo grande (de cerca de 1,2 kg) cortado em 4 filés, com a pele
3 tomates sem pele nem sementes bem-picados
3 colheres (sopa) de azeite de oliva
3 colheres (sopa) de mostarda em grãos
1 folha de louro
2 ramos de tomilho fresco
3 colheres (sopa) de creme de leite fresco
sal marinho e pimenta-do-reino moída na hora

Crosta
200 g de manteiga sem sal
200 g de migalhas de brioche sem açúcar ou farinha de rosca branca de boa qualidade
100 g de raminhos de salsa crespa
raspas de 2 limões

1 Retire as espinhas dos filés e corte cada um ao meio para formar oito pedaços. Reserve.
2 Cozinhe o tomate picado em uma colher (sopa) de azeite até que você obtenha um purê grosseiro. Tempere e reserve.
3 Faça a crosta. Bata a manteiga e a farinha de rosca em um processador de alimentos até virar uma paçoca. Acrescente a salsa, as raspas de limão e o tempero e bata até obter um farelo. Forre uma tábua de madeira com papel filme e passe a paçoca para cima dele. Cubra com mais papel filme e abra a mistura com um rolo de macarrão até obter um retângulo de cerca de um centímetro de espessura. Coloque a crosta no congelador por algumas horas para endurecer. Em seguida, corte-a em oito pedaços com mais ou menos o mesmo tamanho dos filés.
4 Quando estiver pronto para cozinhar, preaqueça o forno a 200°C. Espalhe duas colheres (sopa) de mostarda sobre a pele do peixe, e cubra-o com o "purê" de tomate. Por fim, retire os pedaços de crosta do papel filme e pressione-os com cuidado em cima do peixe. Coloque os pedaços delicadamente em uma assadeira com o lado da crosta para cima.
5 Coloque o restante do azeite em uma panela pequena com cerca de 300 ml de água, as ervas e o tempero. Deixe ferver. Derrame esse líquido nos lados da assadeira para que não molhe a crosta. Asse sem cobrir por oito a dez minutos até que a crosta esteja leve e crocante e o peixe esteja firme quando pressionado levemente no centro. Retire do fogo e, com uma espátula longa, passe o peixe para quatro pratos aquecidos.
6 Coloque a assadeira em uma das bocas do fogão e ferva o líquido que ficou nela até que seja reduzido pela metade. Em seguida, acrescente o resto da mostarda e do creme de leite. Despeje atentamente esse molho em torno do peixe. Sirva com pequenas batatas.

Linguado assado com molho de aspargos *velouté*

O linguado é um dos maiores peixes achatados, com uma carne que é macia e encorpada ao mesmo tempo. Os chefs o adoram, porque ele se adapta e combina bem com uma grande variedade de sabores. Este é um prato ótimo para dar as boas-vindas à primavera, além de ser muito chique, mas com uma apresentação simples. **SERVE 4 PORÇÕES COMO PRATO PRINCIPAL**

600 g de filé de linguado sem a pele
250 g de aspargos verdes frescos
3 colheres (sopa) de azeite de oliva
1 chalota picada
folhas de 1 raminho de estragão fresco picadas
300 ml de Caldo de Peixe (p. 212)
por volta de 50 g de miniespinafre fresco
2 colheres (sopa) de creme de leite fresco
200 g de *tagliatelle* (fresco, de preferência)
25 g de manteiga
1 colher (sopa) de cebolinha-miúda fresca picada
Sal marinho e pimenta-do-reino moída na hora

1 Corte o peixe transversalmente em quatro fatias iguais e limpe-as. Reserve.

2 Corte a base dos talos de aspargo e descasque-os, se necessário. Corte metade dos talos em pedaços pequenos. Reserve a outra metade.

3 Esquente uma colher (sopa) do azeite e refogue os aspargos picados levemente com as chalotas e o estragão por cinco minutos. Adicione metade do caldo e tempere suavemente, deixando ferver em fogo baixo, sem tampa, por três a cinco minutos, até que os talos fiquem macios. Adicione o espinafre e cozinhe até que ele murche.

4 Bata a mistura de aspargos e espinafre em um liquidificador ou processador de alimentos até que se forme uma massa homogênea. Devolva-a à panela, passando-a por uma peneira e pressionando-a com as costas de uma colher. Acrescente o creme, mexendo, e reserve até estar pronto para servir.

5 Cozinhe o *tagliatelle* em água fervente e salgada só até ficar *al dente*. Escorra, lave com água fria e escorra de novo. Coloque-o na panela novamente com metade da manteiga. Reserve. (É assim que fazemos no restaurante, mas talvez você prefira cozinhar a massa depois, enquanto estiver cozinhando o peixe.)

6 Cozinhe o restante dos aspargos em água fervente com um pouco de sal por cerca de três minutos, até começarem a amolecer. Escorra, lave-os com água fria, escorra de novo e coloque-os na panela com o resto da manteiga.

7 Esquente o azeite restante em uma frigideira antiaderente e, quando estiver quente, cozinhe o peixe por mais ou menos um minuto de cada lado, até que esteja bem dourado. Tempere o peixe enquanto o cozinha. Acrescente o resto do Caldo de Peixe e deixe ferver em fogo baixo. Com uma colher, regue o peixe com o caldo da frigideira. Esse processo de cozimento mantém o peixe molhadinho. Depois de cerca de três minutos, o caldo estará reduzido e formará um molho espesso, concentrado, e o peixe estará bem macio.

8 Esquente a massa, adicionando um pouco de água, caso necessário, para evitar que grude. Tempere e misture com a cebolinha-miúda. Reaqueça os talos de aspargo.

9 Coloque a massa no meio de quatro pratos aquecidos. Enquanto isso, reaqueça o molho *velouté* de aspargos e espinafre. Centralize o peixe por cima do *tagliatelle*, coloque o molho *velouté* quente em torno deles e circunde tudo com os talos de aspargo cozidos em água e sal e passados na manteiga. Sirva rapidamente.

Truta marinha com ervilhas frescas amassadas

A truta marinha selvagem, assim como o salmão, pode viver tanto na água doce quanto na salgada. Ela é um pouquinho mais adocicada e um pouco menor que o salmão. A melhor época das trutas, na Inglaterra, é entre abril e setembro. Peixes com esse nível de excelência só precisam de acompanhamentos simples. Neste caso, sugerimos um purê grosseiro de ervilhas frescas, misturado com um pouco de vinagrete acentuado por algumas folhas de manjerona fresca. Sirva com batatinhas. SERVE 4 PORÇÕES COMO PRATO PRINCIPAL

1 truta marinha (2 a 2,5 kg) cortada em dois filés, com a pele
1 ou 2 colheres (sopa) de azeite de oliva
500 g de ervilhas frescas sem as vagens
1 colher (sopa) de manjerona fresca picada, e folhas de manjerona para decorar
2 colheres (sopa) de Molho Vinagrete Clássico (p. 213)
sal marinho e pimenta-do-reino moída na hora

1 Procure espinhas nos filés com os dedos e retire-as com as unhas ou pinças. Corte cada filé ao meio. Limpe bem os quatro pedaços. Usando a ponta de uma faca muito afiada ou um estilete limpo, trace linhas finas e paralelas na pele, deixando uma margem de um centímetro sem qualquer corte em todos os lados. Unte os dois lados do peixe com azeite e reserve.

2 Cozinhe as ervilhas em água fervente e salgada por três a quatro minutos até que comecem a amolecer. Escorra e devolva-as à panela. Amasse as ervilhas contra os lados da panela com um garfo para obter um purê grosseiro. Tempere e misture a manjerona picada e o vinagrete. Reserve.

3 Esquente uma frigideira antiaderente. Quando você sentir que está bem quente, coloque os filés na frigideira, com a pele para baixo. Tempere e cozinhe por cerca de quatro minutos, até que a pele fique crocante. Vire com cuidado e cozinhe do outro lado por um minuto para dourar o filé levemente. Tempere de novo.

4 Passe as ervilhas amassadas para o meio de quatro pratos de jantar aquecidos e coloque o peixe por cima. Decore com folhas de manjerona, se preferir, e sirva.

Franguinho com minirrepolho-chinês e molho agridoce

Os sabores orientais foram absorvidos com entusiasmo pelas cozinhas clássicas europeias. Tudo é visto como uma abordagem culinária que gera formas criativas e novas de cozinhar. Eu gosto de servir franguinhos assados com molho agridoce e pequenas verduras chinesas de primavera chamadas repolhos--chineses — pak choi *—, que agora são cultivados para comércio em mercados do produtor europeus. Não separe as folhas do repolho-chinês. Ele é cozido inteiro.* **SERVE 4 PORÇÕES COMO PRATO PRINCIPAL**

4 colheres (sopa) de azeite de oliva
4 franguinhos (entre 500 e 600 g cada)
75 g de manteiga derretida
8 pequenos repolhos-chineses
2 colheres (sopa) de molho de soja escuro
sal marinho e pimenta-do-reino moída na hora

Molho
1 pimentão vermelho picado
1 pimentão amarelo picado
1 colher (sopa) de azeite de oliva
1 colher (sopa) de vinagre de vinho branco
1 colher (sopa) de açúcar refinado (se disponível, *caster sugar*)*
3 colheres (sopa) de Molho Vinagrete Clássico (p. 213)

1 Antes de tudo, prepare o molho. Refogue os pimentões picados no azeite por cerca de cinco minutos, até que amoleçam. Cubra-os com o vinagre e adicione o açúcar, mexendo até que ele esteja dissolvido. Bata com o vinagrete até obter um purê fino em um liquidificador ou processador de alimentos. Passe tudo por uma peneira, pressionando com as costas de uma concha. Reserve.
2 Preaqueça o forno a 200°C.
3 Esquente duas colheres (sopa) de azeite em uma frigideira grande. Quando estiver quente, adicione os franguinhos, dois de cada vez, e doure-os bem. (No restaurante, nós os pressionamos com as mãos para que dourem de modo igual em todos os lados. No entanto, isso é só para os corajosos — ou para os aventureiros!)
4 Coloque as aves em uma assadeira, abra suas coxinhas e cubra-as com manteiga derretida peneirada. Tempere. Asse por 15 a 20 minutos, regando os frangos pelo menos duas vezes. Para fazer isso, retire o caldo da assadeira, peneire-o e jogue sobre os frangos. Assim as aves ficarão com uma casquinha crocante e dourada por inteiro. Regue a parte de dentro dos frangos também, se possível, para dar mais sabor. Quando estiverem prontos, retire-os do forno e deixe descansar.
5 Você pode servir as aves inteiras ou conforme minha sugestão: com uma faca muito afiada, separe o peito do osso em um pedaço inteiro. Corte pela cartilagem e retire as coxas. Depois, nós afrouxamos e retiramos o osso da coxa, deixando só a carne, mas você pode achar que isso já dá trabalho demais! Jogue a carcaça fora e mantenha a carne quente.
6 Limpe bem o repolho-chinês e refogue-o inteiro no azeite restante por uns três minutos. Cubra com o molho de soja e tempere apenas com pimenta.
7 Para servir, coloque os repolhos-chineses no meio de quatro pratos aquecidos e ponha o frango por cima. Reaqueça o molho em fogo baixo e jogue-o por cima do frango. Esta receita fica ótima com um *tagliatelle* feito na manteiga.

* O autor recomenda o uso do *caster sugar* em diversas receitas. A partir daqui, o substituímos por *açúcar refinado*, a opção mais próxima encontrada em ampla oferta no mercado brasileiro. (N.E.)

Frango grelhado com *tagliatelle* e molho *velouté* de cogumelos-morel

Este é um prato rústico por excelência. É ótimo chegar em casa e vê-lo lá, pronto para você, e é excelente para um tranquilo jantar entre amigos. Eu sugiro peitos de frango (especialmente de galinhas orgânicas, alimentadas com milho), mas você pode substituí-los por peitos de galinha-d'angola ou faisão. Experimente usar tagliatelle *fresco de um empório italiano confiável. Caso isso não seja possível, compre uma massa pronta de boa qualidade, como as da De Cecco ou da Delverde, e não a massa produzida pelo supermercado. Italianos levam a qualidade da massa muito a sério, e todos deveriam fazer o mesmo.* **SERVE 4 PORÇÕES COMO PRATO PRINCIPAL**

cerca de 100 g de cogumelos-morel frescos
3 a 4 colheres (sopa) de azeite de oliva
1 chalota grande bem-picada
150 ml de vinho branco seco
500 ml de Caldo de Galinha Escuro (p. 212)
250 ml de creme de leite fresco
500 g de *tagliatelle* (fresco, de preferência)
4 peitos de frango desossados, mas com a pele (cerca de 120 g cada)
sal marinho e pimenta-do-reino moída na hora

1 Corte os cogumelos-morel ao meio, depois os lave bem em água corrente fria para retirar toda a areia. Enxugue-os com papel toalha e deixe-os descansar por uma hora para que sequem completamente.
2 Corte metade dos cogumelos em formas retas. Pique bem o restante.
3 Faça o molho primeiro, se preferir. Esquente uma colher (sopa) de azeite e refogue a chalota em fogo baixo até que doure bem (cerca de cinco minutos). Adicione os cogumelos-morel bem-picados e continue refogando por três minutos. Acrescente o vinho e cozinhe até que esteja reduzido pela metade. Misture o Caldo de Galinha e tempere suavemente. Ferva até que esteja reduzido pela metade de novo. Em seguida, acrescente o creme de leite e cozinhe em fogo baixo por cinco minutos. Peneire e passe tudo para uma panela limpa, pressionando a peneira com as costas de uma concha. Prove o tempero e reserve até que esteja pronto para servir.
4 Preaqueça a grelha até que esteja quente. Pincele um pouco de azeite temperado na pele do frango. Grelhe, com o lado da pele para cima, por alguns minutos. Em seguida, baixe o fogo para médio e continue grelhando até que a pele fique bem crocante. Vire o frango e cozinhe o outro lado por alguns minutos (a maior parte do cozimento deve ser feita do lado da pele). O peito de frango tem que ficar firme, mas não duro.
5 Quando o frango estiver cozinhando, refogue os cogumelos limpos com uma colher (sopa) de azeite por alguns minutos. Garanta que eles estejam bem-cozidos, caso contrário, você não vai obter o melhor sabor deles. Retire-os da frigideira e seque-os com papel toalha.
6 Cozinhe a massa em água fervente salgada por três a cinco minutos, caso seja fresca, ou de acordo com as instruções do pacote, caso seja pronta. Escorra, misture com metade do molho e reaqueça em fogo baixo. Reaqueça o restante do molho.
7 Divida a massa em quatro tigelas rasas aquecidas. Corte o frango em medalhões e coloque-os sobre o *tagliatelle*. Cubra o frango com o molho e espalhe os cogumelos-morel refogados por cima.

Costeleta de cordeiro com crosta de ervas e tomates *farci*

O cordeiro é um prato muito famoso em nosso restaurante em todas as épocas do ano, mas ele é associado principalmente com a primavera. Gostamos de servir cordeiro com uma crosta leve de ervas, que é aberta para formar uma folha e pressionada contra a carne meio assada. Os pedaços de crosta que sobram são incluídos em um ratatouille *de legumes bem-picados, recheando tomates italianos. Batatinhas são o melhor acompanhamento.* SERVE 4 PORÇÕES COMO PRATO PRINCIPAL

2 costeletas de cordeiro (com cerca de 300 g cada) com o osso
4 tomates italianos grandes
2 colheres (sopa) de azeite de oliva
1 abobrinha média bem-picada
1/2 pimentão vermelho pequeno bem-picado
1/2 pimentão amarelo pequeno bem-picado
1/2 beringela pequena bem-picada
sal marinho e pimenta-do-reino moída na hora

Crosta
200 g de farinha de brioche sem açúcar ou farinha de rosca branca de boa qualidade
1 colher (sopa) de manjericão fresco picado
1 colher (sopa) de cebolinha-miúda fresca picada
1 colher (chá) de folhas de tomilho frescas
50 g de manteiga à temperatura ambiente

1 Limpe as costeletas de cordeiro. Retire o osso e o tendão longo. Corte a gordura em pequenos quadradinhos com a ponta de uma faca afiada.
2 Prepare a crosta de ervas. Triture a farinha de rosca em um processador de alimentos com as ervas e o tempero. Em seguida, adicione a manteiga. Bata até que a mistura fique com a consistência de uma pasta e você possa pinçá-la com os dedos — o estado que os franceses chamam de *pommade*. Forre uma tábua de madeira com papel filme e passe a mistura para ele. Cubra com mais papel filme e abra a massa com um rolo de macarrão para formar uma folha com aproximadamente o mesmo tamanho da parte gordurosa das duas costeletas. Leve a crosta à geladeira com o papel filme.
3 Para preparar os tomates, mergulhe-os rapidamente em água fervente e descasque-os. Corte o tampo de cada um (cerca de um quarto do tomate) e o pique em pequenos cubinhos. Retire as sementes dos tomates e jogue-as fora.
4 Esquente o azeite em uma frigideira e refogue a abobrinha, os pimentões e a beringela por cerca de cinco minutos, até que comecem a amolecer. Tempere bem, acrescente os cubos de tomate e reserve.
5 Preaqueça o forno a 200°C. Esquente uma frigideira antiaderente de fundo grosso e, quando estiver quente, doure o lado com gordura de cada costeleta. Vire-as para dourar o máximo de carne possível. Retire do fogo. Coloque as costeletas em pé e deixe que o caldo escorra para a frigideira.
6 Corte a crosta de ervas em dois pedaços do mesmo tamanho das costeletas e pressione-a contra a gordura quente com seus dedos. A *pommade* tem menos manteiga do que o normal, por isso ela gruda mais. Misture os pedaços que sobrarem da crosta com os legumes. Coloque o carneiro, com o lado da crosta virado para cima, em uma assadeira e asse por dez a doze minutos, até que a carne volte ao normal quando pressionada levemente.
7 Enquanto isso, recheie os tomates com a mistura de legumes e *pommade*, fazendo um montinho alto. Coloque os tomates em uma assadeira com um pouco de azeite de oliva e asse no forno com a carne até que estejam quentes e a parte de cima do recheio fique um pouco crocante.
8 Deixe o cordeiro descansar por cinco a dez minutos antes de cortar cada costeleta ao meio ou em pedaços individuais. Sirva com os tomates e regue tudo com o caldo que sobrar na assadeira.

Lombo de cordeiro com lentilhas

Este é um bom prato caseiro, parecido com muitos servidos por toda a França. Nós chamamos esse corte de lombo de cordeiro, mas você deve conhecê-lo melhor como alcatra. Servimos o cordeiro com batatas gratinadas cremosas. Se você pré-cozinhar as batatas no leite antes de terminar a preparação em ramequins — pratinhos individuais —, elas cozinharão de modo igual. É uma bela dica. **SERVE 4 PORÇÕES COMO PRATO PRINCIPAL**

4 lombos de cordeiro (com cerca de 200 g cada)
3 a 4 colheres (sopa) de azeite de oliva
1 raminho de tomilho fresco
150 g de lentilhas *du Puy*
1 cenoura média
½ salsão pequeno
1 alho-poró médio
2 colheres (sopa) de salsa fresca picada em pedaços grandes
4 colheres (sopa) de Molho Vinagrete Clássico (p.213)
sal marinho e pimenta-do-reino moída na hora

Batatas gratinadas
400 g de batatas médias com pouco teor de matéria seca, como a Maris Piper ou similar
300 ml de leite
300 ml de creme de leite fresco
1 dente de alho fatiado
1 raminho de tomilho fresco
1 folha de louro
75 g de queijo *gruyère* ralado

1 Retire o osso do meio da carne. Retire a gordura e corte a peça em pedaços iguais. Coloque-a em uma tigela ou saco para alimentos com metade do azeite e as folhas do raminho de tomilho. Deixe marinar na geladeira.
2 Cozinhe as lentilhas em água salgada fervente por cerca de 15 minutos. Escorra e tempere.
3 Corte a cenoura, o salsão e o alho-poró em cubos de um centímetro. Esquente o azeite restante em uma panela e refogue os legumes até que estejam levemente dourados (o que leva entre cinco e sete minutos). Nós chamamos esse processo de *brunoise*. Acrescente as lentilhas e metade da salsa. Em seguida, misture duas colheres (sopa) de vinagrete. Reserve.
4 Para fazer as batatas gratinadas, preaqueça o forno a 200°C. Descasque as batatas e corte-as em "palha" com um ralador ou a lâmina de um processador de alimentos. Ponha o leite e o creme de leite para ferver com um pouco de sal marinho, o alho e as ervas e deixe cozinhar em fogo baixo por alguns minutos. Adicione as batatas e deixe ferver em fogo baixo por cerca de cinco minutos ou até começarem a amolecer. Escorra, colocando a peneira em cima de uma tigela para não perder o leite cremoso.
5 Misture cuidadosamente as batatas com dois terços do queijo. Coloque camadas dos legumes em quatro ramequins ou tigelinhas médias, sempre temperando cada camada. Despeje um pouco do leite cremoso reservado por cima de cada ramequim e salpique o resto do queijo. Coloque as tigelinhas em uma assadeira e asse por oito a dez minutos até que o queijo doure.
6 Enquanto isso, aqueça uma frigideira antiaderente de fundo grosso até que fique muito quente. Retire o lombo de cordeiro da tigela ou do saco para alimentos, tire as folhinhas de tomilho e doure cada pedaço por três a cinco minutos de cada lado, temperando suavemente à medida que cozinham. A carne deve ser servida com um leve tom rosa, ou seja, um tanto malpassada.
7 Reaqueça as lentilhas e passe-as, com uma colher, para o meio de quatro pratos. Coloque os lombos por cima — fatie-os primeiro, se preferir. Ponha o resto do vinagrete na frigideira, mexa por um minuto para dissolver a mistura e derrame o caldo por sobre a carne. Salpique o restante da salsa por cima. Sirva as batatas gratinadas ainda nos ramequins. É simples e delicioso!

Bananas caramelizadas assadas em *papillote*

Esta é uma sobremesa muito perigosa, então tire os olhos da receita se não quiser enfrentar a tentação. No entanto, se você ainda estiver lendo e não conseguir resistir, comece a procurar folhas de papel-manteiga. Use duas bananas médias por porção. **SERVE 4 PORÇÕES**

4 colheres (sopa) de açúcar mascavo *light*
50 g de manteiga sem sal
100 ml de creme de leite fresco
2 cravos-da-índia inteiros
8 bananas médias maduras, mas não moles
um pouco de açúcar de confeiteiro peneirado para polvilhar
4 talos de capim-limão fresco
crème fraîche, para servir

1 Primeiro faça a calda de caramelo. Derreta o açúcar em uma panela com um pouco de água para dar início ao processo. Quando estiver dissolvido, aumente o fogo e cozinhe por três a cinco minutos até que um caramelo de cor clara se forme. Retire do fogo e acrescente a manteiga imediatamente. Em seguida, adicione o creme de leite e os cravos-da-índia. Reserve para misturar e esfriar.
2 Quando estiver pronto para cozinhar, preaqueça o forno a 200°C. Prepare quatro folhas de papel--manteiga, deixando-as com 30 x 20 cm.
3 Aqueça uma frigideira antiaderente até que esteja bem quente. Corte as bananas ao meio no comprimento e polvilhe-as com açúcar de confeiteiro. Passe-as para a frigideira quente e seca e deixe o açúcar caramelizar de um lado antes de virá-las com cuidado. Isso deve demorar apenas alguns segundos, se a frigideira estiver quente o suficiente. (Talvez você precise dividir as bananas em porções para caramelizá-las. Limpe a frigideira cada vez que acrescentar uma nova porção.) Quando todas as bananas estiverem caramelizadas, passe-as imediatamente para o meio das folhas de papel-manteiga. Separe quatro pedaços da fruta para cada porção.
4 Corte os talos de capim-limão até quase chegar à base grossa e espalhe-os por cima das bananas. Retire os cravos-da-índia do caramelo e regue as bananas com a calda.
5 Junte as duas pontas maiores de cada folha de papel e dobre várias vezes, deixando uma parte aberta sobre a banana. Torça as pontas para formar pacotinhos. Coloque-os em uma assadeira. (No restaurante, nós cortamos e dobramos o papel-manteiga em forma de "D"e o polvilhamos com açúcar de confeiteiro peneirado antes de assar. O papel fica com um brilho fantástico de caramelo escuro.)
6 Asse por sete a dez minutos, até que os pacotinhos inchem. Sirva cada um em um prato, e abra um pouco a parte de cima para cobrir a banana com *crème fraîche*. Sirva o mais rápido possível. (Tome cuidado ao abrir os pacotinhos para comer — eles vão soltar um vapor quente.)

Tortas de manga de fácil preparo com sorvete de *fromage blanc*

O início das vendas de maçaricos em lojas de equipamentos de cozinha com certeza aumentou ainda mais a aventura de se cozinhar em casa. As cozinheiras (ou cozinheiros) agora podem criar coberturas caramelizadas rápidas e gostosas. Esta receita é um exemplo em que o uso do maçarico é vantajoso. A base é feita com massa folhada, que pode ser comprada pronta. No entanto, para melhorar o sabor, sugiro que você mesmo faça a massa em casa. **SERVE 4 PORÇÕES**

500 g de Massa Folhada Caseira (p. 214) ou 2 pacotes de massa pronta de 375 g
açúcar de confeiteiro para polvilhar
4 mangas médias maduras
2 maracujás maduros
1 colher (sopa) de hortelã fresca picada
Sorvete de *Fromage Blanc* (p.215) para servir

1 Abra a massa folhada até que fique com a espessura de um pouco mais de dois centímetros. Corte quatro círculos de 12 cm de diâmetro — você pode usar um pires como molde. Coloque-os em uma assadeira sem borda. Espete os círculos de massa várias vezes e deixe-os na geladeira por 20 minutos.
2 Enquanto isso, aqueça o forno a 200°C.
3 Quando estiver pronto para assar, cubra os círculos com uma folha de papel-manteiga e coloque uma assadeira pesada por cima, de modo que a massa fique prensada entre as duas assadeiras. Asse por 10 a 12 minutos até que os círculos fiquem dourados e crocantes. A assadeira de cima vai manter a massa achatada.
4 Retire a assadeira de cima. Cubra os círculos de massa com muito açúcar de confeiteiro peneirado e devolva-os ao forno para que a cobertura derreta e cristalize. Retire e passe os círculos para uma grelha para que esfriem e fiquem crocantes.
5 Descasque as mangas e retire duas fatias grossas de cada uma, tangencialmente ao caroço. Corte as fatias na forma de meias-luas e coloque-as em cima dos círculos de massa, amontoando-as no meio.
6 Abra os maracujás e passe a polpa para uma pequena peneira posta em cima de uma tigela. Peneire o suco e a polpa. Regue as fatias de manga com eles.
7 Peneire o açúcar de confeiteiro sobre as frutas e caramelize-o imediatamente com um maçarico. Caso você não possua um, preaqueça a grelha ao rubro e caramelize o açúcar dessa maneira. No entanto, tome cuidado porque a grelha pode queimar as bordas da massa.
8 Deixe as tortas esfriarem um pouco e salpique hortelã picada por cima. Desfrute a sobremesa quente com bolas de sorvete de *fromage blanc* ou de um sorvete industrializado.

Clafoutis de minidamascos

Essa especialidade francesa é normalmente combinada com cerejas, mas eu gosto de fazer versões menores com damascos frescos. Na Inglaterra, eles começam a aparecer no fim da primavera, mas aqui também podemos aproveitar o finzinho das remessas sul-africanas, em fevereiro e março. Nós servimos o clafoutis *com um pouco de sorvete de amêndoas, mas ele também fica delicioso se servido simplesmente polvilhado com açúcar de confeiteiro e coberto com um pouco de creme de leite ou de* crème fraîche. *A massa fica melhor se você a deixar descansar por cerca de 24 horas antes de servir.* **SERVE 4 PORÇÕES**

50 g de flocos de amêndoas torrados
1 colher (sopa) de farinha com alto teor de glúten
uma pitada de sal
100 g de açúcar refinado
2 ovos orgânicos grandes
3 gemas de ovos orgânicos
250 ml de creme de leite fresco
um pouco de manteiga à temperatura ambiente para untar
12 damascos médios maduros
açúcar de confeiteiro para polvilhar

1 Primeiro, moa as amêndoas em um moedor de café até que formem um pó muito fino (é difícil triturar uma quantidade tão pequena de amêndoas em um processador de alimentos). Passe-o para um processador de alimentos e bata com a farinha e o sal. Em seguida, adicione o açúcar, os ovos, as gemas e o creme de leite fresco. Bata até que a mistura se torne homogênea e cremosa. Passe para uma jarra e deixe na geladeira por 24 horas.

2 Quando estiver pronto para cozinhar, preaqueça o forno a 200°C. Com a manteiga amolecida, unte seis formas para pudim* de dez centímetros ou seis formas de *tartelete* com a borda lisa.

3 Corte os damascos ao meio e retire os caroços. Corte cada metade ao meio e divida-as entre as formas untadas. Peneire e polvilhe um pouco de açúcar de confeiteiro por cima. Acrescente a massa e asse por 12 minutos ou até que as tortas cresçam e fiquem firmes.

4 Deixe as formas esfriarem por alguns minutos, desenforme os *clafoutis* e passe-os para uma grelha usando uma espátula. Sirva quente, polvilhado com um pouco mais de açúcar de confeiteiro e bolas de sorvete ou colheradas de *crème fraîche*.

* Formas para pudim de Yorkshire: lembram as de *muffin*, porém, são mais achatadas. (N.E.)

Musse de chocolate branco e limão

O amarelo e o branco são as cores que mais associo à primavera — como narcisos perfumados e vistosos e belas tulipas brancas. As tortas encorpadas do inverno dão lugar a gostos e texturas mais leves. Em vez de musses deliciosas de chocolate amargo, eu prefiro uma mistura cremosa de chocolate branco incrementada com raspas de limão. Falando nessa fruta, eu sugiro servir esta sobremesa com fatias de limão cristalizadas. Esta musse pode ser servida na forma de quenelles, *ou dentro de ramequins bonitos ou copos de vinho elegantes. O tamanho da porção fica à sua escolha, mas costuma ser melhor servir porções menores de musse depois de um bom jantar. Como eu sempre digo: menos é mais. Atenção: esta receita contém ovos ligeiramente cozidos.* **SERVE 4 A 6 PORÇÕES**

225 g de chocolate branco em pedaços
3 gemas de ovos grandes
50 g de açúcar de confeiteiro
raspas de 1 limão
500 ml de creme de leite fresco
Laranja e Limão Cristalizados (p. 215, mas feitos apenas com fatias de limão, em vez de fatias de laranja e limão)

1 Derreta o chocolate em um refratário em banho-maria. Nós normalmente cobrimos o recipiente com papel filme, mas, se preferir, coloque um prato por cima. Você também pode derreter o chocolate no micro-ondas em potência baixa. No entanto, tome cuidado ao derretê-lo porque o chocolate branco pode se desfazer de modo mais rápido que o escuro porque contém apenas manteiga de cacau, e não pasta de cacau. Depois que estiver derretido, mexa e deixe esfriar.
2 Misture as gemas de ovo e o açúcar em outro refratário também posto em banho-maria. Você terá que obter um merengue firme, da consistência de um *zabaione*, por isso é melhor utilizar uma batedeira elétrica. A mistura estará pronta quando você puder fazer uma linha de merengue que mantenha a forma. Retire a panela do fogo e deixe esfriar por dez minutos, mexendo uma ou duas vezes.
3 Misture com cuidado o chocolate derretido e as raspas de limão ao *zabaione*. Deixe esfriar e coloque na geladeira, mas sem que a consistência se torne firme. A mistura deve estar relativamente mole quando você adicionar o creme de leite.
4 Bata o creme de leite em neve e acrescente a mistura de chocolate, um terço por vez, usando uma espátula. Se você for servir a musse em pequenas tigelas ou copos, divida-a entre eles. Deixe gelar até que a musse fique firme.
5 Se você preferir servir a musse na forma de *quenelles* em pratos de sobremesa, coloque pequenas colheradas de limão cristalizado ao redor das porções. Se usar ramequins ou copos, coloque um pouco de frutas cristalizadas por cima da musse.

Parfait de maçãs frescas

Esta receita é feita em três etapas — uma base de mingau cremoso, um merengue e um creme de maçã — que são misturadas e congeladas. É a sobremesa ideal para qualquer jantar. Não deixe de usar suco de maçã de boa qualidade — gosto dos preparados por empresas do interior da Inglaterra, como a James White, de Suffolk, que têm um ótimo sabor. Caso você tenha uma centrífuga, faça o seu suco usando maçãs Granny Smith ou Cox, que são ricas em sabor. A glicose líquida, que ajuda a estabilizar a mistura, pode ser comprada em lojas especializadas. Atenção: esta receita contém ovos ligeiramente cozidos e claras de ovo cruas. **SERVE 8 PORÇÕES**

1 litro de suco de maçã sem adição de açúcar
4 gemas de ovos orgânicos
225 g de açúcar refinado
3 colheres (sopa) de glicose líquida
3 claras de ovo
300 ml de creme de leite fresco

1 Ferva o suco de maçã até que esteja reduzido a apenas 300 ml. Retire do fogo, deixe esfriar e coloque-o na geladeira.
2 Ferva uma panela média de água. Bata as gemas de ovo em um refratário, que será colocado por cima da panela de água quente. Em outra panela, esquente 150 g do açúcar, a glicose líquida e quatro colheres (sopa) de água até que atinjam o ponto de fervura. Despeje essa mistura aos poucos nas gemas, batendo com um *fouet*.
3 Coloque a tigela na água fervente e baixe o fogo para médio. Cozinhe em banho-maria, mexendo continuamente até que engrosse. Retire do fogo e deixe esfriar.
4 Bata as claras de ovo até que fiquem firmes, mas macias. Em seguida, acrescente o restante do açúcar de confeiteiro até obter um merengue firme e brilhante.
5 Bata o creme de leite em neve e acrescente o suco de maçã reduzido.
6 Junte as três partes e mexa bem com uma grande colher de metal. Passe a massa para uma terrina longa de pelo menos um quilo de capacidade e leve ao *freezer* até que esteja congelado.
7 Para servir, retire da geladeira por dez minutos e corte em fatias.

Nota: O suco fresco de maçãs verdes Granny Smith pode ser um acompanhamento delicado para esta sobremesa. Retire as sementes de duas maçãs e bata-as em um processador de alimentos com um pouco de suco de limão. Coe e despeje-o em torno de cada fatia de *parfait*.

Cheesecake de ruibarbo com compota de ruibarbo

No início da primavera, costumo comprar talos longos e finos de ruibarbo macio de uma cor rosa bem forte. Ele não precisa ser preparado, apenas cortado em pedaços menores. Aqui ele é frito e deixado para esfriar em uma compota aromatizada com caramelo. Essa mistura é colocada por cima do recheio de um cheesecake *leve, com base de biscoitos moídos — recomendo um dos meus favoritos, o Hob Nobs! No restaurante, servimos esta receita em formato de pequenos* cheesecakes *feitos em moldes especiais fundos, cujos lados são cobertos de bastões de ruibarbo descascados e aferventados em concentrado de limão quente. Este* cheesecake *é uma versão mais simples, mas igualmente deliciosa.* **SERVE 6 PORÇÕES**

200 ml de creme de leite fresco levemente batido
250 g de Hob Nobs (também servem biscoitos de maisena ou maria)
75 g de manteiga sem sal
2 colheres (chá) de mel límpido
100 g de *cream cheese*
100 g de *crème fraîche*
3 a 4 colheres (sopa) de açúcar refinado
raspas de 1 lima e 2 colheres (chá) de seu suco

Compota
400 g de ruibarbo rosa jovem
50 g de manteiga sem sal
100 g de açúcar refinado
1 fava de baunilha aberta ao meio
raminhos de hortelã fresca para decorar (opcional)

1 Primeiro faça a compota. Lave o ruibarbo, seque e corte a base dos talos. Pique o resto em pedaços de quatro centímetros.
2 Esquente a manteiga em uma frigideira antiaderente e, quando estiver quente, acrescente os pedaços de ruibarbo. Adicione o açúcar e cozinhe por cerca de cinco minutos em fogo baixo até que o ruibarbo pareça mole quando espetado, mas ainda mantenha a forma.
3 Enquanto isso, retire as sementes da fava de baunilha e misture com o creme de leite para preparar o *cheesecake*. Reserve. Adicione a "casca" da fava à compota de ruibarbo e deixe que esfrie e adquira o sabor de baunilha. Leve à geladeira.
4 Bata os biscoitos em um processador de alimentos até obter uma paçoca. Você também pode colocá-los em um saco plástico grosso, vedá-lo e amassar os biscoitos levemente com um rolo de macarrão. Não bata com muita força ou o saco pode estourar.
5 Derreta a manteiga com o mel em uma panela, acrescente a paçoca de biscoitos e mexa bem até a mistura ficar homogênea. Passe tudo para uma forma de bolo redonda, de fundo solto. Aperte a paçoca com as costas de uma colher para que fique mais compacta e aperte-a contra o fundo e os lados da forma. Deixe na geladeira até que fique firme.
6 Bata o *cream cheese*, o *crème fraîche* e o açúcar com as raspas e o suco de lima em um processador de alimentos até obter uma mistura cremosa. Passe tudo para uma tigela. Bata o creme com baunilha e deixe-o em ponto de neve — ou seja, até que fique firme. Tome cuidado para não bater demais. Misture lenta e grosseiramente o creme à mistura de *cream cheese* e, com uma colher, passe a massa para cima da base de biscoitos. Leve à geladeira até que fique firme.
7 Espalhe a compota por cima do *cheesecake* só quando estiver prestes a servir. Não se esqueça de tirar a fava de baunilha antes. Você também pode colocar uma colherada de compota em cada prato, ao lado de uma fatia de *cheesecake*, e decorar com raminhos de hortelã.

verão

Para mim, o verão inglês começa no meio de maio. Na verdade, na terceira semana de maio, eu já estou no ritmo da estação porque nós moramos ao lado da Exposição de Flores de Chelsea, e ela — como toda pessoa que tem vida social ativa na Inglaterra vai dizer — marca, com certeza, o início do verão. Durante a semana do evento, o almoço se torna uma loucura, mas nós somos agraciados com alguns clientes muito elegantes — e lindos chapéus!

Vamos começar com os **tomates**, que, por causa do calor do início do verão, ficam cheios de um maravilhoso sabor. Nós usamos principalmente tomates italianos e tomates cereja cultivados em casa, colhidos ainda com o caule. Gostamos de rechear tomates italianos com *ratatouilles* bem-picados e servi-los com peixes grelhados, como o salmonete, ou cortes de cordeiro frito. Quando eu era um jovem auxiliar em Paris, lembro de ficar impressionado com uma das entradas de Guy Savoy: tomates italianos cortados pela metade e recheados com rabada cozida moída, tudo isso gratinado ao forno. Eram perfeitos. O gosto forte e frutado do tomate ameniza a riqueza do sabor da rabada.

Tomates cereja fazem uma grande diferença na nossa cozinha. Eles não apenas têm um sabor excelente, mas a maravilhosa cor avermelhada de sua pele faz com que raramente tenhamos que adicionar extrato de tomate a um caldo ou ensopado para torná-lo ainda mais vermelho. Eles ficam ótimos tanto em sopas — que se tornam deliciosas quando cobertas com camadas finas de mozarela de búfala —, como em saborosos molhos no estilo *gazpacho* e em vinagretes de tomate.

Para criar uma decoração inteligente, você pode tentar fazer *tuiles* ou *chips* de tomate. É muito fácil, mas você vai precisar de um forno cuja temperatura mínima seja muito baixa — quase a usada para aquecer um prato. Se não tiver um, mantenha a porta do forno aberta com uma colher de pau. Tudo o que você precisa fazer é cortar tomates maduros do tipo italiano ou *saladete* em fatias bem finas com uma faca de serra, colocá-las sobre uma placa de silicone própria para forno posta dentro de uma assadeira e salpicá-las com sal marinho e pimenta-do-reino. Em seguida, simplesmente seque-as em fogo baixo por algumas horas até que os tomates fiquem firmes e você possa retirá-los da placa. O tempo de cozimento depende do forno. No nosso, o tempo de secagem total é de 12 a 16 horas na chama piloto (ainda são poucos os fornos domésticos que possuem esse recurso hoje em dia). Na primeira vez que tentar fazer esses *chips*, comece a preparar os tomates de manhã e confira o forno após quatro horas. Depois, cheque-o de hora em hora, mais ou menos. Quando os tomates estiverem secos, coloque-os em uma grelha para esfriarem e ficarem ainda mais crocantes.

Mais ou menos na mesma época da feira das flores, nós começamos a receber carregamentos do meu ingrediente favorito de verão: as **batatinhas Jersey Royals**, que têm formato de feijão. Eu seria capaz de me sentar e comer uma tigela inteira dessas batatas, porque elas são realmente deliciosas. As possibilidades para os cozinheiros são inúmeras, por causa do seu alto teor de massa seca. As maiores são boas em purês — asse-as em cima de uma camada de sal grosso para manter a textura, descasque-as enquanto estiverem quentes (usando luvas de borracha) e amasse-as em um espremedor de batatas. Nós também amassamos batatas cozidas contra os lados de uma panela e as misturamos com azeite de oliva, azeitonas picadas e tomates para fazer um prato chamado *pommes écrasées*. Essas batatas também ficam maravilhosas refogadas em azeite de oliva ou em gordura de ganso. As cascas das Jersey Royals são tão delicadas que só precisam ser levemente esfregadas se forem servidas inteiras — simplesmente cozidas ou em saladas quentes. (Para prepará-las de uma maneira ainda mais simples, misture-as ainda quentes com um pouco de vinagrete.) Você pode preparar uma ótima salada de batatas com as nossas Jerseys e um pouco de maionese caseira (com um leve toque de creme de leite ou vinagrete) e cebolas ou cebolinhas picadas, cobertas de salsa ou cerefólio frescos picados. O período de colheita das Jersey Royals é muito curto — entre seis e oito semanas —, e essas batatinhas não são cultivadas em nenhum outro lugar, por isso as aproveitamos ao máximo.

Eu não sei quem surgiu com a ideia brilhante de tentar cozinhar **flores de abobrinha**, mas agradeço pela fonte de inspiração. Elas são um ingrediente muito versátil e têm uma beleza frágil e encantadora. Nós recebemos as flores ainda com os legumes muito pequenos, do tamanho do meu dedo mindinho, ainda presos a elas. Sei que você não vai conseguir comprá-las com facilidade, mas jardineiros amadores vão perceber que esses legumes são fáceis de cultivar em casa, por isso flores de abobrinha não precisam ser vistas como algo exclusivo. Na França, produtores especializados no cultivo dessa iguaria inserem os botões das flores dento de copos de plástico para que elas cresçam nesse formato — perfeito para receber recheios.

Eu preparo flores de abobrinha sem desperdiçar os pequenos legumes presos a elas, e de duas maneiras diferentes. Na primeira, as flores são recheadas com um *farci* leve ou outro tipo de recheio — como uma musse, um *ratatouille* pica-

do em pedaços pequenos ou até um cuscuz temperado — e depois cozidas no vapor de um caldo bem cheiroso. Eu as sirvo com um delicado caldo de raiz de girassol ou um molho *velouté* leve. Meu outro método de preparo favorito é cortar delicadamente um lado da flor e abri-la como uma folha de papel. Em seguida, eu a mergulho em uma massa para empanados e a frito por um ou dois minutos em azeite quente para servi-la como uma tempura acompanhada de um pouco de geleia de *chilli* fresca.

Outro dos meus ingredientes favoritos de verão é o cogumelo **cantarelo**, também conhecido como *chanterelle*, que compro, na maior parte das vezes, importado da França. No entanto, tenho orgulho de dizer que a produção da Escócia vem aumentando. A ardente cor amarelo-dourada desse cogumelo fornece sofisticação aos nossos pratos. Nós preferimos usar os cogumelos menores como decoração. Já os maiores são refogados e servidos com mexilhões ao molho de creme de leite ou então usados para o preparo de *duxelles* de cantarelo — uma especialidade francesa — e misturados a molhos *veloutés* de peixe. Esses cogumelos precisam ser preparados com cuidado: devem ser bem-lavados para retirar toda a sujeira e reservados até secar. Na época em que os cantarelos são fáceis de encontrar, meus auxiliares aprendem a preparar conservas que serão usadas no resto da temporada (vá até a p. 213 para obter instruções sobre como prepará-las).

Depois de voltar de Paris, eu arrumei um emprego de cozinheiro em um navio no sul da França, onde aprendi muito sobre **azeitonas pretas**. Sempre que podia, eu ia até o mercado de azeitonas na parte antiga de Nice conversar com os produtores, ou, seria melhor dizer, escutá-los monologarem sobre seus produtos, sua grande paixão. Elas são frutos perfeitos e não precisam de praticamente nenhum acompanhamento — nem de alho, limão ou *chilli*. Nós as usamos bem-picadas e as misturamos em uma *tapenade*, para depois servi-las no formato de *quenelles* por cima de salmão grelhado. Também as salpicamos em cordeiros preparados à *niçoise* ou as misturamos a *ratatouilles* frescos. Eu já descobri que não consigo parar de beliscá-las.

Outro dos meus ingredientes favoritos da minha época no Mediterrâneo é o **tomilho** fresco e cheio de raminhos, especialmente o tomilho-limão. Eu o utilizo de diversas maneiras durante o ano todo, e não há necessidade de usar tomilho seco porque normalmente ele é fácil de ser encontrado. No verão, o tomilho adquire um sabor especial e vários pratos são beneficiados pela sua presença. Nós retiramos as pontas dos ramos, que chamamos de "flores", e as salpicamos por cima de carneiros enquanto estão cozinhando, de vieiras grandes e de batatinhas refogadas. Quase sempre usamos tomilho em marinadas, amarrados em *bouquets garnis*. Também o utilizamos em *crème brûlées* doces e até no creme-base para sorvetes.

Dá sempre para perceber que um alimento entrou na moda quando os supermercados começam a vender suas versões próprias dele. Há alguns anos, adicionar flores comestíveis às saladas virou mania aqui na Inglaterra, e era possível comprar flores misturadas às verduras. A moda passou, mas nós continuamos gostando de usar flores na cozinha, especialmente para dar sabor a misturas cremosas como pudins ou *ganaches* de chocolate deliciosos. As duas flores que mais gosto de usar no momento são o jasmim e a lavanda. Ambas têm fragrâncias florais que conferem um toque de mistério às receitas — nem mesmo meus clientes habituais conseguem adivinhar de onde vem aquele sabor sofisticado. Servimos flores de **jasmim** em *consommés* ou cristalizadas e incorporadas a doces ou para salientar sutilmente o sabor de um sorvete feito com as folhas de chá Earl Grey. Nós utilizamos jasmim fresco, mas as flores de **lavanda** são melhores secas (porque concentram o sabor) e separadas dos caules. Nós esmagamos as flores para acrescentá-las (em pequena quantidade) a biscoitos ou salpicá-las em uma boa massa de pão antes de assá-la.

Dois temperos me fazem lembrar o verão mesmo no meio do inverno: o açafrão e a canela. Ambos têm um sabor muito intenso e precisam ser usados em pequenas quantidades, senão o tempero ficará forte demais. Com eles, quanto menos, melhor. É importante se assegurar de que o açafrão esteja bem seco para que os estigmas possam ser triturados apenas com a ajuda dos dedos. Nós salpicamos açafrão em peles de peixes como o salmonete. Usamos somente uma pitada em cada peixe, e os deixamos marinar por mais ou menos cinco minutos. Isso permite que o sabor do açafrão permeie a carne e que a pele cozinhe e adquira uma cor vermelho-escura. Também usamos açafrão em sopas de mariscos com alho-poró ou para dar um sabor exótico e uma cor forte a massas de macarrão (primeiro prepare uma essência concentrada amassando os estigmas em um pouco de água fervente. Em seguida, adicione algumas gotas dessa essência ao sovar a massa). O açafrão é um ingrediente clássico de risotos e *pilafs* — sempre apenas uma ou duas pitadas —, mas você já o experimentou em sorvetes? É maravilhoso! Coloque os estigmas no creme de leite e no leite usado no creme-base do sorvete antes de batê-lo até que fique homogêneo.

Você também pode fazer um sorvete fantástico com **canela**. Ela ainda fica ótima em caldas para frutas como maçãs e peras. No entanto, para mim, a fruta que a canela complementa melhor é o figo preto, que chega do Egito no fim do verão. Nós também usamos canela — além de na tradicional combinação chinesa das cinco especiarias (anis-estrelado, cravo-da-índia, canela, pimenta-de-sichuan e funcho) — em molhos encorpados de vinho tinto servidos com peixes saborosos e de textura firme como o rodovalho.

Apesar de os franceses se vangloriarem do frescor das **lagostas** da Bretanha, nos principais restaurantes em que trabalhei em Paris, as lagostas vinham, na verdade, da Escócia. Hoje, eu sempre tento utilizar lagostas que tenham sido pescadas nas águas dos lagos do oeste da Escócia. Quando elas ficam escassas, nós usamos as canadenses. Quando você for preparar lagostas, a regra é a seguinte: quanto mais cara for, menos trabalho você terá. Uma das minhas primeiras especialidades foi uma lagosta assada com baunilha — simples, mas maravilhosa. No verão, nós cozinhamos as lagostas em *court bouillon* e as servimos com um guacamole apimentado e um bom *consommé* ralo de tomate. Lagostas são animais naturalmente violentos que atacam uns aos outros, arrancando patas, se possível. Como normalmente cortamos as carnes para rechear raviólis, eu compro as que costumamos chamar de "aleijadas", que não possuem uma pata e, às vezes, duas. A carne da cauda ainda é suculenta e gostosa, apesar da pena que sentimos ao ver uma lagosta sem patas.

Tenho uma confissão a fazer: eu julgo e avalio qualquer auxiliar que começa a trabalhar na minha cozinha pela habilidade que ele ou ela tem de abrir as maravilhosas **vieiras** que nos são entregues todos os dias. Esse precioso ingrediente é caro, e nós não podemos cometer erros com ele. Só compramos vieiras pescadas à mão do oeste da Escócia. Elas são entregues tão frescas que ainda estão pulsando quando as abrimos, e isso não é uma tarefa fácil porque as conchas são muito bem-fechadas. Sempre digo aos novos recrutas que o segredo é ser sagaz. É o homem contra os moluscos. Enfie apenas a ponta da faca onde as conchas se encontram e corte o tendão que as segura. Depois de fazer isso, você vai sentir a vieira relaxar e o molusco poderá ser aberto. Em seguida, coloque a ponta da faca embaixo da vieira e de sua saia e solte tudo com cuidado, inclusive as gônadas. (Nós não usamos as gônadas no restaurante. Às vezes as secamos no forno em fogo baixo por uma noite e as moemos para obter um farelo que será usado para aromatizar risotos ou molhos.)

Vieiras têm vários tamanhos. As nossas normalmente pesam cerca de 50 g depois de limpas, sem as gônadas. Caso sejam muito maiores do que isso, elas absorvem muita água e podem ficar duras. As vieiras mais frescas podem ser comidas cruas, picadas e adicionadas a um *tartare*. Meu modo de preparo favorito é salpicá-las com temperos, refogá-las e, em seguida, misturá-las a batatinhas para fazer uma salada quente.

As vieiras-rainhas (*Aequipecten opercularis*), que são menores, são ideais para risotos e saladas mistas. Elas dão um pouco de trabalho para separar as conchas, mas já descobrimos que uma faca de manteiga ajuda a abri-las e que uma colher de chá é muito útil para soltar a vieira. Criadas em águas mais quentes do que as "vieiras-reis", também chamadas de leques, as vieiras-rainhas têm um sabor um pouco mais adocicado.

Pescarias são uma das minhas maiores paixões desde pequeno, quando meu pai levava meu irmão e eu para pescar nos lagos da Escócia. No início do verão, eu me coço para encontrar tempo de pescar **salmão selvagem**, pois é nessa época que eles retornam para as áreas de desova no rio Dee. Depois de incrivelmente nadar milhares de quilômetros, a carne desse peixe magnífico fica musculosa, cheia de sabor e com uma cor rosa-escura forte por causa de sua dieta natural. Suas caudas e barbatanas são incrivelmente maiores se comparadas às dos seus parentes menos afortunados, que são criados em cativeiro. A cabeça culmina em um nariz grande e curvo, que eles usam para cavucar embaixo de pedregulhos, procurando comida e abrigo. Os pescadores modernos têm uma vantagem: eles usam uma tecnologia sofisticada para tirar fotografias subaquáticas e acompanham o progresso e o tamanho dos salmões à medida que eles nadam para casa. E isso é lindo de se ver.

Um alimento naturalmente tão perfeito precisa de muito pouco de minha parte — uma simples limpeza antes de prepará-lo grelhado ou frito, boa parte do tempo do lado da pele, que deve cozinhar até ficar crocantemente apetitosa. O salmão selvagem e o bacalhau são os únicos peixes que eu tempero uns bons 20 minutos antes de cozinhar para retirar a umidade da pele e aprimorar um pouco o sabor. Às vezes faço cortes na pele e a tempero com as pontas de ramos de tomilho. Em seguida, esfrego a pele com azeite de oliva.

Eu gosto muito de bom **caviar** (tenho certeza de que isso não é surpresa para ninguém). O meu favorito é conhecido como "caviar dourado" e é obtido do esturjão-albino. No restaurante, nós usamos principalmente o *osetra*, que tem uma textura firme e um sabor amendoado, e o *sevruga*, que é ideal para molhos e decoração. Leva vários anos para que o esturjão atinja o tamanho ideal para que as ovas sejam usadas em caviares, e é por isso que esse ingrediente é tão caro. Nem sempre é fácil obter produtos bons por um bom preço quando se está comprando caviar. Apesar de enlatado, a qualidade do produto pode variar muito. As ovas podem estar machucadas, gordurosas ou o sabor pode ser ruim. A melhor maneira de garantir a melhor qualidade é comprar de um bom fornecedor. A minha marca favorita é a Imperial Caviar UK, que é gerenciada por um amigo iraniano, Ramin Rohgar. Já se falou muito sobre o controle de qualidade precário de alguns fornecedores e os problemas da pesca predatória (depois que é pescado, o peixe não pode ser devolvido ao mar para continuar crescendo). Os iranianos contam com um controle de qualidade mais efetivo porque seu sistema político é mais estável. Além disso, os esturjões do sul do mar Cáspio são maiores e não estão sujeitos à pesca predatória. Nos nossos cardápios, oferecemos caviar com lagostas cozidas acrescidos de *crème fraîche*, usado na decoração dos pratos. Nós também o adicionamos a ovos mexidos e molhos *veloutés* de peixe, além de misturá-lo à manteiga à base de ouriço-do-mar. No entanto, dizem que a melhor maneira de comer caviar é dentro de uma concha de madrepérola, com uma bela colher de madrepérola.

Mesmo no verão, muitos de nossos clientes apreciam um belo bife, normalmente acompanhado de um molho leve com purê cremoso de salsa e cogumelos cantarelo refogados. Um dos meus cortes favoritos é o *ribeye of beef* — um primo da chuleta bovina, normalmente confundido com ela. Famoso há anos na Escócia, ele está aparecendo agora nos cardápios do "sul" do Reino Unido. Esse corte é tão bom quanto o filé-mignon em termos de maciez e me parece inclusive mais saboroso. Leva apenas alguns minutos para cozinhá-lo com ou sem o osso (com o osso, ele é o clássico *T-bone steak*). Nós compramos peças grandes de *ribeye*, as enrolamos em papel filme e as refrigeramos por pelo menos 24 horas para que "mantenham" a forma e possam ser cortadas em bifes de tamanho igual.

O verão não é verão sem **pêssegos**. Meus favoritos são as variedades brancas vindas da Itália, às quais nossos fornecedores têm acesso a partir de maio. Mais tarde, pêssegos amarelos firmes e suculentos ficam disponíveis. Poucas coisas são melhores do que um pêssego fresco perfeito servido simplesmente em fatias, mas essas frutas são um ingrediente versátil, e nós as valorizamos em nossa cozinha preparando pratos doces saborosos e acompanhamentos para salgados deliciosos. No auge da oferta, fazemos vários potes de *chutney* de pêssego (veja a receita na p. 213) para servir com *foie gras*, patês e frangos assados na manteiga, além de com queijo e pão de nozes. Pêssegos fritos cobertos com açúcar cristalizado e vinagre ficam maravilhosos com pato, gansos ou carneiros.

Uma das minhas maneiras favoritas de preparar pêssegos é combinar a polpa doce e suculenta com tomilho aromático, uma erva que parece cortar um pouco o gosto forte do pêssego e incrementar seu sabor frutado. É uma combinação que funciona bem para pêssegos cozidos em calda de açúcar aromatizada com tomilho e em pêssegos servidos com sorvete caseiro de tomilho.

Nós também preparamos *tuiles* de pêssego leves e crocantes cortando frutas firmes e maduras em fatias da espessura de *wafers*, pincelando-as com concentrado de limão e secando-as no forno por algumas horas. Para obter o formato de telha, nós pressionamos as fatias secas contra um rolo de macarrão e deixamos que sequem. *Tuiles* de pêssego são decorações muito bonitas para pudins cremosos.

Do meio para o fim do verão nosso fornecimento de **figos** chega da Itália. Essas frutas bonitas, encorpadas e de pele escura, cobertas por uma leve penugem e com pequenas pontas empinadas em forma de gancho têm uma curta temporada, e por isso nós as utilizamos de todas as maneiras possíveis. É importante saber selecionar as frutas maduras. Caso ela esteja verde, vai expelir um líquido branco leitoso; caso esteja madura demais, vai ficar mole. Eu adoro assá-las inteiras com um caramelo aromatizado com vinagre balsâmico ou simplesmente com açúcar, manteiga e canela. Elas também podem ser fervidas em fogo baixo para preparar um *chutney* encorpado, que fica delicioso com *foie gras*. Nós podemos ainda cortar figos firmes em fatias finas e secá-las para criar *tuiles*. Minha última criação é um *carpaccio* de figo, que é ridiculamente simples de fazer. Pegue uma fruta e descasque-a sem retirar muito da polpa, removendo as pontas. Em seguida, corte-a ao meio e retire as sementes. Deite as metades entre folhas grandes de papel filme e amasse-as com um rolo de macarrão até que fiquem muito finas. Não ponha força demais, apenas o suficiente para deixá-las achatadas e retilíneas. Em seguida, congele-as e as mantenha assim até servi-las. Retire-as do congelador, tire o papel filme e coloque-as diretamente em um prato grande e reto. Cubra-as com um patê grosso, como o Mosaico de Carne de Caça de Outono da p. 130, ou com algumas fatias deliciosas de *foie gras* frito. O que mais posso dizer?

No início do restaurante Aubergine, nós éramos muito audaciosos e servíamos aos nossos clientes **cerejas** frescas maduras em tigelas com gelo moído em vez de *petits fours*. A ideia foi um sucesso porque as frutinhas suculentas limpavam perfeitamente os paladares após as refeições. No auge do verão, nós compramos cerejas vermelho-escuras suculentas da Espanha, e eu adoro trabalhar com uma pilha delas. Nas outras estações do ano, produtores da Itália, dos EUA, do Chile e da África do Sul nos mandam frutas lindas e doces. Cerejas ficam boas tanto em pratos doces quanto salgados. Elas formam uma parceria clássica com peitos de pato, e eu as adoro com molho de caramelo e vinagre balsâmico. Você pode usá-las numa sopa doce para sobremesa, além de em um sorvete fresco de cerejas (retire os caroços e amasse cerca de 300 g de cerejas. Em seguida, bata-as com um *crème anglaise* bem-encorpado e coloque a mistura em uma máquina de sorvete). Fica ótimo com biscoitos de amêndoa.

Eu sei que o **chocolate** não é um alimento condicionado a estações, mas eu o associo com o verão porque gosto de combiná-lo com a fragrância forte de flores de lavanda. Fui apresentado à ideia de misturar chocolate e lavanda por um *chocolatier* francês talentoso que conheci enquanto cozinhava como chef convidado no Singapore Raffles. É claro que esse "casamento" de sabores não é muito surpreendente — cozinheiros vêm aprimorando o chocolate com sabores florais desde que ele começou a ser produzido na Europa. Por exemplo, com rosas, como as encontradas em barras de chocolate recheadas turcas, além de violetas, gerânios e outros cremes de flores presentes em caixas de bombons. Os chocolates amargo, o ao leite e o branco têm seus sabores enriquecidos pela mistura com lavanda. No restaurante, adoramos derreter o chocolate branco num processo vagaroso, o que pode demorar até uma noite, em um armário quente e com um ou dois ramos médios de flores de lavanda para que absorva o perfume. No dia seguinte, a lavanda é retirada, deixando sua fragrância floral no chocolate.

VALRHONA
VALRHONA
VALRHONA
VALRHONA

Caldo leve de tomate com legumes

Esta é uma versão do consommé de tomate que servimos no restaurante com caudas de minilagostas. É a melhor das sopas frias de verão. Eu garanto que você não vai experimentar um sabor de tomate tão rico e refrescante em nenhuma outra receita. Ainda assim, ela é tão límpida e reluzente quanto uma taça de espumante. O acompanhamento delicado desta sopa é composto pelos melhores legumes do verão.

SERVE 4 PORÇÕES COMO ENTRADA

2 chalotas grandes picadas
4 colheres (sopa) de azeite de oliva e uma porção extra para servir
1 kg de tomates italianos maduros picados grosseiramente
2 dentes de alho fatiados
1 colher (chá) de sal marinho refinado
1 colher (chá) de açúcar
1 colher (chá) de manjericão fresco picado
1 colher (chá) de cerefólio fresco picado
1 colher (chá) de estragão fresco picado
4 claras de ovos orgânicos
1/4 de colher (chá) de sementes de pimenta-do-reino
1/4 de colher (chá) de sementes de pimenta-branca
50 g de vagem manteiga limpa
50 g de vagem macarrão sem as pontas
cerca de 20 pontas de aspargos

1 Refogue as chalotas em três colheres (sopa) de azeite por três minutos. Em seguida, acrescente três quartos dos tomates picados, o alho, o sal marinho, o açúcar e as ervas. Cozinhe em fogo médio por cerca de dez minutos, mexendo de vez em quando, até que a mistura fique com a textura de uma polpa.
2 Acrescente um litro de água e deixe ferver. Cozinhe por cerca de 20 minutos. Caso uma espuma se forme por cima, retire-a com uma colher grande.
3 Forre uma peneira com um pedaço de musselina molhada ou um pano de prato e coloque-o em cima de uma bacia. Passe a mistura de tomate pela peneira, pressionando-a com as costas de uma concha. Esfrie o líquido colocando a bacia em uma tigela de água gelada.
4 Bata o restante dos tomates picados com as claras de ovo e as sementes de pimenta em um processador de alimentos. Passe tudo para uma panela grande e adicione o líquido de tomate peneirado.
5 Deixe o conteúdo da panela ferver em fogo baixo por 20 minutos. Você vai notar que o líquido fica translúcido à medida que ele ferve.
6 Lave a musselina ou pano de prato e coloque-o de volta na peneira, em cima de uma tigela. Passe o líquido lentamente pela peneira forrada — ele deve escoar límpido, sem fragmentos. Caso contrário, utilizando uma nova tigela, passe-o novamente pela peneira lentamente. Leve-o à geladeira até que esteja pronto para servir.
7 Para fazer o acompanhamento, corte a vagem manteiga em cubos. Esquente a última colher (sopa) de azeite em uma frigideira pequena e frite com cuidado as vagens manteiga, as vagens macarrão e as pontas de aspargo por cerca de três minutos, até que comecem a amolecer. Enxugue em papel toalha.
8 Espalhe as vagens manteiga, as vagens macarrão e os aspargos em quatro tigelas grandes de sopa. Jogue o caldo por cima. Se preferir, você pode regar cada tigela com um pouco mais de azeite e servir imediatamente.

Sopa de tomate e pimenta com coquetel de caranguejo

Uma sopa não precisa ser aguada nem uma mistura de cubinhos sólidos flutuantes. Às vezes eu gosto de fazer do ingrediente principal uma mistura, como este coquetel de frutos do mar, e cercá-lo com um caldo leve e saboroso. Use tomates italianos maduros nesta receita. Caso você queira deixar o pimentão com um sabor mais concentrado, grelhe-o ou o asse antes. Carne de caranguejo fresca é a melhor opção, porque é menos aguada que a congelada e possui um sabor mais adocicado do que a enlatada. Se quiser, você pode usar carne de lagosta em vez da de caranguejo. **SERVE 4 PORÇÕES COMO ENTRADA**

3 colheres (sopa) de azeite de oliva, além de uma porção extra para servir
2 pimentões vermelhos grandes picados (ou cerca de 500 g)
6 tomates italianos grandes e maduros picados (ou cerca de 500 g)
4 chalotas picadas
cerca de 12 folhas frescas de manjericão
1 raminho de tomilho fresco
1 folha de louro pequena
800 ml de suco de tomate
100 ml de creme de leite fresco
250 g de carne de caranguejo-branco fresca
1 maçã Granny Smith descascada, sem sementes e bem-picada
1 alface-romana pequena bem-picada
1 abacate maduro
sal marinho e pimenta-do-reino moída na hora

Molho

4 a 6 colheres de Maionese (p. 213)
1 colher (sopa) de extrato de tomate
algumas gotas de molho de pimenta
suco de 1 lima

1 Esquente o azeite em uma panela grande e adicione os pimentões, os tomates, as chalotas e as ervas. Refogue em fogo baixo por cerca de cinco minutos. Mexa, cubra a panela e deixe cozinhar ainda em fogo baixo por dez minutos.
2 Retire a tampa e remova o tomilho e a folha de louro. Acrescente o suco de tomate e o creme de leite, tempere bem e deixe esfriar. Bata em um processador de alimentos ou liquidificador até que a mistura esteja homogênea e cremosa — raspando os lados uma ou duas vezes durante o processo. Passe tudo por uma peneira, pressionando a mistura com as costas de uma concha. Leve a sopa à geladeira por pelo menos duas horas.
3 Enquanto isso, com um garfo, procure pedaços de casca e cartilagem na carne de caranguejo, que podem vir a estragar a degustação de um prato maravilhoso. Coloque-a em uma tigela com a maçã e a alface.
4 Para preparar o molho, bata a maionese com o extrato de tomate, o molho de pimenta, metade do suco de lima e um tempero leve. Misture um pouco na carne de caranguejo — apenas o suficiente para criar uma mistura firme e umedecida.
5 Amasse o abacate com um garfo. Adicione o restante do suco de lima e tempere.
6 Prove o tempero da sopa. Comidas geladas precisam de mais tempero que as quentes.
7 Coloque um cortador de biscoitos redondo, de cerca de cinco centímetros de diâmetro, no meio de uma tigela larga de sopa. Coloque um quarto do abacate no fundo do cortador e ponha um quarto da mistura de caranguejo por cima (veja fotos dessa técnica na p. 221). Por fim, cubra com um pouco do restante do molho de maionese e retire o cortador com cuidado. Repita o procedimento nas outras três tigelas.
8 Derrame a sopa em torno de cada coquetel de caranguejo, adicione um pouco de azeite, se preferir, e sirva imediatamente.

Sopa de beringela e pimentão com tomates cereja refogados

Esta sopa gelada de verão é feita com beringelas e pimentões assados duas vezes. É uma receita diferente e rica em um sabor típico do Mediterrâneo. Pequenas porções podem ser servidas como entrada, e as grandes, como um prato principal leve acompanhado de pão francês ou ciabata *quentinha.* **SERVE 6 PORÇÕES COMO ENTRADA OU 4 COMO PRATO PRINCIPAL**

4 beringelas médias
folhas de um raminho de alecrim fresco
1 colher (sopa) de alho picado, preferencialmente alho fresco
2 pimentões vermelhos grandes
2 pimentões amarelos grandes
1 chalota picada
2 raminhos de manjericão fresco
1 colher (sopa) de mostarda em grãos
300 ml de Caldo de Galinha *Light* (p. 212) ou de Caldo de Legumes Reduzido (p. 212)
cerca de 250 ml de suco de tomate (opcional)
cerca de 200 g de tomates cereja em seus cabinhos e ramos
sal marinho e pimenta-do-reino moída na hora

1 Preaqueça o forno a 200°C. Descasque as beringelas em tiras longas com a ajuda de um descascador de legumes. Retire cerca de cinco milímetros de polpa junto com a casca. Corte as cascas em tiras finas e depois em quadradinhos. Reserve.
2 Embrulhe as beringelas descascadas em papel-alumínio com as folhas de alecrim e o alho. Asse por cerca de 45 minutos ou até que o legume esteja totalmente mole e macio. Reserve o caldo do cozimento.
3 Esquente duas colheres (sopa) de azeite de oliva em uma frigideira grande e, quando estiverem quentes, cozinhe as beringelas macias em fogo alto para dar a elas um leve sabor queimado. Acrescente o caldo do cozimento e tempere. Retire da frigideira e deixe esfriar.
4 Coloque os pimentões em pé em uma tábua e remova as sementes e os talos (isso é uma boa dica porque evita que as sementes voem para todo o lado). Pique os pimentões.
5 Adicione uma ou duas colheres (sopa) de azeite à frigideira e, quando estiver quente, refogue a chalota até que ela comece a dourar. Acrescente os pimentões e continue a fritar em fogo alto por cerca de cinco minutos. Adicione o manjericão e a mostarda e, em seguida, o Caldo de Galinha ou de Legumes. Deixe ferver e tempere. Depois, cozinhe em fogo baixo por 12 a 15 minutos. Retire do fogo e deixe esfriar.
6 Retire o manjericão e passe a mistura de pimentão para um processador de alimentos ou liquidificador. Adicione as beringelas e bata até tudo ficar homogêneo e pastoso. A sopa vai ficar bem grossa. Se você a preferir mais rala, acrescente o suco de tomate (opcional) aos poucos. Leve à geladeira até estar pronta para servir.
7 Para preparar a decoração, esquente um pouco de óleo em uma frigideira e frite a casca de beringela reservada até que esteja leve e crocante. Tome cuidado para não dourá-la demais. Enxugue em papel toalha.
8 Esquente um pouquinho mais de azeite na frigideira. Solte os tomates dos cabinhos e frite-os apenas o suficiente para impregnar a casca deles com sabor. Eles ficarão um pouco moles, é assim mesmo. Enxugue-os em papel toalha.
9 Prove o tempero da sopa. Ela deve estar bem forte e muito saborosa. Em seguida, passe-a para quatro ou seis tigelas resfriadas. Divida os tomates refogados entre as tigelas e espalhe alguns flocos da beringela crocante por cima.

Sopa fria de pepino com iscas de salmão selvagem defumado

Pequenas xícaras com uma leve sopa de pepino são servidas frequentemente no meu restaurante como amuse-guele *— um aperitivo. O segredo da riqueza de sabor está na marinada e no uso do meu cheiroso Caldo de Legumes. Não sirva porções fartas demais — mantenha a delicadeza intacta. Algumas iscas finas de salmão selvagem defumado formam um bonito contraste com a sopa verde pastel.* **SERVE 4 A 6 PORÇÕES COMO ENTRADA**

2 pepinos grandes lavados e enxugados
2 colheres (sopa) de raiz-forte amassada
500 ml de Caldo de Legumes Reduzido (p. 212)
um pequeno punhado de ramos de hortelã fresca
200 ml de creme de leite fresco
cerca de 100 g de salmão selvagem defumado
sal marinho e pimenta-do-reino moída na hora

1 Corte as pontas dos pepinos e os fatie em pedaços finos sem descascá-los (é isso que dá à sopa sua cor maravilhosa). Pode-se usar um ralador ou a lâmina de fatiar do seu processador de alimentos. Coloque-os em uma tigela grande.
2 Acrescente a raiz-forte, o Caldo de Legumes e um pouco de tempero. Torça os ramos de hortelã para "libertar" o sabor e adicione-os também. Cubra e leve à geladeira por cerca de duas horas.
3 Retire os ramos de hortelã e bata tudo em um processador de alimentos ou liquidificador até obter um purê homogêneo. Passe-o por uma peneira fina com uma tigela embaixo, pressionando-o com as costas de uma colher. A sopa deve ficar bem grossa. Acrescente o creme de leite e prove o tempero — sopas frias devem ser bem-temperadas ou ficarão insossas.
4 Fatie o salmão em iscas finas e coloque-as no meio de quatro a seis tigelas de sopa, dependendo do tamanho da porção que você vai servir. Derrame a sopa em torno delas e sirva imediatamente.

Nota: Em vez de salmão defumado, você pode experimentar usar um pouco de enguia defumada em pedacinhos.

Risoto de milho com cebolinha

Os italianos servem risoto como entrada, enquanto os franceses normalmente o utilizam como acompanhamento de pratos principais. Eu acho o risoto muito versátil, uma vez que também pode ser servido como um leve prato principal. A receita básica é sempre a mesma — são as variações de sabor que dão a ele uma certa personalidade. Este é um prato leve e refrescante que utiliza os milhos do início do verão inglês. Sempre compre espigas de milho ainda com a palha. As embaladas em plásticos, que você pode encontrar em muitos supermercados, perdem os nutrientes presentes nas recém-colhidas. Em vez de dar mais sabor aos grãos macios de arroz com queijo mascarpone, *eu os misturo com creme de milho.*

SERVE 4 PORÇÕES COMO ENTRADA OU 2 COMO PRATO PRINCIPAL

500 a 600 ml de Caldo de Galinha *Light* (p. 212) ou de Caldo de Legumes Reduzido (p. 212)
1 espiga de milho grande ainda com a palha
1 chalota bem-picada
3 colheres (sopa) de azeite de oliva
200 g de arroz para risoto (Carnaroli, Arbóreo ou Vialone Nano)
cerca de 4 colheres (sopa) de vinho branco seco
2 cebolinhas cortadas em rodelas finas
200 g de creme de milho enlatado
3 colheres (sopa) de queijo parmesão ralado na hora
uma boa colherada de manteiga sem sal
sal marinho e pimenta-do-reino moída na hora

1 Coloque o Caldo de Galinha ou de Legumes em uma panela e deixe ferver em fogo baixo.
2 Retire a palha e os cabelos da espiga de milho. Coloque a espiga em pé com a ponta para baixo. Com uma faca de cozinha afiada e pesada, corte a espiga para soltar os pequenos grãos quadrados (veja uma fotografia dessa técnica na p. 218). Jogue a espiga fora e ponha os grãos em uma tigela (eles podem ter se espalhado pela área de trabalho).
3 Em uma panela grande, refogue a chalota em fogo baixo em duas colheres (sopa) de azeite por cerca de cinco minutos até que amoleça, mas não doure. Acrescente a última colher de azeite e os grãos de milho. Cozinhe por mais ou menos um minuto, adicione o arroz e cozinhe por mais um minuto, mexendo sempre.
4 Acrescente o vinho e deixe cozinhar até que ele esteja reduzido pela metade. Em seguida, adicione um quarto do Caldo de Galinha ou de Legumes. Deixe ferver, mexendo sempre. Abaixe o fogo para médio e continue cozinhando até que o líquido tenha sido absorvido. Acrescente mais uma concha de Caldo e repita o processo, sem parar de mexer. Continue adicionando o líquido, sempre esperando até que cada porção seja absorvida e mexendo com frequência. Repita até que o arroz inche e fique macio, mas não mole. Isso deve demorar cerca de 15 minutos (talvez você não precise utilizar todo o Caldo).
5 Acrescente as cebolinhas e cozinhe por um ou dois minutos para esquentá-las. Em seguida, adicione, aos poucos, o creme de milho, metade do queijo parmesão e a manteiga. Quando estiver quente, tempere bem e sirva imediatamente em tigelas rasas cobertas com mais parmesão.

Uma salada *niçoise* especial

O atum fresco é um ingrediente essencial nesta suprema salada de verão. Eu sugiro o atum-azul pescado com vara, mas o atum-de-galha também é ótimo. Peça para o peixeiro um corte lombar, e evite peixes machucados ou com vestígios de sangue. Esta receita é muito simples, mas eu gosto de adicionar um toque especial e usar pequenos ovos de codorna, em vez dos de galinha, cortados em quatro. **SERVE 4 PORÇÕES COMO ENTRADA OU COMO PRATO PRINCIPAL LEVE**

12 ovos de codorna
3 colheres (sopa) de vinagre de vinho branco
100 g de vagens sem as pontas, limpas e cortadas ao meio (se preferir)
150 g de batatinhas
100 ml de Molho Vinagrete Clássico (p. 213) misturado a 3 colheres (sopa) de creme de leite fresco
4 tomates italianos firmes sem a pele
50 g de anchovas em conserva
50 g de azeitonas pretas frescas
200 g de miniverduras diversas (como as pontas de chicória, alface folha-de-carvalho, minialface-romana ou rúcula-selvagem)
4 cortes lombares de atum com cerca de 100 g cada
1 ou 2 colheres (sopa) de azeite de oliva
1 colher (sopa) de vinagre balsâmico
sal marinho e pimenta-do-reino moída na hora

1 Há muitas etapas nesta receita, então prepare tudo com antecedência. É mais fácil descascar os ovos de codorna se você mergulhá-los por 20 minutos em água fria com três colheres (sopa) de vinagre. Esse procedimento ajuda a romper a albumina dura das cascas. Em seguida, escorra e cozinhe os ovos por mais dois minutos em água fervente. Escorra e mergulhe-os em uma tigela de água fria por dez minutos. Descasque-os e deixe-os inteiros.
2 Cozinhe as vagens em água fervente por dois minutos. Escorra e as esfrie em água gelada. Escorra de novo.
3 Cozinhe as batatinhas por 12 minutos até que comecem a amolecer. Escorra e adicione duas colheres (sopa) do vinagrete misturado ao creme de leite. Deixe esfriar.
4 Corte cada tomate em quatro na vertical e retire as sementes. Deixe-os na forma de pétalas ou corte-os de novo na metade.
5 Lave as anchovas em água morna e corte-as em cubos. Retire os caroços das azeitonas e as fatie.
6 Escolha as verduras. Misture-as com as vagens e acrescente o restante do molho vinagrete com creme de leite. Divida as folhas e as vagens entre quatro tigelas rasas ou pratos. Espalhe as anchovas, os tomates e as azeitonas por cima delas. Arrume as batatas e os ovos em torno das folhas.
7 Agora cozinhe o atum. Aqueça uma frigideira antiaderente grande e de fundo grosso até sentir que está emanando bastante calor. Adicione um pouco de azeite e o peixe. Cozinhe por um ou dois minutos de cada lado até que os pedaços fiquem firmes ao toque. A carne ainda deve estar rosada no centro. Se você prefere bem-passado, deixe um pouco mais ao fogo, mas não cozinhe demais ou o atum ficará seco e borrachudo. Cubra com vinagre balsâmico. Tempere e o retire da frigideira.
8 Corte cada pedaço ao meio e coloque-os por cima das saladas já prontas. Sirva imediatamente.

Salada escocesa de lagosta com manga e espinafre

Este prato é um deleite para os olhos — com cores rosa, dourada e verde-escura deslumbrantes. Eu sugiro que, para obter o melhor sabor, você mesmo cozinhe suas lagostas (coloque-as no congelador primeiro para entorpecê-las). Outra dica útil é que é mais fácil retirar as carapaças delas enquanto quentes. **SERVE 4 PORÇÕES COMO ENTRADA OU COMO PRATO PRINCIPAL LEVE**

Court bouillon (p. 213)
4 lagostas pequenas vivas com cerca de 700 g cada
2 mangas maduras
2 colheres (sopa) de Molho Vinagrete Clássico (p. 213)
150 g de folhas de miniespinafre
sal marinho e pimenta-do-reino moída na hora

1 Coloque o *court bouillon* para ferver em fogo baixo e adicione as lagostas. Cozinhe-as de cinco a seis minutos. Retire a panela do fogo e as deixe esfriando um pouco no ensopado.
2 Quando as lagostas estiverem frias o suficiente para serem manuseadas (use luvas de borracha), retire-as da água e remova a carne da carapaça. Use tesouras de cozinha resistentes para abrir a casca e obter um pedaço de carne inteiro. Remova a "tripa" localizada no terceiro segmento do abdômen. Retire a carne das patas quebrando a carapaça com as costas de uma faca e a pique. Coloque toda a carne da lagosta de volta no *court bouillon* para absorver mais sabor até esfriar. Quando estiver frio, escorra a carne.
3 Descasque as mangas, retire o caroço e corte a polpa em pequenos cubos. Misture com metade do vinagrete.
4 Misture as folhas de espinafre ao restante do vinagrete e tempere bem. Arrume-as no meio de quatro pratos (nós as arrumamos como se fossem pétalas).
5 Espalhe as mangas por cima das folhas de espinafre. Coloque a carne das patas da lagosta no centro. Fatie a carne da cauda da lagosta em medalhões e a ponha por cima das mangas. Sirva dessa maneira.

Salada de vieiras-rainhas, minilulas e *confit* de batatinhas

*Delicada, bonita e chique, esta é uma entrada elegante para um jantar especial de verão. Você vai precisar de lulas e vieiras-rainhas bem pequenas, que ficam lindas em suas conchinhas. Elas estão se tornando cada vez mais comuns em boas peixarias inglesas, onde já podemos comprá-las sem as conchas. Se você as comprar assim, tome cuidado para que não estejam congeladas, ou a carne ficará aguada. Para as batatas, utilize as pequenas Jersey Royals, que têm uma temporada curta de colheita, ou experimente as variedades Ratte e Anya. Além disso, você pode comprar gordura de ganso enlatada. Até o supermercado do meu bairro a vende.** SERVE 4 PORÇÕES COMO ENTRADA

200 g de batatinhas (quanto menores, melhor)
100 g de gordura de ganso
200 ml de leite morno
120 g de farinha de trigo
1 colher (chá) de fermento em pó
4 minilulas com cerca de 75 g cada
entre 32 e 40 vieiras-rainhas sem as conchas
algumas pitadas de *curry* em pó suave
um pouco de azeite de oliva para fritar
4 a 6 colheres (sopa) de Molho Vinagrete Clássico (p. 213) misturado com 2 colheres (chá) de estragão fresco picado
cerca de 300 g de verduras diversas (variedades com folhas macias como a alface-do-campo ou a folha-de--carvalho)
sal marinho e pimenta-do-reino moída na hora

1 Primeiro faça o *confit* de batatas, utilizando fogo bem baixo. Talvez uma chapa difusora de calor venha a ser útil. Coloque as batatas e a gordura de ganso em uma panela pequena. As batatas devem ser cobertas pela gordura. Cozinhe no fogo mais baixo possível por 20 a 25 minutos, até que comecem a amolecer. A gordura pode borbulhar às vezes, mas não a deixe ficar quente demais. As batatas devem ser cozidas, não fritas. Enxugue-as em papel toalha e deixe esfriar. Reserve a gordura.
2 Bata o leite, a farinha, o fermento e uma boa pitada de sal em um processador de alimentos ou liquidificador até se formar uma massa grossa. Passe-a para uma tigela rasa e leve à geladeira por uma hora.
3 Verifique se as lulas estão limpas por dentro e as enxugue.
4 Tempere as vieiras-rainhas com um pouco de sal, pimenta e *curry* em pó até recobri-las. Esquente uma colher (sopa) de azeite em uma frigideira e, quando estiver quente, adicione as vieiras-rainhas, mexendo-as rapidamente por menos de um minuto. Retire-as da panela e as enxugue. Em seguida, misture-as à metade do vinagrete. Reserve.
5 Corte as batatas ao meio. Esquente uma colher (sopa) da gordura de ganso reservada em uma frigideira. Quando estiver quente, doure rapidamente as batatas até que fiquem crocantes. Em seguida, seque e tempere-as. Mantenha-as quentes.
6 Escolha as folhas de verdura, tempere e misture-as ao restante do vinagrete. Empilhe-as no meio de quatro pratos grandes.
7 Esquente cerca de um centímetro (altura) de azeite em uma frigideira. Retire a massa da geladeira e mergulhe o corpo e os tentáculos das lulas nela, recobrindo tudo de modo igual. Coloque-as no azeite quente e as cozinhe por alguns minutos de cada lado, até que fiquem crocantes e douradas. Não cozinhe demais. Seque e tempere-as.
8 Passe as vieiras-rainhas para cima das verduras e coloque as lulas por cima delas. Arrume as batatas em torno da salada e sirva.

* No Brasil, esse ingrediente pode ser achado em boas lojas especializadas, embora não seja tão comum. (N.E.)

Tartare de vieiras e caviar dourado com caldo de tomate

Por as nossas vieiras serem muito frescas, elas ficam perfeitas em tartares *cremosos e delicados, de sabor simples e puro. No entanto, quando misturadas com uma colherada do raro caviar imperial, elas se tornam deliciosas. O caviar imperial, ou* osetra *dourado, é feito com as ovas do esturjão-albino e tem uma cor dourada brilhante com um sabor leve e quase amendoado. Geralmente compro o caviar fornecido pela Imperial Caviar UK, gerenciada por um grande amigo meu, Ramin Rohgar. Você pode comprá-lo em latas de 50 g. Use metade no* tartare *e o restante equilibrado delicadamente por cima do prato, como uma decoração deslumbrante. O molho servido em torno do* tartare *é feito com o extrato de tomates frescos que ficaram passando por um coador de pano durante a noite. Ele fica surpreendentemente claro e não dá nenhuma indicação de sua origem até que você o experimente. Eu o acho muito engenhoso.* **SERVE 4 PORÇÕES COMO ENTRADA**

400 g de tomates italianos maduros
2 folhas grandes de manjericão fresco
8 vieiras grandes frescas, sem as conchas e sem as gônadas
1 colher (sopa) de *crème fraîche*
1 colher (sopa) de queijo *mascarpone*
1 colher (chá) de cerefólio fresco picado
1 colher (chá) de cebolinha-miúda fresca picada
suco de 1/2 lima (aproximadamente)
50 g de caviar imperial
sal marinho

1 Primeiro, faça o molho de tomate. Pique os tomates em pedaços grandes e bata-os no processador de alimentos com o manjericão e um pouco de sal por alguns segundos até obter um purê grosso. Passe tudo para um coador de pano posto em cima de uma tigela. Deixe o molho coando durante a noite toda. O líquido ficará claro.

2 Se preferir, você pode ferver o molho para reduzi-lo pela metade e concentrar ainda mais o sabor. No entanto, ele não terá o mesmo gosto fresco. Leve-o à geladeira.

3 Para preparar o *tartare*, pique as vieiras em pedaços bem pequenos sem usar um processador e as misture com o *crème fraîche*, o *mascarpone*, as ervas e o sal. Gota a gota, adicione o suco de lima, sempre provando ao acrescentá-lo, até achar que é suficiente. Com cuidado, acrescente metade do caviar.

4 Coloque um cortador de biscoitos redondos de 4 a 5 cm de diâmetro no meio de uma tigela rasa pequena. Ponha um quarto do *tartare* dentro dele e nivele a parte de cima. Retire o cortador e repita o procedimento em outras três tigelas.

5 Coloque o restante do caviar por cima de cada *tartare* para decorar. Sirva levemente gelado, com o molho de tomate em um potinho separado para ser regado em torno do *tartare*.

Codornas de verão com molho de tomate e estragão

Codornas parecem tão deliciosas com seus delicados peitos gordinhos. Muitas pessoas acham que elas são difíceis de comer, por isso nós desossamos o peito depois de assá-lo e o deixamos esfriar em um molho de tomate leve. Ele é servido com uma salada quente de aipo e cogumelos cantarelo de verão. É uma ótima entrada. SERVE 4 PORÇÕES COMO ENTRADA

4 codornas frescas
6 colheres (sopa) de azeite de oliva
1/2 tomate pequeno sem sementes e muito bem-picado
1/2 chalota muito bem-picada
1/2 colher (chá) de *ketchup*
1/2 colher (chá) de mostarda em grãos
1/2 colher (chá) de suco de limão fresco
1 colher (chá) de estragão fresco picado
4 talos de aipo cortados em pedaços pequenos
100 ml de Caldo de Galinha *Light* (p. 212) ou de Caldo de Legumes Reduzido (p. 212)
70 g de cogumelos cantarelo frescos, com as pontas aparadas e cortados ao meio, caso sejam grandes
algumas folhas de aipo para decorar (fritas, se preferir)
sal marinho e pimenta-do-reino moída na hora

1 Preaqueça o forno a 190°C. Pincele as codornas com um pouco de azeite, tempere e asse-as por 12 minutos.
2 Enquanto isso, prepare um molho misturando o tomate e a chalota bem-picados, o *ketchup*, a mostarda, o suco de limão, o estragão e três colheres (sopa) de azeite. Tempere bem.
3 Retire as codornas do forno e deixe que descansem por dez minutos. Usando uma faca para destrinchar afiada, desosse os peitos levemente cozidos por inteiro (use as carcaças para fazer um caldo). Misture-os com o molho de tomate e reserve para que esfriem.
4 Esquente uma colher (sopa) do restante do azeite e refogue o aipo até que doure. Acrescente o Caldo de Galinha ou o de Legumes, tempere bem e cubra com papel-manteiga. Ferva por cerca de dez minutos até que o aipo amoleça e o líquido tenha evaporado por completo.
5 Enquanto isso, refogue os cogumelos cantarelo no restante do azeite por cerca de cinco minutos, mexendo uma ou duas vezes. Tempere.
6 Para servir, coloque o aipo no centro de quatro pratos. Ponha os cogumelos por cima. Arrume os peitos de codorna por cima de tudo e regue-os com o restante do molho. Decore com folhas de aipo.

Linguine ao molho de lagosta e cogumelos cantarelo

Este é, de certa forma, um prato clássico (quando preparado com molho américaine *— à base de conhaque), e você precisará de paciência e de tempo para prepará-lo. No entanto, ele certamente vale a pena. O melhor é comprar lagostas vivas para esta receita, uma vez que você vai precisar refogar as carapaças para dar cor ao molho. Compre o* linguine *fresco, se puder, em uma boa loja italiana.* SERVE 4 PORÇÕES COMO ENTRADA

2 lagostas vivas com cerca de 700 g cada
um pouco de azeite de oliva para fritar
1 cenoura pequena cortada em cubos pequenos
1 alho-poró pequeno cortado em fatias pequenas
1 cebola pequena bem-picada
1 talo de aipo pequeno cortado em pedaços pequenos
2 colheres (sopa) de vinho Pernod
100 ml de vinho branco seco
1 tomate médio picado
2 colheres (chá) de extrato de tomate
500 ml de Caldo de Peixe (p. 212) ou de Caldo de Galinha *Light* (p. 212)
250 ml de creme de leite fresco
2 folhas grandes de manjericão fresco
120 g de cogumelos cantarelo frescos com as pontas aparadas
25 g de manteiga
folhas picadas de um molho pequeno de salsa lisa
300 g de *linguine* fresco
sal marinho e pimenta-do-reino moída na hora

1 Primeiro prepare as lagostas. Congele-as por meia hora para que fiquem entorpecidas. Coloque uma panela grande de água para ferver e jogue as lagostas nela. Deixe que cozinhem por um minuto, retire-as da água e deixe-as esfriarem até que consiga manuseá-las. Retire a cabeça e as patas. Extraia a carne do corpo usando uma tesoura afiada ou um destrinchador de aves para abrir a carapaça. A carne ainda estará crua, mas solta o suficiente para ser retirada. Extraia a carne das patas e reserve tudo.
2 Esmague um pouco as carapaças das lagostas para que caibam em uma panela grande. Esquente duas a três colheres (sopa) de azeite na panela e refogue-as até que adquiram uma cor rosa forte. Acrescente as cenouras, o alho-poró, o aipo e a cebola e cozinhe por cerca de dez minutos até ficarem bem caramelizados. Adicione o Pernod e cozinhe até que ele evapore. Em seguida, acrescente o vinho e cozinhe até que adquira uma consistência de xarope. Adicione os tomates e o extrato de tomate. Cozinhe por mais cinco minutos até que o conteúdo da panela pareça bastante grudento. Acrescente o Caldo de Peixe ou de Legumes e ferva até que ele reduza pela metade. Por fim, adicione o creme de leite e as folhas de manjericão. Retire a panela do fogo e deixe que esfrie, por vezes espremendo as carapaças com uma concha grande para extrair o máximo de sabor possível. Peneire a mistura e passe-a para uma panela menor para reaquecê-la.
3 Esquente uma panela de fundo grosso seca e refogue os cogumelos cantarelo para retirar a umidade. Enxugue-os com papel toalha e jogue o líquido da panela fora. Aqueça a manteiga na panela e, quando parar de borbulhar, refogue os cogumelos rapidamente até cozinharem bem. Tempere e salpique-os com um pouco de salsa picada. Mantenha quente.
4 Cozinhe o *linguine* em água salgada até que fique *al dente* (entre dois e três minutos). Escorra e misture com algumas colheres de molho. Mantenha quente.
5 Esquente outra frigideira com um pouco de azeite e refogue a carne de lagosta por dois a três minutos. Fatie a carne do corpo em medalhões e tempere.
6 Reaqueça o restante do molho. Sirva o *linguine* no meio de quatro pratos quentes. Coloque a lagosta e os cogumelos por cima, regue com molho e salpique o restante da salsa.

Salmão selvagem cozido com molho de vinho Gewürztraminer

O salmão selvagem tem uma carne mais magra, uma cor mais escura e um sabor melhor do que o salmão criado em cativeiro simplesmente porque cresce em seu ambiente apropriado, o oceano, nadando em correntes fortes e se alimentando de uma dieta completamente natural. No entanto, ironicamente, ele não pode ser classificado como "orgânico", porque os governos não podem garantir a origem de seus alimentos. A época deles na Inglaterra vai de fevereiro a agosto, e você vai notar que o preço reflete sua qualidade. Um peixe muito saboroso, o salmão combina com molhos de vinho doce, especialmente com o vinho condimentado Gewürztraminer, da Alsácia. Sirva com aspargos selvagens aferventados e amanteigados acompanhados de batatinhas Maris Piper e brócolis em um molho beurre noisette. **SERVE 4 PORÇÕES COMO PRATO PRINCIPAL**

4 postas de salmão selvagem de cerca de 150 g cada
Court Bouillon (p. 213) para cozinhar
120 g de talos de aspargo selvagem ou fino
um pouco de manteiga derretida
sal marinho e pimenta-do-reino moída na hora

Molho
300 ml de vinho Gewürztraminer
300 ml de Caldo de Peixe (p. 212)
2 colheres (sopa) de creme de leite fresco
25 g de manteiga

1 Cheque o salmão para garantir que ele esteja limpo e não contenha sangue no ventre. Deixe o *court bouillon* ferver em fogo baixo e acrescente as postas. Retire a panela do fogo e deixe o salmão cozinhar no calor residual por dez minutos.
2 Enquanto isso, para preparar o molho, misture o vinho e o Caldo de Peixe, e os ferva juntos, até que estejam reduzidos pela metade, com 300 ml. Acrescente, mexendo, o creme de leite e a manteiga e prove o tempero.
3 Escalde os aspargos em água fervente por dois minutos, escorra e resfrie-os em água gelada. Escorra-os de novo e coloque-os em uma panela pequena com um pouco de manteiga derretida para reaquecê-los.
4 Retire o peixe do *bouillon* quando ele estiver firme. Remova com cuidado a espinha central e a pele. Deite as postas em pratos aquecidos.
5 Reaqueça os aspargos rapidamente na manteiga derretida e ponha-os sobre o salmão. Regue tudo com um pouco de molho e peneire o caldo que sobrar, colocando-o em uma molheira para servir separadamente.

Salmão selvagem com salada de alface refogada e pepino em molho de tomate e manteiga

A temporada inglesa de salmão selvagem começa em fevereiro e dura todo o verão. Esses primos livres do salmão criado em cativeiro têm uma carne mais escura, menos gordurosa e com mais sabor. Fora dessa época, o melhor salmão é o de cativeiro dos lagos da Escócia, criado com uma dieta quase natural (orgânica) e correntes artificiais para incentivar o desenvolvimento dos seus músculos. A salada e o molho explicados aqui são inspirados na culinária mediterrânea. SERVE 4 PORÇÕES COMO PRATO PRINCIPAL

4 filés grossos de salmão selvagem sem pele com cerca de 150 g cada
3 colheres (sopa) de azeite de oliva
1 pepino grande descascado e cortado em cubos
2 tomates descascados, sem sementes e picados
100 g de azeitonas sem caroço picadas
1 colher (sopa) de salsa fresca picada
2 minialfaces-romanas
3 colheres (sopa) de Molho Vinagrete Clássico (p. 213)
sal marinho e pimenta-do-reino moída na hora

Molho
250 g de tomates maduros ainda com os cabinhos e galhos
1 colher (chá) de vinagre de xerez
1 colher (chá) de açúcar refinado
1 colher (chá) de manjericão fresco picado
100 ml de creme de leite fresco
50 g de manteiga cortada em cubos

1 Unte os dois lados de cada filé com uma colher (sopa) de azeite e reserve.
2 Misture o pepino, os tomates, as azeitonas e a salsa. Tempere bem e reserve a salada.
3 Para preparar o molho, corte os tomates ao meio e bata-os em um processador de alimentos com o vinagre, o açúcar e o manjericão. Passe por uma peneira, esfregando-a com as costas de uma colher, e transfira a mistura para uma panela. Cozinhe-a, sem tampar a panela, por cerca de dez minutos até que esteja reduzida pela metade. Acrescente o creme de leite e ferva em fogo baixo por um ou dois minutos. Em seguida, adicione a manteiga cortada em cubos até que a mistura fique bem homogênea. Tempere e reserve.
4 Separe as folhas dos alfaces e jogue o miolo fora. Esquente o azeite restante e refogue as folhas por cerca de dois minutos até murcharem. Tempere e reserve.
5 Aqueça uma frigideira antiaderente de fundo grosso e, quanto estiver quente, adicione o salmão com o lado da pele para baixo. Baixe o fogo para médio e cozinhe por três a quatro minutos. Tempere o peixe enquanto ele cozinha. Vire os filés com cuidado e cozinhe o outro lado por dois ou três minutos até que a carne pareça firme. Tempere de novo.
6 Para servir, regue a salada com o vinagrete e coloque-a no meio de quatro pratos (no restaurante, nós moldamos pequenos círculos com a ajuda de um cortador de biscoitos comum). Ponha a alface refogada por cima e, em seguida, o salmão. Sirva o molho em torno do peixe.

Truta marrom selvagem com *zabaione* de limão e caviar

Eu adoro pescar, por isso fujo para praias e rios sempre que posso. Pode-se encontrar libélulas voando na Inglaterra de maio a agosto, por isso vou até o rio Kennet, perto de Hungerford, e pesco com uma isca artificial com formato de um desses insetos (mergulhado no azeite para que boie com mais facilidade). Quando consigo pescar trutas marrons, esta é a maneira que gosto de cozinhá-las e servi-las em casa: com um zabaione *de ovos clássico, leve e de simples preparo, temperado com limão e servido com uma colher de caviar* osetra. *Batatinhas e ervilhas frescas são os melhores acompanhamentos.* **SERVE 4 PORÇÕES COMO PRATO PRINCIPAL**

2 trutas marrons selvagens com cerca de 1 kg cada
2 alcachofras grandes
um pouco de suco de limão
um pouco de azeite de oliva para fritar
uma boa colherada de manteiga
sal marinho e pimenta-do-reino moída na hora

Zabaione
6 gemas de ovos orgânicos
1 colher (chá) de suco de limão
raspas de um limão pequeno
1 colher (sopa) de caviar *osetra*

1 Corte as trutas em filés, mantendo a pele (ou peça que seu peixeiro faça isso). Procure espinhas na carne com os dedos e retire-as com pinças ou alicates finos. Faça vários cortes iguais na pele com a ponta de uma faca afiada. Reserve.

2 Corte o talo perto da base das alcachofras, retire as pétalas externas e os pelos de dentro para usar o fundo (veja fotos dessa técnica na p. 216). Cozinhe os fundos em água fervente salgada com uma boa porção de suco de limão por cerca de 15 minutos. Escorra, deixe esfriar e corte os legumes em cubos ou fatias.

3 Frite os pedaços de fundo de alcachofra em um pouco de azeite e manteiga até que dourem bem. Escorra e mantenha quente.

4 Preaqueça a grelha. Enquanto isso, prepare o *zabaione*. Misture as gemas, o suco de limão, uma colher (sopa) de água e o tempero em uma tigela em banho-maria até que a mistura triplique de volume e se torne leve e espumosa — o melhor é batê-la com uma batedeira elétrica. Retire a tigela do banho-maria e reserve enquanto você cozinha a truta.

5 Pincele a pele da truta com um pouco de azeite e a grelhe por cerca de quatro minutos para que a pele fique crocante. Vire, tempere a carne e pincele com mais azeite. Devolva o peixe à grelha e cozinhe por mais alguns minutos até que comece a dourar. Baixe o fogo e continue cozinhando por mais quatro ou cinco minutos até que a carne da truta fique firme, mas ainda macia quando pressionada.

6 Devolva a tigela de *zabaione* ao banho-maria e bata rapidamente para que a mistura esteja bem aerada. Desligue o fogo e acrescente as raspas de limão e o caviar.

7 Passe os peixes para quatro pratos aquecidos, arrume os pedaços de alcachofra em torno deles e cubra-os com o molho. Sirva imediatamente.

Linguado com flores de abobrinha empanadas e molho de vermute Noilly Prat

Na época de flores de abobrinha, eu gosto de mergulhá-las em uma massa leve de cerveja e fritá-las, achatando-as com uma espátula no azeite quente para que cozinhem de forma plana. Estas são servidas por cima de filés de linguado, que por sua vez são postos sobre espinafre aquecido e um molho velouté *de vermute Noilly Prat.* **SERVE 4 PORÇÕES COMO PRATO PRINCIPAL**

4 flores de abobrinha ainda com os pequenos legumes presos a elas
120 ml de leite morno
75 g de farinha de trigo e um pouco mais para polvilhar
1 colher (chá) de fermento em pó
1 colher (chá) de cerveja
1 abobrinha média cortada em cubos pequenos
azeite de oliva composto, para fritar
4 filés de linguado sem pele com cerca de 125 g cada (cortados em fatias na diagonal)
15 g de manteiga
250 ml de Caldo de Peixe (p. 212)
120 g de miniespinafres

Molho
2 chalotas picadas
10 g de manteiga
100 ml de vinho branco seco
120 ml de vermute Noilly Prat
250 ml de Caldo de Peixe (p. 212)
1 colher (chá) de estragão fresco picado
200 ml de creme de leite fresco
um pouco de suco de limão
sal marinho e pimenta-do-reino moída na hora

1 Primeiro faça o molho. Refogue as chalotas na manteiga por cinco minutos até que amoleçam. Acrescente o vinho e o vermute e cozinhe até que estejam reduzidos a uma consistência de xarope. Adicione o Caldo de Peixe e o estragão. Ferva até que a mistura esteja reduzida pela metade. Acrescente o creme de leite e ferva até que tudo esteja reduzido à metade de novo. Prove o tempero, adicione um pouco de suco de limão e peneire, passando a mistura para uma panela limpa. Reserve.
2 Agora prepare as flores. Corte as pequenas abobrinhas (ainda presas às flores) ao meio. Misture o leite com a farinha, o fermento, a cerveja e uma boa pitada de sal. Reserve.
3 Refogue levemente os cubos de abobrinha em um pouco de azeite quente até que dourem. Tempere e enxugue-os em papel toalha. Preaqueça o forno a 200°C.
4 Aqueça uma colher (sopa) de azeite em uma frigideira antiaderente com um cabo resistente ao calor e, quando estiver quente, frite o linguado até que ele caramelize bem de um lado. Acrescente a manteiga e vire o peixe com cuidado. Adicione o Caldo de Peixe. Cubra com papel-manteiga e transfira para o forno para cozinhar por cerca de sete minutos, regando uma vez com o Caldo. Retire o peixe do forno e deixe que esfrie.
5 Voltando às flores de abobrinha, passe-as em um pouco de farinha. Aqueça em torno de dois centímetros de azeite em uma frigideira funda a cerca de 180°C. Quando estiver quente, mergulhe a flor na massa, abra a pequena abobrinha e coloque-a com cuidado no azeite quente. Usando uma espátula, mantenha a abobrinha aberta para que cozinhe de forma achatada. Frite-a por um ou dois minutos até que doure, retire-a do azeite e enxugue-a. Repita a operação com as outras flores.
6 Para servir, aqueça os pratos até que fiquem muito quentes e pressione as folhas de espinafre contra o centro deles para que murchem. Enxugue o linguado e coloque um filé por cima de cada punhado de espinafre. Reaqueça os cubos de abobrinha em uma panela pequena e salpique-os sobre o peixe. Reaqueça o molho e cubra o linguado com um pouco dele. Sirva o resto separadamente em uma pequena jarra. Por fim, cubra os peixes com as flores de abobrinha.

Fricassê de vieiras e cogumelos cantarelo com molho de alface

Cantarelos, os pequenos cogumelos dourados que têm um sabor divino, são uma das delícias culinárias do verão. A ponta da haste deve ser descascada, porém, uma vez terminada esta etapa, o fricassê é um prato rápido de se preparar. Fora de época, você pode usar cantarelos secos, mergulhando-os em água para reidratá-los e enxugando-os. Certifique-se de que as vieiras que está usando sejam leques grandes — os meus são colhidos à mão nas águas frias escocesas. Este molho é diferente: é um creme de alface leve. No restaurante, nós também decoramos este prato com dentes de alho inteiros cristalizados em gordura de ganso até que a casca fique crocante. É um prato ideal para ser servido como um almoço leve de verão.

SERVE 4 PORÇÕES COMO UM PRATO LEVE OU 6 COMO ENTRADA

300 g de pequenos cogumelos cantarelo
1 alface-romana pequena despedaçada
1 dente de alho inteiro descascado
50 g de *bacon* defumado magro picado
4 cebolinhas picadas
4 a 6 colheres de azeite de oliva
100 ml de Molho Vinagrete Clássico (p. 213)
suco de ½ limão pequeno
1 colher (sopa) de cebolinha-miúda fresca picada, e mais um pouco para salpicar
1 colher (sopa) de cerefólio fresco picado, e mais alguns raminhos para decorar
6 leques frescos limpos (removidos das conchas e sem as gônadas)
½ colher (chá) de *curry* em pó suave
sal marinho e pimenta-do-reino moída na hora

1 Com uma faca afiada, corte as pontas dos cogumelos. Reserve.

2 Para preparar o molho, refogue a alface com o dente de alho, o *bacon*, uma cebolinha picada e uma colher (sopa) de azeite por três a cinco minutos, até que murche. Retire e jogue o dente de alho fora. Bata a alface, o *bacon* e a cebolinha com o caldo da frigideira em um processador de alimentos. Em seguida, peneire a mistura, esfregando-a com as costas de uma concha, e passe-a para uma panela pequena. Tempere, deixe o molho ferver em fogo baixo e cozinhe por três minutos até reduzir a mistura a cerca de um terço do volume original. Acrescente o vinagrete e reserve.

3 Esquente uma frigideira com duas colheres (sopa) de azeite e refogue os cogumelos cantarelo e o resto das cebolinhas com o suco de limão, mexendo de vez em quando, por cerca de três minutos. Tempere e misture com as ervas picadas. Reserve e mantenha quente.

4 Quando estiver pronto para servir, esquente a última colher de azeite em uma frigideira. Adicione os leques, organizando-os em um círculo. Tempere bem e salpique o *curry* em pó. Depois de dois minutos, vire os leques na mesma ordem em que você os pôs na frigideira e cozinhe o outro lado por um ou dois minutos, até dourarem bem. Tempere de novo. Os leques devem ficar bem macios quando levemente pressionados. Não os cozinhe demais. Corte todos ao meio horizontalmente.

5 Para servir, passe a mistura de cogumelos para o centro de quatro pratos aquecidos e arrume os leques por cima. Regue o molho de alface em volta dos frutos do mar e decore com um pouco de cebolinha-miúda e um raminho de cerefólio.

Robalo assado com *crème fraîche* de cebolinha-miúda, batatinhas e alcachofras

Este prato é muito simples e saudável. O robalo selvagem, criado e pescado de modo natural, é mais saboroso do que o criado em cativeiro. Ele também tem uma textura mais firme, uma vez que os peixes selvagens nadam contra correntes e marés, desenvolvendo músculos com menos gordura. Combine-o com seus alimentos favoritos de verão — batatinhas bem firmes e com alto teor de massa seca e fundos de alcachofra frescos ou vagens crocantes. **SERVE 4 PORÇÕES COMO PRATO PRINCIPAL**

2 alcachofras grandes
1 colher (sopa) de suco de limão
500 g de batatinhas (como as Jersey Royals)
2 colheres (sopa) de cebolinha-miúda fresca picada
100 g de *crème fraîche* grosso
6 colheres (sopa) de azeite de oliva
1 colher (sopa) de manjericão fresco despedaçado
100 ml de Molho Vinagrete Clássico (p. 213)
2 chalotas bem-picadas
1 colheres (sopa) de vinagre de xerez
2 colheres (sopa) de creme de leite fresco
800 g de filé de robalo limpo com a pele e cortado em quatro porções iguais
raminhos de tomilho fresco para decorar
sal marinho e pimenta-do-reino moída na hora

1 Corte os talos das alcachofras, retire as pétalas e os pelos do miolo para obter seus fundos carnudos com formato de xícara (veja fotografias dessa técnica na p. 216). Corte os fundos em tiras e depois em losangos.
2 Cozinhe os pedaços de alcachofra em água fervente com o suco de limão por dez minutos até que comecem a amolecer. Escorra. Ao mesmo tempo, cozinhe as batatinhas em outra panela até ficarem macias. Escorra quando elas estiverem prontas e corte-as ao meio.
3 Enquanto isso, misture a cebolinha-miúda ao *crème fraîche* e tempere bem. Reserve.
4 Esquente duas colheres (sopa) de azeite em uma frigideira e refogue as batatas por cerca de cinco minutos até dourar bem. Retire-as com uma escumadeira e enxugue-as em papel toalha. Misture o manjericão à vinagrete, acrescente as batatas quentes e deixe esfriar.
5 Adicione as alcachofras à frigideira com outra colher (sopa) de azeite, caso seja necessário, e refogue por três a cinco minutos até dourarem bem. Retire-as com uma escumadeira, seque e mantenha-as quentes.
6 Adicione as chalotas à frigideira e refogue-as por cinco minutos até ficarem macias. Cubra com vinagre e cozinhe até que o líquido evapore. Acrescente o creme de leite, tempere e reserve para manter quente.
7 Corte a pele do robalo várias vezes com a ponta de uma faca muito afiada. Esquente o restante do azeite em uma frigideira grande. Tempere o robalo e cozinhe, com a pele virada para baixo, por três a quatro minutos até que a pele prateada fique bem crocante. Vire com cuidado e cozinhe o outro lado por um ou dois minutos até que o peixe fique firme, mas ainda macio ao ser pressionado. Tempere de novo.
8 Para servir, coloque as alcachofras no centro de quatro pratos aquecidos. Ponha o creme de chalotas por cima e, depois, o robalo. Arrume as batatas com manjericão em torno do peixe e decore com tomilho. Por fim, coloque colheradas do *crème fraîche* com cebolinha-miúda por cima de tudo para que ela derreta de forma convidativa sobre o peixe quando você o servir.

Foie gras refogado com *chutney* de pêssego

Este é um lanche muito rápido de preparar se o chutney *já estiver pronto. O* foie gras *precisa ser fresco. Compre-o em um estabelecimento confiável. Siga com cuidado as instruções para prepará-lo e cozinhá-lo, porque este é um prato especial demais para ser estragado. O chef francês Michel Bras tem uma boa dica: ele congela o* foie gras *antes do preparo para que ele não cozinhe demais por fora nem solte muita gordura. Para fazer isso, corte o* foie gras *em fatias e congele-as intercaladas com papel filme. Se preferir, sirva o* foie gras *com fatias finas de pêssego fresco.* **SERVE 6 PORÇÕES COMO UM PRATO LEVE OU UMA ENTRADA**

100 ml de vinagre balsâmico
1 porção de *foie gras* fresco (com cerca de 400 g)
sal marinho e pimenta-do-reino moída na hora

Para servir
Chutney de Pêssego (p. 213)
torradinhas quentes de brioche

1 Ferva o vinagre balsâmico até que esteja reduzido pela metade e reserve, deixando-o esfriar enquanto você prepara o *foie gras*.

2 O *foie gras* fresco se desfaz facilmente, então o manuseie com cuidado. Deixe descongelando por 20 minutos à temperatura ambiente para que possa separar as fatias sem quebrá-lo. Ele é composto por duas partes de tamanhos diferentes conectadas por um vaso sanguíneo grosso que as atravessa. Com uma faca pequena, corte essa carne macia e saborosa com cuidado para retirar o vaso. Talvez seja melhor usar tesouras pequenas para cortar regiões mais complicadas. Não se preocupe muito se cortar pedaços de carne acidentalmente, porque você pode reinseri-los no fígado se isso ocorrer, mas tente mantê-lo o mais intacto possível. Também não se preocupe com as veias menores — elas se dissolvem durante o cozimento. Corte o *foie gras* em seis fatias grossas.

3 Esquente uma frigideira antiaderente e, quando sentir que ela está emanando bastante calor, acrescente as fatias de *foie gras*. Não há necessidade de acrescentar azeite, uma vez que o fígado é rico em gordura. Tempere enquanto estiver cozinhando. Cozinhe cada lado por cerca de um minuto. Não extrapole demais esse tempo, porque os filés vão continuar cozinhando por um certo tempo mesmo fora da panela. A parte de fora deve ficar deliciosamente caramelizada, e o lado de dentro, ainda rosado e cremoso.

4 Sirva os caldos da panela por cima da carne e o vinagre balsâmico espalhado ao redor. Acrescente o *chutney* de pêssego e as torradinhas de brioche.

Ribeye com purê de agrião

O ribeye *— um primo da chuleta — é um corte de carne muito usado na Escócia; cada vez mais chefs estão começando a aproveitá-lo em suas receitas. Ele fica na parte de cima do contrafilé, tem uma forma redonda, cozinha bem e — o mais importante — tem um sabor e uma textura ótimos. Nós o compramos em peças de dois quilos, as enrolamos e amarramos como um rocambole. Em seguida, elas são guardadas na geladeira por dois dias. Assim, a carne pode ser cortada em bifes grossos e grelhada ou frita. Nós servimos* ribeye *com um purê de agrião irresistível que é ridiculamente simples de preparar. (No restaurante, torcemos o purê em um pano e o servimos como* quenelles *cremosos, mas, caso você prefira um molho mais ralo, use a quantidade máxima de creme de leite.) Sirva os bifes sobre cogumelos refogados de sua preferência. Eu prefiro os cantarelos, mas você também pode usar* porcinis, *ostras ou até os champinhons marrons de Paris.*

SERVE 4 PORÇÕES COMO PRATO PRINCIPAL

uma peça de 600g de *ribeye of beef*
3 colheres (sopa) de azeite de oliva
15 g de manteiga
200 g de cogumelos (veja acima) fatiados, caso sejam grandes
2 dentes de alho grandes bem-picados
2 colheres (chá) de salsa fresca picada
sal marinho e pimenta-do-reino moída na hora

Molho
300 g de agrião
100 g de folhas de espinafre
60 a 200 ml de creme de leite fresco

1 Antes de tudo, prepare o molho. Coloque uma panela de água salgada para ferver. Acrescente todo o agrião e deixe cozinhar por cinco minutos. Adicione o espinafre e cozinhe por mais ou menos um minuto, até murchar. Escorra em uma peneira. Pressione as folhas com as costas de uma concha para retirar o máximo de umidade possível.
2 Coloque as folhas em um processador de alimentos e bata até obter um purê homogêneo, raspando os lados do aparelho de vez em quando. Acrescente 60 ml do creme de leite no processador e bata pelo que parecerá uma eternidade. Ao final do processo, você vai obter um molho com uma textura sedosa. Ficará tão homogêneo que não precisará ser peneirado. Caso queira um molho mais líquido, adicione o restante do creme de leite. Prove o tempero e passe o molho para uma pequena panela para reaquecê-lo.
3 Corte a costela em quatro bifes de tamanhos iguais e unte cada lado com uma colher (sopa) de azeite. Esquente uma frigideira antiaderente grande até que emane bastante calor. Coloque os bifes para fritar — eles deverão chiar quando encostarem na frigideira. Tempere a parte de cima e cozinhe por cerca de três minutos. Em seguida, vire-os e cozinhe o outro lado por dois minutos. Coloque a manteiga na frigideira e tempere o outro lado. Retire os bifes da frigideira e deixe-os descansarem enquanto você cozinha os cogumelos.
4 Refogue os cogumelos com alho no restante do azeite. Tempere e misture com a salsa.
5 Reaqueça o purê/molho de agrião. Coloque os bifes em pratos aquecidos (fatie-os primeiro, se preferir), regue-os com o caldo que sobrou na frigideira e acrescente os cogumelos. Caso tenha optado por um purê de agrião firme, faça pequenos *quenelles* com ele. Caso seja um molho, regue levemente os bifes com ele e sirva o restante separado. Sirva com o acompanhamento que preferir comer com carne: batatas fritas ficam ótimas (veja minha receita na p. 197), mas que tal experimentar fatias de uma baguete bem fresca?

Pêssegos brancos assados com sorvete de tomilho

Se você polvilhar frutas inteiras com açúcar de confeiteiro e açúcar refinado e regá-las com um pouco de manteiga derretida, vai perceber que elas ganham uma cor deliciosa e um sabor doce defumado. Adicione algumas flores de tomilho frescas durante o cozimento e descubra uma ótima ideia culinária: cozinhar frutas com ervas aromáticas, em vez de usar apenas temperos para isso. Ainda falando sobre o tomilho, eu sugiro um sorvete cremoso aromatizado com ele para acompanhar os pêssegos. **SERVE 4 PORÇÕES**

4 pêssegos brancos inteiros maduros (mas não passados, nem machucados)
50 g de açúcar de confeiteiro
50 g de açúcar refinado
1 fava de baunilha
25 g de manteiga sem sal derretida
1 ou 2 colheres (sopa) de licor, como Cointreau ou Grand Marnier
1 colher (chá) de folhas frescas de tomilho, sem os talos
Sorvete de Tomilho (p. 214) para servir

1 Preaqueça o forno a 190°C. Lave os pêssegos. Misture os dois açúcares e "empane" as frutas neles. Coloque os pêssegos em um prato raso resistente ao calor.
2 Abra a fava de baunilha, retire as sementes e misture-as à manteiga. Regue os pêssegos com a mistura.
3 Asse as frutas, sem cobrir, por cinco minutos. Em seguida, retire-as do forno e cubra-as com o caldo caramelizado que se formou no prato. Continue assando por dez minutos, e regue os pêssegos com o caldo mais uma ou duas vezes.
4 Cerca de cinco minutos antes do fim do cozimento, regue as frutas com o licor e salpique as folhas de tomilho para que a fragrância delas possa ser absorvida pelos pêssegos. Retire-os do forno e deixe esfriar até que fiquem mornos.
5 Sirva os pêssegos quentes com uma bola de sorvete.

Figos assados com biscoitos de canela

Assar frutas em calda de caramelo é uma maneira fácil e rápida de cozinhá-las. Eu também gosto de dar um toque diferente a essa calda com um pouco de vinagre balsâmico — que combina muito com figos frescos. Eles começam a aparecer nas lojas inglesas no fim do verão. Esse modo de preparo também é adequado para peras pequenas e pêssegos inteiros. Você pode servir as frutas do jeito que estiverem, talvez com um pouco de sorvete (um bom sorvete de baunilha fica sensacional) ou também se dar ao trabalho de fazer alguns biscoitos temperados e que derretem na boca. **SERVE 4 PORÇÕES**

8 figos frescos
70 g de açúcar de confeiteiro
40 g de manteiga sem sal
1 colher (sopa) de vinagre balsâmico

Biscoitos
125 g de manteiga sem sal na temperatura ambiente
90 g de açúcar refinado
1 ovo orgânico grande e batido
250 g de farinha de trigo
1/2 colher (chá) de canela em pó
uma boa pitada de sal marinho

1 Primeiro prepare a massa do biscoito. Bata a manteiga e o açúcar com uma batedeira elétrica até que fique leve e fofinha. Adicione o ovo batido aos poucos.
2 Peneire e misture a farinha, a canela e o sal. Com a batedeira na menor velocidade, adicione esses ingredientes secos à mistura de ovo aos poucos e bata até que se transforme em uma massa homogênea. Raspe os lados do aparelho de vez em quando.
3 Passe a massa para uma folha de papel filme e forme com cuidado um charuto de cerca de cinco centímetros de diâmetro. Embrulhe-o e leve-o à geladeira. A massa pode ficar uma boa semana na geladeira. (Você também pode congelá-la por até um mês para fazer biscoitos caseiros rapidamente. Corte rodelinhas com uma faca de serra e asse-as ainda congeladas.)
4 Preaqueça o forno a 150°C. Corte rodelas da massa firme com espessura de dois centímetros. Coloque-as em uma assadeira. Faça pelo menos oito para esta sobremesa. Caso queira biscoitos com bordas certinhas, corte cada rodela com um cortador de biscoitos. Não os espete com o garfo. Asse-os por 20 a 25 minutos, até que dourem levemente.
5 Deixe que esfriem na assadeira por um minuto ou mais. Em seguida, passe-os para uma grelha para que fiquem crocantes. À medida que esfriarem, você pode polvilhar um pouco de açúcar refinado neles, mas não é obrigatório.
6 Para preparar as frutas, apare as pontas dos figos usando uma tesoura e corte-os em quatro, mantendo a base ainda presa, para que adquiram um formato de pétalas. Esquente o açúcar de confeiteiro e a manteiga em fogo baixo em uma frigideira, mexendo até que o açúcar se dissolva. Em seguida, misture o vinagre balsâmico.
7 Coloque os figos em pé na frigideira e regue-os com a calda. Cozinhe-os em fogo baixo por sete minutos, sempre os regando com a calda à medida que forem amolecendo. Os figos devem manter sua forma. Retire-os do fogo e deixe que esfriem na frigideira.
8 No restaurante, nós servimos o figo em cima de um biscoito. Você pode simplesmente servi-los um ao lado do outro.

Sopa de cereja com sorvete de caramelo balsâmico

Em julho de 1998, eu tive o privilégio de cozinhar para o jantar da final da Copa do Mundo servido no Orangery, em Versalhes. Que noite foi aquela! O planejamento exigiu várias viagens a Paris e, em uma delas, eu visitei um restaurante em que era servida uma sopa de frutas com um sorvete ótimo. Sua base era um caramelo com vinagre balsâmico envelhecido. Para a sopa, você vai precisar de cerejas bem vermelhas para obter não só o sabor, mas também uma linda cor vermelho-amarronzada. **SERVE 4 PORÇÕES**

300 g de cerejas vermelho-escuras sem o caroço
200 ml de Concentrado de Limão (p. 214)
3 a 4 folhas de erva-cidreira fresca

Sorvete
250 g de açúcar refinado
3 colheres (sopa) de vinagre balsâmico
6 gemas de ovos orgânicos
500 ml de leite
150 ml de creme de leite fresco

1 Primeiro, prepare o caramelo para o sorvete. Coloque o açúcar em uma panela de fundo grosso e o aqueça em fogo baixo até começar a derreter. (Você pode adicionar algumas colheres de sopa de água para ajudar no processo e também mexer uma ou duas vezes. No entanto, chefs de verdade preparam caramelo sem adicionar água!) Caso alguns cristais se formem na borda da panela, retire-os com um pincel para massa mergulhado em água. Mexa de vez em quando até que todos os cristais se dissolvam. Quando todo o açúcar tiver derretido, aumente o fogo devagar e ferva a calda até que comece a dourar e a adquirir uma cor amarronzada. Mantenha uma tigela grande de água gelada pronta. Assim que a calda adquirir a cor correta, mergulhe o fundo da panela na água gelada para esfriar o caramelo. Quando estiver frio, acrescente o vinagre balsâmico e reserve.

2 Agora prepare o creme para o sorvete. Coloque as gemas em uma tigela posta em cima de um pano molhado para mantê-la firme e bata-as até que obtenham uma cor dourada clara. Coloque o leite e o creme de leite para ferver em fogo baixo em uma panela de fundo grosso. Acrescente essa mistura às gemas aos poucos, batendo sempre. Quando a mistura estiver homogênea, devolva-a à panela e cozinhe em fogo baixo. Mexa até que a mistura comece a engrossar — ela deve estar a 82ºC. Não deixe que o creme comece a borbulhar ou ele pode talhar. Retire do forno e deixe esfriar.

3 Prepare a sopa. Reserve metade das cerejas (eu sugiro as mais bonitas) e corte-as ao meio, caso sejam muito grandes. Pique o restante grosseiramente. Coloque o concentrado de limão para ferver e adicione as cerejas picadas e as folhas de erva-cidreira. Retire tudo do fogo e deixe descansar por cerca de 15 minutos. Em seguida, retire as folhas de erva-cidreira.

4 Bata as frutas e a calda em um processador de alimentos ou liquidificador até obter uma mistura homogênea. Em seguida, peneire-a, pressionando-a com as costas de uma concha, e passe-a para uma tigela. Leve a sopa à geladeira.

5 De volta ao sorvete, misture o caramelo frio com o creme frio. Coloque a mistura em uma máquina de fazer sorvete e bata-a até que esteja cremosa e macia. Passe-a para um pote de plástico resistente e congele-a até que solidifique.

6 Quando estiver pronto para servir, divida a sopa entre quatro tigelas rasas geladas. Coloque uma bola de sorvete no meio e espalhe as cerejas reservadas em torno do sorvete. Sirva imediatamente.

Tortinhas de morango-bravo

Como sou escocês, adoro bons biscoitos crocantes, mas prefiro fazer os meus com uma massa aerada pâte sablée. *Eu corto tortinhas chiques do tamanho de um pires para café e faço uma "vala" no meio. Depois de assados, essa vala é preenchida com um* coulis *grosso de morango, e pequenos morangos-bravos (alpinos) são postos em torno dela. Os morangos-bravos são originários das regiões montanhosas da Europa, por isso também são chamados de alpinos. Eles pertencem a uma espécie diferente dos morangos normais, e suas sementes ficam para fora, enquanto os vendidos no mercado têm sementes que se voltam para dentro.*

SERVE 6 PORÇÕES

350 g de morangos maduros sem as folhas
1 colher (sopa) de açúcar refinado (ou a seu gosto)
um pouco de suco de limão
2 colheres (sopa) de creme de leite fresco grosso
cerca de 300 g de morangos-bravos sem as folhas

Biscoitos
4 gemas grandes de ovos orgânicos
120 g de açúcar refinado e um pouco mais para polvilhar
120 g de manteiga sem sal à temperatura ambiente
170 g de farinha com alto teor de glúten e mais um pouco para abrir a massa
1 ½ colher (chá) de fermento

1 Primeiro, prepare a massa das tortinhas. Bata as gemas com o açúcar até obter uma mistura grossa e cremosa. Em seguida, acrescente a manteiga aos poucos. Peneire a farinha e o fermento e os misture. Trabalhe a mistura para criar uma massa macia, enrole-a em papel filme e leve à geladeira por meia hora.
2 Em uma superfície de trabalho levemente polvilhada com farinha, abra a massa até que tenha cinco centímetros de espessura. Corte seis discos de cerca de 12 centímetros de diâmetro. Reabra a massa, caso necessário. Use um pires para xícara de café como molde. Coloque as rodelas em uma assadeira antiaderente e espete-as com um garfo algumas vezes. Pressione os centros para afundá-los um pouco e, se preferir, belisque as pontas para formar uma pequena borda. Leve à geladeira por meia hora.
3 Preaqueça o forno a 150°C. Polvilhe as rodelas com um pouco de açúcar e asse-as por 12 minutos ou até dourar levemente. Mantenha-as na assadeira por um minuto para que fiquem mais firmes. Em seguida, usando uma espátula, passe-as para uma grelha para que esfriem e fiquem crocantes.
4 Num processador de alimentos, bata os morangos grandes para obter um purê, adicione açúcar a gosto, um pouco de suco de limão e o creme de leite.
5 Pouco antes de servir, passe o *coulis* de morango para o meio das tortinhas e arrume os morangos-bravos em volta. Sirva com creme de leite fresco misturado a açúcar e levemente batido.

Pannacotta com framboesas

Fico muito feliz em dizer que um dos restaurantes de que mais gosto fica na Escócia. É o Le Potinière, em Gullane, perto de Edimburgo, gerenciado por Hilary e David Brown. A comida que Hilary prepara é de uma simplicidade perfeita e a melhor em termos de sabor, aproveitamento das estações e apresentação. É o que os escoceses fazem de melhor. Cada mastigada é memorável. Esta é a receita dela para uma pannacotta *feita com base de caramelo. É simples e sublime. Não é preciso dizer que as framboesas escocesas, que são colhidas em julho e agosto, combinam maravilhosamente. Se não encontrar as framboesas, uma variação possível é com fatias de carambolas bem maduras embebidas em calda de* grenadine, *aquele licor de romã ou outras frutas vermelhas. Compre glicose líquida em lojas especializadas e a meça como você mediria mel, ou seja, retire-a da embalagem com uma colher de metal aquecida.* **SERVE 6 A 8 PORÇÕES**

300 g de açúcar refinado
4 colheres (sopa) de glicose líquida
600 ml de creme de leite fresco
150 ml de leite
2 folhas de gelatina
2 colheres (sopa) de rum
300 a 400 g de framboesas frescas

1 Faça primeiro o caramelo. Coloque 150 g de açúcar em uma panela de fundo grosso junto com a glicose (o que manterá o caramelo viscoso quando estiver frio) e 50 ml de água. Coloque a mistura para cozinhar em fogo baixo e mexa de vez em quando até que o líquido não pareça mais cheio de cristais. Tome cuidado para que também não haja grãos de açúcar grudados nos lados da panela. Enquanto isso, encha uma bacia com água gelada.

2 Aumente o fogo e deixe que a calda ferva até obter uma bonita cor de caramelo e atingir 175°C no termômetro de açúcar. Não mexa a calda enquanto ela estiver borbulhando. Assim que o caramelo estiver pronto, retire-o do fogo e mergulhe o fundo da panela com cuidado na água gelada. Mantenha a panela ali dentro por um ou dois minutos, até que a temperatura caia. Isso impede que a calda continue cozinhando e queime. Retire a panela da água e reserve para esfriar um pouco.

3 Agora faça o creme. Coloque o creme de leite e o leite em uma panela grande e deixe ferver em fogo baixo. Quando o líquido começar a subir pelos lados da panela, ajuste o fogo para que a panela mantenha uma fervura moderada e deixe que cozinhe por uns bons cinco minutos até que o líquido reduza um pouco.

4 Enquanto isso, coloque as folhas de gelatina em uma tigela de água gelada por alguns minutos até que amoleçam. Depois, retire a água.

5 Misture o restante do açúcar e o rum no creme fervente e deixe que dissolvam. Retire do fogo e deixe esfriar por alguns segundos. Em seguida, acrescente a gelatina amolecida e mexa bem até que dissolva. Reserve para esfriar.

6 Coloque entre seis e oito forminhas individuais de pudim (120 ml) em uma bandeja. Derrame umas duas colheres (sopa) da calda quente de caramelo em cada uma. Com cuidado, acrescente o creme até a borda. Leve à geladeira até que fiquem firmes.

7 Para servir, mergulhe as forminhas de pudim em água quente por alguns segundos. Depois, descole o creme dos lados das formas. Vire as forminas, e as sacuda, em pratos de sobremesa individuais. (Antes molhe os pratos com água fria para que você possa colocar as *pannacottas* na posição certa, caso elas tombem. Depois, enxugue a água que sobrar com papel toalha.) Arrume as framboesas em torno de cada *pannacotta* e regue com o restante da calda de caramelo.

Salada de frutas em um copo

Para preparar essa receita, você vai precisar de uma variedade maravilhosa de frutas frescas colhidas no verão. A erva-cidreira pode ser cultivada tanto em jardins na cidade quanto no campo, ou você pode comprar raminhos em lojas especializadas. Como alternativa, use hortelã fresca com um toque de raspas frescas de limão. Sirva em copos altos e elegantes com uma colherada de raspadinha de champanhe por cima.
Como vinho para preparar esse gelinho tão refrescante, uso o champanhe, mas você pode usar qualquer espumante seco de boa qualidade, como os importados da Nova Zelândia e da Austrália. Experimente também o champanhe rosé. *A textura fica leve e crocante, como a de uma* granita *siciliana.*

SERVE 6 PORÇÕES

2 maçãs Granny Smith
2 peras maduras (Comice, Packham ou Conference pequenas)
1 pêssego amarelo maduro
1 laranja grande
100 ml de Concentrado de Limão (p. 214)
suco de 1 limão pequeno
1 carambola grande
5 raminhos de erva-cidreira fresca
250 g de frutas vermelhas de verão (como morangos, framboesas e groselha)

Raspadinha de champanhe
200 g de açúcar refinado
3 colheres (sopa) de glicose líquida
1/2 garrafa de 750 ml de champanhe

Para decorar (opcional)
Folhas de Coentro Açucaradas (p. 205)

1 Antes de qualquer coisa, prepare a raspadinha. Dissolva o açúcar em 175 ml de água em fogo baixo, mexendo de vez em quando. Adicione a glicose. Ferva por cinco minutos, acrescente o champanhe e retire a panela do fogo na hora. Deixe que esfrie, passe para um recipiente resistente ao frio e leve à geladeira. Quando estiver gelado, leve ao *freezer* até que esteja parcialmente congelado.
2 Retire a mistura do congelador e bata com um garfo de metal resistente até que o gelo esteja com a consistência de neve derretendo. Recongele-o rapidamente e bata a mistura novamente para obter uma textura arenosa. Feche o recipiente e guarde-o no congelador até que vá usá-lo. Isso rende por volta de 750 ml de raspadinha.
3 Retire as sementes das maçãs e das peras e corte-as em fatias finas. Não é preciso descascá-las. Descasque o pêssego, retire o caroço e corte a fruta em fatias. Descasque a laranja e separe os gomos. Misture essas frutas todas com o concentrado e o suco de limão em uma tigela. Fatie a carambola e a adicione à tigela junto com a erva-cidreira. Deixe descansar por 15 minutos. Em seguida, jogue a erva-cidreira fora.
4 Cerca de dez minutos antes de servir, retire a raspadinha do congelador e deixe-a amolecer à temperatura ambiente.
5 Retire as folhas dos morangos e corte-os ao meio. Retire os cabinhos das groselhas, caso vá utilizá-las. Misture as frutas vermelhas à salada de frutas com cuidado.
6 Passe a salada de frutas para quatro copos de vinho altos e cubra-a com qualquer calda restante. Retire a raspadinha de seu pote com uma colher de metal para obter flocos de neve e coloque-os em cima de cada copo. Sirva imediatamente.

Mil-folhas de chocolate com lavanda

A lavanda é uma erva normalmente associada a banhos, não à cozinha. No entanto, em partes da Europa onde ela cresce em abundância, como a Provença, na França, e em Norfolk, na Inglaterra, ela é usada em massas de pão e em alguns doces. Eu mergulho uma colherada de flores de lavanda secas em um ganache *de chocolate* light, *que coloco entre camadas finas e crocantes de massa folhada. Aproveitando a fragrância floral, eu sirvo a sobremesa com sorvete de lavanda. Para prepará-lo, siga a receita do sorvete de tomilho da p. 214, substituindo os raminhos de tomilho por uma colher (sobremesa) de flores de lavanda secas.*

SERVE 4 PORÇÕES

cerca de 300 g de Massa Folhada Caseira (p. 214) ou um pacote de 375 g de massa pronta
200 ml de *Crème Anglaise* (p. 214)
1 colher (sobremesa) de flores de lavanda secas
300 g de chocolate amargo com 60% de cacau quebrado em pedaços pequenos (no restaurante, usamos a marca Valrhona)
200 ml de creme de leite fresco

Para finalizar
cacau em pó

1 Abra a massa para obter um retângulo um pouco maior do que 30 x 40 cm, o que vai permitir que você tenha margem para cortar as bordas retas. (É importante ter formatos retinhos na hora de servir.) Corte a massa em quatro retângulos longos de 30 x 10 cm. Use uma espátula longa para passá-los para uma assadeira e corte-os em quatro retângulos. Leve à geladeira por 20 minutos enquanto você preaquece o forno a 200°C.
2 Asse a massa por dez minutos. Em seguida, coloque outra assadeira por cima dos retângulos — isso vai ajudar a mantê-los planos. Asse por mais 10 a 12 minutos até que dourem e fiquem crocantes. Retire-os do forno e deixe-os esfriarem em uma grelha.
3 Para preparar o creme, aqueça ligeiramente o *crème anglaise* e acrescente as flores de lavanda. Deixe que a mistura esfrie um pouco por meia hora, peneire e jogue as flores fora.
4 Devolva o *crème anglaise* ao fogo baixo para que reaqueça, retire-o do fogo e misture-o com o chocolate. Deixe que o sólido derreta e, depois, bata até que fique brilhante. Reserve para esfriar.
5 Bata o creme de leite fresco em neve até que fique firme. Acrescente-o à mistura de chocolate, sem mexer forte demais, com uma espátula, de baixo para cima.
6 Faça "sanduíches" com quatro camadas de retângulos de massa e de creme de chocolate. Você pode espalhá-lo ou usar um bico de confeiteiro para colocar o creme entre os retângulos de massa folhada. Polvilhe a parte de cima com cacau em pó. Sirva com pequenas bolas ou *quenelles* de sorvete de lavanda ou baunilha.

Creme de jasmim

Se você está procurando algo diferente, mas no mesmo estilo do crème brûlée, *experimente esta receita. Na Inglaterra, o jasmim floresce desde o meio do verão até o início do outono, dependendo da posição em que a planta estiver em seu jardim. Já vi flores de jasmim em junho e no início de outubro em diferentes jardins da região onde moro, em Londres. Nesta receita, você vai precisar de uma xícara grande cheia dessas delicadas flores brancas. Aliás, caso você ganhe um vaso de jasmim de presente para a sua casa, assim que as flores murcharem, ponha a planta em seu jardim, perto de uma parede ou cerca que receba bastante sol. Dentro de um ou dois anos, você terá uma boa quantidade de flores.* **SERVE 6 PORÇÕES**

375 ml de creme de leite fresco
200 ml de leite integral
50 g de flores de jasmim frescas
6 gemas de ovos orgânicos grandes
70 g de açúcar refinado
um pouco de açúcar demerara para caramelizar (opcional)

1 Esquente o creme de leite fresco e o leite em uma panela e deixe que o líquido ferva e suba antes de tirá-lo do fogo. Acrescente os jasmins e deixe esfriar.
2 Peneire a mistura, passando-a para uma panela de fundo grosso limpa. Pressione as flores contra a peneira com as costas de uma concha para soltar sua fragrância.
3 Preaqueça o forno a 140°C. Reaqueça o creme. Enquanto isso, bata as gemas em uma tigela grande posta em cima de um pano molhado, para que ela se mantenha no lugar. Quando o creme começar a ferver e subir de novo pelos lados da panela, jogue uma pequena parte dele nas gemas e bata até que a mistura se torne homogênea. Continue acrescentando o creme quente aos poucos enquanto bate, tomando cuidado para a mistura não coalhar.
4 Devolva a mistura para a panela e acrescente o açúcar refinado. Cozinhe em fogo bem baixo, mexendo sempre, até que o creme grude nas costas da colher. Passe-o para seis formas resistentes ao calor elegantes, como tigelinhas, ramequins ou xícaras bonitas.
5 Asse os cremes por 45 a 60 minutos, até que os lados descolem das laterais das tigelas quando você as inclinar levemente. O centro deve ficar um pouquinho mole. Retire do forno e deixe esfriar. Leve à geladeira até que os cremes — em inglês, *custards* — fiquem firmes.
6 Se preferir, polvilhe açúcar demerara por cima do creme assado, formando uma camada uniforme. Caramelize-o com um maçarico antes de servir.

outono

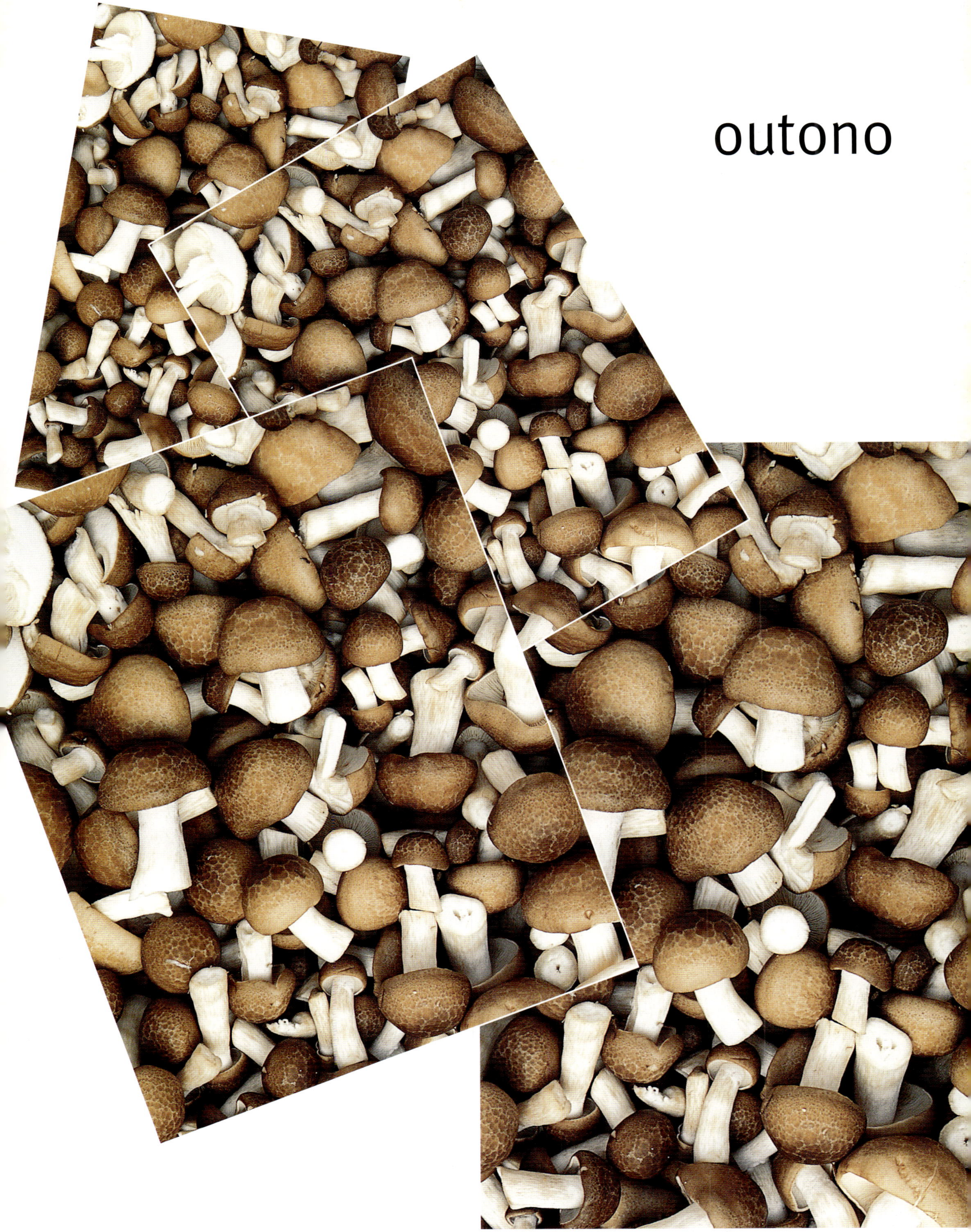

Os verões britânicos são de "veneta", mas eu não gosto muito do calor dessa estação. Na verdade, quando os dias ficam mais curtos e acordamos com um clima de outono no ar, sinto uma pontada de alívio. E de animação também, já que com o outono vem a promessa de muitas safras de frutas e legumes em seu melhor momento.

Entre todas as verduras que passam pelas minhas cozinhas, acho que a **azedinha** é uma das mais difíceis de preparar. O gosto adstringente apimentado é ótimo para aprimorar o sabor de pratos com peixe (especialmente o de salmão cozido), sopas e saladas, mas saber quando adicioná-la é o segredo do sucesso. Caso sejam adicionadas cedo demais, as folhas vão murchar e obter um aspecto verde-claro e gosmento, então é melhor acrescentá-las no último minuto. Às vezes, os cozinheiros acrescentam um punhado de folhinhas de espinafre aos pratos que levam azedinha para acentuar sua cor, mas não acho necessário se você a mantiver na receita até o final. Caso você cultive azedinhas, colha-as apenas quando precisar delas. O tamanho que dá o sabor ideal é mais ou menos o de uma folha de louro grande. Descasque as pequenas fibras do caule e pique as folhas. Elas são delicadas e se machucam com facilidade, mais até do que as de manjericão, por isso use sempre a faca mais afiada que tiver.

Eu tenho muita sorte: passei por vários momentos dos quais posso me orgulhar em minha carreira. Um dos destaques do verão de 1999 foi preparar um almoço para festejar a abertura do parlamento escocês em Kincardine House. No entanto, aquele dia marcou outro acontecimento memorável. Foi a primeira vez que experimentei **espinafre** muito fresco, colhido alguns minutos antes e trazido até a cozinha pelo próprio jardineiro. Onde estaríamos agora sem o espinafre em nossas cozinhas? A modernidade de seu cultivo para comercialização e de seu transporte torna essa verdura maravilhosa indispensável. No entanto, como a azedinha, ele não pode ser cozido demais e fica melhor se adicionado no último minuto. No outono, as folhas de espinafre são maiores, mas ainda maravilhosamente macias. A verdura pode ser usada em sopas cremosas ou servida sob medalhões de peixe ou carne malpassada. Escalde as folhas por alguns minutos em água fervente, escorra imediatamente e as esfrie em uma tigela de água gelada. Pressione-as para retirar o excesso de água e reaqueça-as no último minuto com uma colherada de manteiga.

Nos últimos anos, houve uma crescente popularização de muitos vegetais que hoje podem ser produzidos com facilidade em hortas, inclusive os exóticos. Um dos melhores é a **rúcula-selvagem**, de folhas pontudas, que se parece mais com uma erva daninha, para os leigos. Mais apimentada e com textura mais acidentada do que a rúcula comum, que é macia, a selvagem pode ser usada de muitas formas, e não apenas misturada a saladas ou como uma guarnição rústica. O sabor é ótimo com queijos fortes, como o parmesão e o queijo de cabra picante. Misturada a queijos de cabra e a vinagretes, ela se torna um ótimo recheio para raviólis caseiros. Eu também gosto de usá-la picada em pedaços grandes para misturá-la no último minuto a risotos.

Sem ofensas, mas o **salsão** deve ser a verdura mais feia do mundo. Talvez por isso ele seja tão desvalorizado. Acho que ele poderia ser descrito como o patinho feio da cozinha — é feio por fora, mas fantástico por dentro. Ele fica delicioso em purês, maravilhoso em sopas, bom quando frito como um *chip* e perfeito se cozido como um *fondant* (refogado e depois cozido em caldo de legumes). No outono, gosto de preparar um prato de estilo realmente decadentista feito com purê de salsão e coberto com raspas de trufas do Périgord. Às vezes, como aperitivo, servimos uma pequena salada de maçã ralada e salsão com vinagrete de trufas. O salsão é uma verdura muito versátil; eu adoro cozinhar com ele!

A **alcachofra-chinesa** parece um monte de vermes gordinhos (veja a foto da p. 112) e tem o mesmo visual e o gosto de uma mistura de alcachofras e salsifi, mas não é da família de nenhum desses dois. Ela foi importada da China para a França no século XIX e cultivada em um vilarejo chamado Crosnes, de onde surgiu seu nome em francês e inglês — *crosnes*, embora também seja chamada de "alcachofra-japonesa". Nós a preparamos da mesma maneira que as raízes de girassol — as cozinhamos e misturamos com *beurre noisette*, salsa picada e suco de limão. Ela também fica ótima com pombo e com peixes de sabor forte.

Outro ingrediente muito versátil é a **couve-flor**, que sempre rende bons pratos, independentemente do modo de preparo. No entanto, ela tem uma desvantagem: o cheiro, caso você a cozinhe demais, mesmo que por apenas alguns minutos. Acho que é isso que faz com que muitas pessoas não gostem de comê-la. Minha dica para diminuir o cheiro (além de tomar cuidado com o tempo de cozimento) é ferver o legume em uma mistura de água e leite. No restaurante, nós usamos apenas as flores, sem o caule, mas em casa você pode cortar pedaços maiores. A couve-flor fica ótima com peixes, especialmente com vieiras de sabor adocicado. Nós preparamos uma receita na qual as flores menores são empanadas e fritas. Nós também fatiamos as flores, as temperamos com *curry*, sal e pimenta e as fritamos em azeite de oliva até que este-

jam bem caramelizadas. Quando estão à temperatura ambiente, nós as servimos com um purê de uvas-passas misturadas a alcaparras e água.

Outro legume que usamos nos nossos cardápios de outono é o **funcho**, que dá origem a uma das variedades de erva-doce. Eu prefiro usar o minifuncho — os pequenos corações parecem pinças de caranguejo e, apropriadamente, ficam ótimos se servidos com todos os tipos de pratos de peixe. Gosto desses legumes em miniatura, porque são muito macios, mas ainda possuem o sabor forte de anis. Bulbos mais velhos de funcho precisam ter as camadas externas, mais duras, descascadas. O funcho é um legume muito usado na região do Mediterrâneo, especialmente no sul da França. Na Tunísia e no Marrocos, você pode ver carroças cheias de bulbos crocantes de funcho que serão servidos, sem dúvida, com pratos de carneiro apimentados e frango e peixe assados na churrasqueira. No restaurante, gostamos de cortar as pontas dos minifunchos e cozinhá-los inteiros em azeite de oliva até que dourem levemente.

A **beringela** tem um lugar especial no meu coração. Alguns dias antes de abrir meu primeiro restaurante no parque Walk, em Londres, nós ainda não tínhamos um nome para ele. Na verdade, não conseguíamos chegar a um consenso quanto a um. De repente, eu tive uma ideia — Aubergine, beringela em inglês, e todos concordaram. Você pode rechear esses legumes, cortá-los em cubos e fazer ensopados com eles. Pode até fritá-los, como se fossem biscoitinhos, e usá-los em quase tudo, desde canapés a pratos principais. A beringela também pode resolver o problema do cozinheiro que precisa preparar uma refeição mais substanciosa para vegetarianos. A única proibição é comê-las cruas. Caso você queira assar, ensopar ou grelhar, não precisa salgá-las antes (nós chamamos esse processo de *desidratação* ou *dégorging*), mas se quiser fritá-las, é melhor retirar o excesso de umidade do legume. Salpique levemente com sal marinho e deixe escorrer por 20 minutos. Enxágue bem e enxugue suavemente.

As beringelas absorvem muito azeite, se você deixar. Para evitar que isso aconteça, eu as unto primeiro com o azeite e depois as douro em uma frigideira muito quente. Se quiser um purê cremoso, corte as beringelas ao meio, faça vários cortes na polpa, pincele os dois lados com azeite de oliva, tempere e junte o legume de novo, inserindo fatias de alho e raminhos de alecrim fresco nos furos feitos. Depois de embrulhados em papel-alumínio, asse-os em forno quente. Leva cerca de 40 minutos para que a polpa esteja macia o suficiente para ser retirada do fogo e batida. No entanto, nós ainda não terminamos. O purê é aquecido em uma frigideira seca até que reduza um pouco, para retirar o excesso de umidade, e, em seguida, misturado a tomates bem-picados, coentro fresco, azeite extravirgem e tempero para fazer um caviar de beringelas sublime — a base de muitas das minhas primeiras especialidades.

Um dos momentos mais preocupantes durante a organização do jantar para mais de 700 pessoas em comemoração à Copa do Mundo de julho de 1998, em Versalhes, Paris, foi o preparo de um acompanhamento feito com folhas de abobrinha fritas. Elas tinham que ser mergulhadas em uma massa leve, fritas e pressionadas entre duas folhas de papel para se manterem planas. Fico feliz em dizer que conseguimos servir folhas delicadas e muito finas, que ficaram fantásticas. Isso ilustra bem como a **abobrinha** é um legume de mil e uma utilidades. Na Inglaterra, seu auge é no início do outono, e você pode usar as flores, as folhas e, é claro, o próprio fruto como legume. As abobrinhas contêm muita água, por isso combinam com pratos leves. Nós nunca as aferventamos. Em vez disso, preferimos cortá-las em fatias finas e refogá-las em azeite de oliva ou prepará-las em conserva com vinagrete. E, é claro, elas são um parceiro clássico das beringelas em *ratatouilles*. Experimente esta ideia para preparar uma entrada: siga a receita das Tortas Gratinadas de Tomate e Parmesão da p. 133, substituindo os tomates por abobrinhas. Depois de assar as bases de massa, cubra-as com um pouco de *tapenade* e arrume abobrinhas refogadas cortadas em fatias finas por cima. Cubra cada torta com uma fatia fina de atum fresco frito.

Talvez pelo fato de o Reino Unido ser uma ilha (e ter orgulho disso), nós às vezes nos recusamos, fechando nossas fronteiras, a usar alimentos que são considerados um pouco "estrangeiros", "exóticos". Um deles é a **abóbora** — por muito tempo nós apenas a associávamos ao Halloween. As lojas aqui têm abóboras em estoque por cerca de 15 dias ao fim de outubro, e de repente elas somem. Eu me pergunto o que será que as pessoas fazem com toda aquela polpa gostosa que retiram quando estão fazendo as lanternas do 31 de outubro. Aos poucos, estamos percebendo como a abóbora é um ingrediente flexível, e temos nos dado conta das muitas variedades dela. No restaurante, nós usamos a abóbora verde-clara com gomos, popular na França e entre os cozinheiros do oeste da Índia. Você não vai precisar comprar uma abóbora inteira — basta um ou dois pedaços. E elas não são colhidas apenas por algumas semanas: você pode encontrar abóboras à venda nos mercados durante o outono e a maior parte do inverno. Nós fazemos uma sopa dourada e suave com abóbora para servir com vieiras fritas apimentadas, além de usá-las como recheio de raviólis. Para engrossar a polpa para o recheio, depois de cozinhá-las, nós as colocamos em uma esteira de tecido (pode ser de gaze, uma fronha de travesseiro, etc.) e a penduramos como se fosse um filtro de café à moda antiga, deixando que as abóboras sequem durante a noite. Elas também podem ser usadas para preparar um purê simples para ser servido com carnes saborosas como a de veado ou de outros animais caçados. A abóbora ainda combina bem com *bacon* defumado e queijo parmesão forte. Você também pode utilizá-la em doces. Eu adoro abóbora com a *mostarda di frutta* italiana ou com pudim de *frangipane*, que comi quando era um jovem chef em Paris.

Nenhum artigo sobre os ingredientes de outono pode deixar de incluir um bom parágrafo sobre cogumelos selvagens. Nós sempre esperamos ansiosamente pelas caixas de *fungi* fascinantes que nossos fornecedores trazem nessa época do ano. Os pequeninos ***mousserons*** (veja fotografia da p. 104) podem parecer minúsculos, mas são dotados de muito sabor. Infelizmente, eles são complicados de limpar. Nós os usamos em sopas, especialmente as com mariscos, e também os servimos com alcachofras como acompanhamento para vitela e pombo. Outro dos meus favoritos é o **cogumelo-*porcini***. Às vezes, quase dez quilos de *porcini* frescos passam pela cozinha para serem refogados, colocados em conserva, assados ou guardados em potes com azeite de oliva. Nós até os penduramos para que sequem até que estejam crocantes. Depois, os moemos para obter um pó fino que será espalhado por cima de risotos e filés de robalo ou usado como aromatizante em um *consommé* mais ralinho. Um dos cogumelos selvagens mais feios, os **trompetas-negras** — *Craterellus cornucopioides* — parecem obscuros e sinistros, mas eu adoro servi-los em saladas quentes ou com filés de linguado assado. Às vezes, quando conseguimos comprá-los, colocamos ***blewitts*** no cardápio. Eu os chamo de "cogumelos alucinógenos" porque eles se parecem com as sobras de uma festa *rave*. A polpa deles é bastante amarga, então amenizamos esse gosto refogando-os bem, e até mesmo cozinhando-os além da conta. Em seguida, nós acrescentamos uma colher de chalotas doces em conserva para equilibrar o sabor.

Eu associo **mariscos** com a primeira bronca séria que levei quando era um jovem chef em Paris. Na verdade, em restaurantes franceses, as regras de higiene com relação a mariscos são muito estritas, e todo chef que abre um saco desse alimento deve prender a etiqueta de identificação em um quadro. Assim, no caso de algum cliente passar mal, o fornecedor pode ser identifi-

cado. Como eu era um assistente recém-contratado da Inglaterra, não sabia disso e joguei a etiqueta fora. Felizmente, eu não era fluente em francês na época (hoje, sou), por isso não entendi exatamente os "detalhes" da bronca que o chef me deu aos berros. Nossa! Tenho duas outras lembranças mais prazerosas de mariscos na França. A primeira é assá-los nas conchas com uma farofa de brioche e queijo *gruyère*, a segunda é a maneira maravilhosa de combinar mariscos e cogumelos, que os franceses chamam de *terre et mer* (terra e mar).

É difícil um dia se passar sem que a gente tenha **lagostim** — nome também usado para alguns tipos de camarão — no cardápio. Eles são indispensáveis em restaurantes finos e podem ser utilizados de muitas formas. Nossos lagostins vêm do oeste da Escócia. Eles são transportados em tanques ventilados, o que os deixa agitados quando os recebemos. Se você mexer na cauda deles, eles revidam, um sinal de que estão bem vivos. Achamos que é mais fácil tirar suas carapaças depois de serem aferventados por 25 segundos em água. Nós jogamos apenas uma dúzia por vez na água. Em seguida, depois de descascados, nós os colocamos em fila um juntinho dos outros em bandejas e os levamos à geladeira para que a carne fique firme. As cabeças são muito saborosas, por isso nós as refogamos para preparar caldo de lagostim e usá-lo em molhos. As cabeças também contêm uma membrana que age no clareamento de caldos como a albumina das claras de ovo — depois de ferver, nós percebemos que o líquido fica naturalmente transparente. Os lagostins são muito usados em recheios de ravióli ou refogados e servidos com saladas e sopas. Nós costumamos polvilhá-los com *curry* em pó e açafrão esmagado antes de assá-los e, para obter uma cor bem forte, às vezes os mergulhamos em ovas de lagosta-verde, que cozinham e dão uma cor rosada vibrante.

Durante os meses de verão e outono, nós usamos **salmonetes** com frequência em nossos cardápios. Eles ficam muito bons tanto frios quanto quentes. A maior parte das minhas ideias de pratos com salmonete remonta à época que passei no Mediterrâneo — como servir filés com a pele torradinha cobertos com um bom purê de azeitonas pretas (chamamos isso de *tapenade*, apesar de eu não utilizar, como na tradição, as anchovas, porque são fortes demais) ou adicioná-los a um cuscuz aromatizado com capim-limão. E, é claro, o salmonete é um dos peixes essenciais para uma *bouillabaisse* clássica. Nós servimos esse prato coberto com fígado de tainha picado, refogado e misturado com azeite de oliva. Nós também simplesmente fritamos os filés ou os cozinhamos em vinagrete.

O salmonete é um peixe de águas rasas e nós os encomendamos direto de Brixham, no condado de Devon, na Inglaterra, ou do sul da França. A pele desse peixe me atrai muito porque é bem delicada e bonita. As escamas podem ser retiradas facilmente com os dedos (nós fazemos isso dentro de bacias grandes). Para conseguir segurá--los de maneira firme quando os estiver cortando, meus chefs dobram o peixe um pouco antes de retirar a espinha. É um ótimo truque. As espinhas e a cabeça produzem um bom caldo de peixe.

Durante anos, muitos restaurantes serviram enganosamente **tamboril** cortado em cubos com o nome de "lagostas da Noruega". Agora, ele ocupa uma posição importante na culinária de frutos do mar e, apesar de já ter sido considerado sem gosto e aguado, hoje corre o risco de extinção. Na verdade, o tamboril é um peixe de águas profundas e é difícil de ser cultivado. É preciso muitos anos para que o peixe chegue à maturidade, por isso a reposição dos cardumes é lenta e a oferta hoje é menor que a procura. Nós comemos os rabos — as cabeças ossudas e pesadas são descartadas. (Os fígados são saborosos e podem ser cozidos e servidos como acompanhamento.) Esse peixe só tem uma espinha, ou cartilagem, dorsal com dois filés de cada lado. Deve-se extrair a pele deles, e a membrana cinza abaixo da pele deve ser retirada com cuidado, porque pode fazer com que o peixe enrole de modo pouco atraente durante o cozimento. Depois de cortar a carne em filés, nós normalmente a enrolamos de modo bem apertado em papel filme para que fique mais firme. Durante alguns meses, eu fui o chef principal do restaurante de Pierre Koffman, em Tante Claire (hoje, sede do meu restaurante), e me lembro de uma receita maravilhosa de tamboril que ele fazia. Era um filé recheado com um *ratatouille* bem-picado, enrolado com uma lula inteira, de forma plana e arranhada, e frito. Era genial. Ele servia esse prato com um risoto aromatizado com açafrão.

Diferentemente do tamboril, o **coelho** não corre risco de extinção. Os franceses e italianos gostam muito dessa carne e a cozinham como frango ou porco magro e macio, com alecrim ou tomilho fresco. Os nova-iorquinos chiques o estão levando agora para seus restaurantes finos. Nós, britânicos, ainda associamos coelhos com o personagem Peter Rabbit, da escritora Beatrix Potter (ou com pragas do campo), mas ele está começando a aparecer em alguns cardápios de restaurantes. Nós usamos a carne das patas em ensopados (*pot au feu*), terrinas e patês, e assamos o lombo e as coxas. As carcaças produzem um bom caldo, que pode ser usado como uma geleia aglutinante para patês *en gelée*. Nós também fazemos conservas (ao estilo de *confits*) com as coxas e patas, que são cozidas em fogo baixo em gordura de ganso até que a carne macia possa ser retirada em tiras e misturada com vinagrete. A carne de coelho também fica boa com nhoques e um leve molho cremoso de mostarda, ou com uma torta caramelizada de chicória. Os melhores rabos podem ser servidos em pedaços bem pequenos e acompanhados dos fígados.

O outono é a época das aves de caça. A temporada de caça começa no fim do verão, apesar de algumas aves, como o pombo, estarem à venda durante todo o ano. Marco Pierre White foi a pessoa que me levou para caçar pela primeira vez. A mira dele era bem melhor do que a minha — ele não só acertava as aves voando, mas também as que eu errava. Mas um dia eu aprendo... Nós recebemos a maior parte das nossas aves de caça do Petworth Estate, em West Sussex — são faisões, patos selvagens, galinholas e por aí vai. Nós compramos **pombos** de Anjou, na França, onde são criados ao ar livre. Na maioria das vezes, usamos apenas os peitos de aves selvagens, apesar de as coxas poderem ser utilizadas. As carcaças dão um bom caldo. Os peitos ficam bons servidos fatiados em uma salada quente, e nós os usamos como ingrediente para uma terrina de carne de caça como o Mosaico de Carne de Caça de Outono da p. 130. Os peitos de pombo ficam ainda mais deliciosos se servidos com um purê sueco fofinho e um pouco de alcachofra-chinesa. Nós costumamos fritar peitos de **faisão** com tomilho fresco ou servi-los com salada de maçã e salsão misturada a um vinagrete de nozes. As aves mais velhas são utilizadas em um fricassê com lentilhas. Caso a carne das aves tenha ficado machucada com o tiro, nós a usamos para fazer um *foie gras* com linguiça. Os **marrequinhos selvagens** de carne escura, também conhecidos como patos-do-mato, têm o gosto de uma mistura de galinhola e galo silvestre, mais forte do que os patos normais. As coxas deles são duras e cheias de fiapos, por isso, as fervemos e depois as grelhamos. Como os peitos são magros, nós os cozinhamos com o osso e os servimos malpassados.

Acho que os ingredientes que os ingleses mais associam ao outono são as maçãs e as peras. Adoramos usar as **maçãs Cox** em *tarte tatins* — elas são ótimas para rechear tortas, porque contêm menos água do que outras variedades de maçã. O sabor delas também fica ótimo em *parfaits*, porque é bem diferente daquilo que conhecemos. Nós secamos fatias bem finas de maçãs Cox para preparar biscoitos ou *tuiles*, usados como acompanhamento. Às vezes, no outono, nós fervemos ligeiramente as maçãs e as misturamos a ameixas picadas. Depois, as servimos cobertas com maçãs gratinadas.

O sabor das **peras** é bem suave e não precisa de muita coisa para condimentá-las. As peras Comice, Williams e Conference são ideais para cozimento, contanto que estejam levemente verdes e firmes — quando estão macias demais, elas ficam com gosto de farinha e perdem seu melhor sabor. Existem muitas maneiras saborosas de se preparar essas frutas, como num molho de frutas para *foie gras* (aromatizado com uma pitada de açafrão). Em sobremesas, as peras ficam ótimas fervidas em um xarope de vinho tinto apimentado servido com um delicioso *crème anglaise* temperado com sementes de pimenta. Além disso, assim como as maçãs, elas ficam ótimas em compotas. A fragrância floral também pode ser muito bem-complementada com um toque de lima. Nós ainda secamos fatias finas de pera e as intercalamos com um sorvete de canela para servi-las em uma compota de peras com vinho tinto.

Sopa de lentilhas e lagostim

Eu gosto de pratos clássicos e rústicos, especialmente aqueles servidos com um toque diferente e elegante. Esta receita é de um molho velouté *de lentilhas bem grosso e suave, coberto com lagostins assados, que flutuam sentindo-se orgulhosos do caldo delicioso que há por baixo deles. Eu uso esta receita como "aperitivo" para abrir o apetite dos clientes no meu restaurante, mas o dobro ou o triplo da quantidade recomendada aqui rende uma porção de entrada normal.* **SERVE 4 A 6 PORÇÕES COMO ENTRADA**

250 g de lentilhas *du Puy*
1 cenoura média picada em dois ou três pedaços
1 cebola cortada em quatro
1 dente de alho grande inteiro descascado
1 *bouquet garni* fresco (uma folha de louro pequena, um raminho de tomilho fresco, alguns ramos de salsa e folhas de aipo amarrados)
1 litro de Caldo de Galinha *Light* (p. 212) ou de Caldo de Legumes Reduzido (p. 212)
algumas gotas de óleo de trufa
150 ml de creme de leite fresco
8 a 12 lagostins crus descascados
algumas boas pitadas de *curry* em pó
2 colheres (sopa) de azeite de oliva
sal marinho e pimenta-do-reino moída na hora

1 Coloque as lentilhas (você não precisa deixá-las de molho) em uma panela grande com os legumes, o alho e o *bouquet garni*. Cubra bem com água fria e deixe ferver. Cozinhe em fogo médio até que as lentilhas comecem a "estourar". Isso deve levar por volta de 15 minutos — não cozinhe demais ou elas ficarão moles.
2 Escorra as lentilhas e reserve 250 ml do caldo do cozimento. Jogue todos os legumes, o alho e o *bouquet garni* fora. Bata as lentilhas, amolecidas depois de cozidas, em um processador de alimentos ou liquidificador, adicionando o líquido reservado para obter um purê sedoso e homogêneo.
3 Devolva o purê à panela e "dissolva-o" com o Caldo de Galinha ou o de Legumes. Tempere e deixe ferver, mexendo sempre. Adicione o óleo de trufas e o creme de leite. Está pronto!
4 Para cozinhar os lagostins, salpique o *curry* em pó já temperado sobre eles. Ponha uma frigideira antiaderente no fogo e, quando você sentir que ela está emanando bastante calor, adicione o azeite. Frite os lagostins por mais ou menos um minuto de cada lado, até que ganhem um tom rosado e comecem a ficar firmes.
5 Reaqueça a sopa e passe-a para seis tigelas de sopa aquecidas. Cubra cada porção com dois lagostins e sirva.

Sopa de batata e alho-poró

Este é o tipo de sopa perfeito para alguém que esteja aprendendo a cozinhar. No entanto, apesar de ser simples, ela pode ganhar o máximo de sofisticação se adicionarmos algumas ostras ligeiramente cozidas ou se a cobrirmos com pequenas colheradas de creme batido e caviar osetra. **SERVE 4 PORÇÕES COMO ENTRADA**

250 g de alho-poró (apenas as partes branca e verde-clara) cortado em cubos
1 cebola pequena picada
1 colher (sopa) de azeite de oliva
15 g de manteiga
50 ml de vinho seco
1 batata grande (com cerca de 300 g) descascada e picada
1 *bouquet garni* fresco (uma folha de louro pequena, um raminho de tomilho fresco, alguns ramos de salsa e folhas de aipo, todos amarrados)
750 ml de Caldo de Galinha *Light* (p. 212) ou de Caldo de Legumes Reduzido (p. 212)
100 ml de creme de leite
sal marinho e pimenta-do-reino moída na hora

1 Coloque o alho-poró e a cebola em uma panela grande com o azeite e a manteiga. Quando começarem a fritar, cubra e refogue em fogo baixo por cinco minutos.
2 Adicione o vinho e cozinhe tudo sem tampar até que todo o líquido evapore. Acrescente a batata e o *bouquet garni*, cubra com o Caldo de Galinha ou o de Legumes e deixe ferver. Tempere e cozinhe por 15 minutos, até que a batata amoleça.
3 Retire o *bouquet garni*. Você pode deixar a sopa bem grossa, porque os legumes estarão todos bem-picados, e a batata terá dissolvido no líquido, engrossando-o um pouco. No entanto, caso você prefira uma textura mais sedosa, bata a sopa em um processador de alimentos ou liquidificador ou na própria panela, com um *mixer* de mão.
4 Acrescente o creme de leite e tempere a gosto. É uma boa sopa para qualquer ocasião.

Sopa de couve-flor e azedinha

Uma sopa cremosa simples, ideal para quando as noites passam a começar mais cedo e terminar mais tarde, e você percebe que é hora de pensar em comida para o tempo frio. Nessa época, ainda temos folhas de azedinha forte nos jardins ingleses, e não são necessárias muitas delas para esta sopa — só o suficiente para aprimorar sua coloração creme. Para dar um toque de classe, ofereça um pouco de caviar aos seus convidados. No verão, você pode servir esta sopa levemente fria. SERVE 6 PORÇÕES COMO ENTRADA

1 couve-flor grande sem o caule picada
1 batata média descascada e picada
½ cebola picada
15 g de manteiga
1 colher (sopa) de azeite de oliva
1 litro de Caldo de Galinha (p. 212) ou de Caldo de Legumes Reduzido (p. 212)
500 ml de leite integral
100 ml de creme de leite fresco
6 folhas grandes de azedinha sem o cabo despedaçadas
2 colheres (sopa) de caviar (opcional)
sal marinho e pimenta-do-reino moída na hora

1 Coloque a couve-flor picada, a batata e a cebola em uma panela com a manteiga e o azeite. Esquente-a em fogo baixo, e quando o conteúdo da panela começar a chiar cubra com uma tampa e cozinhe tudo em fogo baixo por cerca de dez minutos. Os legumes não devem nem começar a dourar.
2 Adicione o Caldo de Galinha ou o de Legumes e deixe ferver. Em seguida, adicione o leite e deixe ferver de novo em fogo baixo. Dessa maneira, o leite não formará espuma. Tempere a gosto e cozinhe, sem cobrir, por 10 a 15 minutos até os legumes amolecerem.
3 Acrescente metade do creme de leite fresco e bata a mistura em um processador de alimentos, liquidificador ou com um *mixer* na própria panela. Peneire o purê, pressionando-o com as costas de uma concha, e passe-o para uma panela limpa.
4 Acrescente o restante do creme de leite. Prove o tempero e ferva a sopa. Passe-a para quatro tigelas de sopa, cubra com as azedinhas despedaçadas e adicione uma colher de caviar em cada uma delas. Sirva imediatamente.

Sopa cremosa de cogumelos-*-porcini* e alho

*No fim do verão e início do outono ingleses, é possível comprar cabeças de alho maravilhosas, que quase estouram com seus dentes gordos — o melhor ingrediente que existe para complementar os primeiros cogumelos-*porcini *da estação. O sabor do alho é o melhor de todos, mas ele tem uma desvantagem caso você goste de comer muito esse condimento — logo vai descobrir quem gosta de você de verdade. Uma maneira de aproveitar o sabor do alho e não perder seus amigos é aferventar dentes inteiros várias vezes. A primeira fervura solta a casca, sendo assim mais fácil descascá-los. Quando consigo comprar alguns, eu decoro esta sopa com folhas despedaçadas de alho-selvagem italiano.* SERVE 4 PORÇÕES COMO ENTRADA

1 cabeça de alho com os dentes separados
3 colheres (sopa) de azeite de oliva
1 chalota bem-picada
150 g de cogumelos-*porcini* frescos picados
50 ml de vinho tinto seco
1 batata pequena descascada e cortada em cubos pequenos
1 *bouquet garni* fresco (uma folha de louro pequena, um raminho de tomilho fresco, alguns ramos de salsa e folhas de aipo amarrados)
1 litro de Caldo de Galinha (p. 212)
50 ml de creme de leite fresco
sal marinho e pimenta-do-reino moída na hora

1 Primeiro, mergulhe os dentes de alho em uma panela de água fervente. Ferva-os por um minuto e meio, escorra e esfrie-os com água fria corrente. Descasque os dentes.
2 Substitua a água da panela por água limpa. Deixe ferver e adicione o alho. Ferva rapidamente, escorra e esfrie-os. Repita o procedimento uma terceira vez e deixe que o alho esfrie. Amasse-o ou pique-o bem. O alho agora está pronto para ser usado na sopa.
3 Esquente o azeite em uma panela grande e, quando estiver quente, adicione as chalotas, os cogumelos-*-porcini* e o alho. Cozinhe por cerca de dez minutos, mexendo de vez em quando, até que estejam bem caramelizados. Cubra tudo com o vinho e cozinhe até que ele evapore. Em seguida, acrescente a batata picada e o *bouquet garni*. Cozinhe por dois minutos.
4 Acrescente o Caldo e deixe ferver. Adicione tempero a gosto. Ferva por 15 a 20 minutos.
5 Retire o *bouquet garni*. Bata a sopa em um processador de alimentos ou liquidificador até que fique homogênea. Em seguida, peneire-a, pressionando-a com as costas de uma concha, e a transfira para uma panela limpa.
6 Reaqueça a sopa e acrescente o creme de leite. Prove o tempero e sirva.

Salada de pato selvagem com molho de avelãs

No início da temporada de caça, os ingleses conseguem comprar pequenos patos-reais selvagens (adens), que têm o tamanho de um franguinho. A carne é muito mais escura e mais forte que a dos patos criados em cativeiro. Apesar de as coxas serem duras por esses animais nadarem muito no verão, os peitos são ótimos, especialmente em uma salada quente com maçã e salsão. Esta receita segue vários procedimentos, mas eles são todos simples e chegam rapidamente a um clímax no fim. SERVE 4 PORÇÕES COMO ENTRADA OU PRATO LEVE

1 colher (sopa) de azeite de oliva
2 patos selvagens (com cerca de 700 g cada)
50 g de avelãs com as cascas
25 g de uvas-passas
200 g de salsão
1 maçã Cox grande e fresca
sal marinho e pimenta-do-reino moída na hora

Molho
3 colheres (sopa) de óleo de amendoim
3 colheres (sopa) de óleo de avelã
1 colher (sopa) de vinagre de vinho branco
2 colheres (sopa) de vinagre de xerez
um pouco de suco de limão

1 Preaqueça o forno a 200°C. Ao mesmo tempo, aqueça o azeite em uma frigideira antiaderente e doure os peitos das aves, pressionando bastante a pele contra a panela quente. Transfira as aves para uma pequena assadeira.
2 Asse as aves por 10 a 12 minutos até os peitos ficarem levemente firmes. Como você só vai usar a carne do peito, não se preocupe com as coxas. Retire do forno e deixe que descansem por 15 minutos.
3 Enquanto isso, asse as avelãs no forno por cerca de dez minutos, observando-as sempre para que não queimem. Em seguida, esfregue-as em um pano de prato para que as cascas saiam. Pique as avelãs. Cubra as uvas-passas com água fervente por cinco minutos para que elas inchem. Em seguida, escorra bem.
4 Prepare o molho colocando todos os ingredientes em um pote pequeno, tampando-o e sacudindo-o bem para misturar.
5 Descasque o salsão e corte-o em fatias bem finas. Misture-as com metade do molho, as passas e as avelãs. Corte a maçã em quatro, retire as sementes e pique a polpa, mantendo a linda casca verde e vermelha. Misture-a com a salada de salsão.
6 Agora, usando uma faca pequena e afiada para carne, retire cada peito de pato inteiro. Corte cada pedaço de carne nas fatias mais finas que puder. A carne deve estar rosada e levemente cozida. Coloque as fatias em um prato e tempere. Misture o caldo que a carne soltar com o restante do molho e regue os peitos de pato com a mistura.
7 Deite as fatias de carne sobre a salada de maçã e salsão e sirva o mais rápido possível.

Salada de atum marinada

O atum é um peixe denso e encorpado, então, para esta receita, você vai precisar de uma porção menor — com não mais do que 100 g — do que a de outros peixes. A qualidade da carne também é afetada pela maneira como o peixe é pescado — a ponta do rabo tem menos chances de conter algum sinal de sangue coagulado. Por isso, é preferível comprar um pedaço de lombo do rabo. Depois de fritá-lo em azeite quente, marine o atum em um molho aromatizado com coentro. Em seguida, sirva-o com legumes outonais em conserva. SERVE 6 PORÇÕES COMO ENTRADA OU 4 COMO UM PRATO LEVE

400 g de lombo de atum do fim do rabo
3 colheres (sopa) de azeite de oliva
150 ml de Molho Vinagrete Clássico (p. 213)
1 colher (chá) de sementes de coentro levemente amassadas
1 colher (sopa) de coentro fresco picado
2 talos de salsifi
um pouco de suco de limão
2 alcachofras
100 g de ervilhas picadas
1 cebola pequena fatiada
2 cenouras médias cortadas em fatias finas
2 colheres (sopa) de vinagre balsâmico maturado
sal marinho e pimenta-do-reino moída na hora

1 Fatie o lombo de atum em dois filés longos. Esquente uma colher (sopa) de azeite em uma frigideira de fundo grosso (ou em uma grelha, se preferir aquelas marcas escuras e atraentes no atum). Frite os filés por dois minutos de cada lado — a carne deve ficar firme, mas macia. Não cozinhe o atum demais, porque ele pode ficar duro e secar. Transfira para um prato.

2 Misture metade do vinagrete com as sementes de coentro. Em seguida, derrame a mistura sobre os filés de atum. Pressione o coentro fresco contra a superfície da carne. Cubra e deixe de molho por uma hora.

3 Enquanto isso, descasque os salsifis e corte-os em palitos. Cozinhe-os em água salgada com o suco de limão por cinco minutos. Retire-os com uma escumadeira, deixe que esfriem e reserve.

4 Corte o talo da base das das alcachofras, retire as pétalas externas e os pelos de dentro para usar os fundos (veja as fotos dessa técnica na p. 216). Corte os fundos em pedaços. Cozinhe na água com limão por dez minutos. Escorra.

5 Cozinhe as ervilhas em água fervente por um minuto, escorra e esfrie-as com água corrente fria. Escorra e enxugue-as.

6 Esquente o azeite restante em uma panela, adicione a cebola e cozinhe por três minutos. Adicione as cenouras, o salsifi e as alcachofras e cozinhe por mais dois a três minutos. Por fim, acrescente as ervilhas aferventadas e cozinhe por um minuto. Tempere bem e adicione o vinagre balsâmico e o restante do vinagrete. Reserve para que esfrie.

7 Para servir, retire o atum da marinada (você só precisa retirar as ervas da carne, se preferir). Corte os filés em medalhões. Divida os legumes entre os pratos e coloque os medalhões de atum por cima.

Salada quente de pombo com legumes em conserva de mel

Esta é outra entrada que faz bom uso dos melhores ingredientes da estação. As raízes se tornam saladas deliciosas se forem marinadas, cozidas rapidamente e, depois, deixadas para esfriar no próprio caldo. Peitos de aves malpassados e cortados em fatias finas arrematam perfeitamente o prato. **SERVE 4 PORÇÕES COMO ENTRADA**

100 g de salsão
100 g de couve-rábano
1 pequeno bulbo de funcho
100 g de minicebolas
2 a 3 colheres (sopa) de azeite de oliva
100 g de minicenouras raspadas
50 g de cogumelos pequenos (como os cantarelo e os *mousserons*) limpos
15 g de manteiga
8 peitos de pombo-torcaz desossados (com cerca de 75 g cada)
sal marinho e pimenta-do-reino moída na hora

Marinada
1 chalota bem-picada
1 colher (sopa) de azeite de oliva
1 raminho de tomilho fresco (tomilho limão, se possível)
1 colher (sopa) de vinagre de xerez
1 colher (sopa) de mel de flores
100 ml de óleo de amendoim
50 ml de óleo de avelã
suco de 1 lima

1 Antes de tudo, prepare a marinada. Refogue as chalotas em fogo baixo no azeite com o tomilho por cerca de cinco minutos até que amoleçam, mas não dourem. Cubra com o vinagre e cozinhe por alguns segundos. Adicione o mel, os óleos de amendoim e de avelã e o suco de lima, além de um pouco de tempero. Mantenha quente.

2 Descasque o salsão e a couve-rábano e corte-os em cubos ou bastões, variando os tamanhos e formas para deixá-los mais interessantes. Mantenha a mesma grossura para que os legumes cozinhem bem. Descasque a parte de fora do funcho com um descascador de legumes e corte-o em fatias no comprimento. Afervente as cebolas por dois minutos, escorra e descasque-as.

3 Esquente uma ou duas colheres (sopa) de azeite em uma frigideira de fundo grosso e acrescente todos os legumes. Cozinhe em fogo baixo por cinco a sete minutos, mexendo de vez em quando, até que eles comecem a amolecer, mas ainda não dourem. Retire-os do fogo e acrescente três quartos da marinada. Deixe os legumes descansando nela por pelo menos duas horas. Não leve à geladeira porque eles devem ficar em temperatura ambiente.

4 Para preparar os pombos, esquente outra colher (sopa) de azeite com manteiga em uma frigideira de fundo grosso. Tempere os peitos de pombo e cozinhe-os, com o lado da pele para baixo, por cerca de três minutos. Vire a carne e cozinhe o outro lado por dois ou três minutos. Os pombos devem ficar levemente macios, mas firmes quando pressionados. Tempere de novo. Deixe que descansem por mais ou menos três minutos, enquanto você arruma os legumes no prato.

5 Retire os legumes da marinada (que pode ser reutilizada, se quiser). Divida-os entre quatro pratos. Fatie os peitos de pombo na diagonal ou deixe-os inteiros e coloque-os por cima dos legumes. Regue-os com um pouco da marinada e sirva quente.

Salada de cogumelos-*porcini* e lagostins com molho de mostarda

Costumamos comprar lagostins aqui na Inglaterra em três tamanhos diferentes, do um ao três. Eu normalmente escolho os maiores, do tamanho 1, porque eles têm uma boa quantidade de carne meio adocicada, que se mantém molhadinha quando assada. Para torná-los mais fáceis de descascar, afervente--os por um minuto. Saindo do assunto frutos do mar, essa salada apresentada aqui é muito fácil de preparar, e as cores e sabores se misturam muito bem no prato. SERVE 4 PORÇÕES COMO ENTRADA

12 lagostins grandes
3 colheres (sopa) de azeite de oliva
200 g de cogumelos-*porcini* grandes e frescos, com o caule aparado e cortados em fatias finas
150 ml de Molho Vinagrete Clássico (p. 213)
1 colher (sopa) ligeiramente cheia de mostarda de Dijon
150 g de folhas de miniespinafre
algumas pitadas de *curry* suave em pó
sal marinho e pimenta-do-reino moída na hora
folhas de salsão (fritas, se preferir) para decorar

1 Coloque uma panela grande de água salgada para ferver e acrescente os lagostins. Ferva por um minuto, escorra e deixe esfriar. Quando eles estiverem manuseáveis (são mais fáceis de descascar quando estão quentes), retire as cabeças e quebre a parte de cima da carapaça com as costas de uma faca. Depois, apenas puxe a ponta do rabo, e a carne sairá completamente descascada e rosada. Reserve.
2 Aqueça duas colheres (sopa) de azeite em uma frigideira e, quando estiver bem quente, refogue os cogumelos-*porcini* até que fiquem bem dourados e macios. Tempere sem economizar. Retire do fogo e deixe esfriar.
3 Misture o vinagrete com a mostarda. Acrescente um terço do molho aos cogumelos. Reserve. Tempere o espinafre e misture-o com outro terço do molho. Coloque-o no centro de quatro pratos (no restaurante, nós arrumamos as folhas de espinafre em forma de flor dentro de um cortador de biscoitos comum — mas eu sei que isso não é possível quando você está sozinho).
4 Tempere os lagostins e polvilhe-os com pitadas de *curry* em pó. Aqueça o restante do azeite em uma frigideira e, quando estiver bem quente, refogue os lagostins rapidamente por um ou dois minutos de cada lado. Corte-os ao meio, caso sejam grandes.
5 Passe os cogumelos-*porcini* com mostarda para o centro do espinafre e cubra-os com os lagostins. Por fim, regue-os com o restante do molho, decore com as folhas de salsão e sirva rapidamente.

Salada morna de *mousseron*, mexilhões e alcachofra-chinesa

*Este é um bom exemplo do tipo de prato chamado na França de "terre et mer" — uma mistura de alimentos da terra com os do mar. Esta é uma salada quente de mexilhões e dois ingredientes diferentes encontrados, na Inglaterra, apenas no outono: cogumelos-*mousseron *e alcachofras-chinesas.* Mousserons *são cogumelos pequenos, com um formato perfeito e copas do tamanho de balinhas. O pequeno porte deles dá uma impressão falsa, porque eles são resistentes e ficam bem quando fritos em altas temperaturas. Alcachofras--chinesas, ou* crosnes, *como são chamadas em inglês, são alcachofras "selvagens" com um bom sabor terroso. Os dois ingredientes precisam de um preparo especial.* **SERVE 4 PORÇÕES COMO ENTRADA**

100 g de *mousserons*
25 g de manteiga
2 colheres (sopa) de azeite de oliva
300 g de mexilhões frescos
1 folha de louro
1 raminho de tomilho fresco
100 ml de vinho branco seco
100 g de alcachofras-chinesas (ou de pequenas raízes de girassol)
1 colher (sopa) de cerefólio ou salsa fresca picados
2 colheres (sopa) de creme de leite fresco
sal marinho e pimenta-do-reino moída na hora

1 Prepare este prato em etapas e reúna todas as partes pouco antes de servir. Primeiro, prepare os cogumelos-*mousseron*. Retire os caules para ficar só com as copas. Esquente metade da manteiga em uma frigideira e refogue-os por dois a três minutos até que amoleçam.
2 Escorra o caldo dos cogumelos e reserve-o em uma panela pequena. Limpe a frigideira e aqueça o restante da manteiga com uma colher (chá) de azeite até que estejam bem quentes. Refogue os *mousserons* de novo para que fiquem bem dourados. Escorra, guarde o caldo novamente e reserve.
3 Lave os mexilhões e retire seus pelos. Retire as gônadas corais das conchas, se possível. Descarte quaisquer mexilhões que não fecharem quando você der um peteleco neles. Aqueça uma panela vazia até que esteja bem quente e acrescente os mexilhões junto com a folha de louro, o tomilho e o vinho. Feche bem a tampa e cozinhe por cerca de quatro minutos.
4 Descubra a panela e misture o líquido com o caldo recolhido do refogado dos *mousserons*. Descarte qualquer mexilhão que não tiver aberto nesse processo. Retire a carne dos que se abriram e deixe que esfriem. Em seguida, leve à geladeira por meia hora para que a carne fique firme.
5 Para preparar a alcachofra-chinesa, corte as pontas dos legumes, caso seja necessário, coloque-os em uma tigela com um pouco de água fria e esfregue-os com sal marinho. Isso ajuda em sua limpeza. Enxágue bem.
6 Esquente o azeite restante em uma frigideira e refogue as alcachofras-chinesas por cerca de três minutos, até que dourem bem. Passe os mexilhões para a frigideira e frite-os até que estejam reaquecidos. Misture os *mousserons* e reaqueça-os. Em seguida, divida a mistura entre quatro pratos de sopa. Salpique cerefólio ou salsa sobre todos os pratos.
7 Adicione o creme de leite fresco ao caldo reservado e ferva até que o líquido esteja reduzido pela metade. Cubra a salada com o molho — só o suficiente para deixar tudo úmido — e sirva.

Risoto de abóbora e *bacon*

A riqueza do outono não chega de verdade à cozinha sem uma bela abóbora rechonchuda. Existem tantas maneiras de aproveitar sua polpa cremosa, dourada e adocicada — desde sopas e ensopados até recheios para massas e tortas de sobremesa. Um risoto com cubos levemente dourados de abóbora, um pouco de bacon *defumado e crocante e parmesão forte pode se tornar uma boa refeição leve.* **SERVE 4 PORÇÕES COMO ENTRADA OU 2 COMO PRATO PRINCIPAL**

40 g de *bacon* picado
500 a 600 ml de Caldo de Galinha *Light* (p. 212)
2 chalotas grandes picadas
500 g de polpa de abóbora cortada em cubos de 1 cm
3 colheres (sopa) de azeite de oliva
200 g de arroz para risoto (Carnaroli, arbóreo ou Vialone Nano)
100 ml de vinho branco seco
2 colheres (sopa) de *mascarpone*
25 g de queijo parmesão fresco ralado
sal marinho e pimenta-do-reino moída na hora

1 Aqueça uma frigideira antiaderente e, quando ela estiver quente, frite o *bacon* até que ele fique dourado e crocante. Enxugue e reserve. Ferva o Caldo de Galinha em fogo baixo em uma panela.
2 Em uma panela grande, refogue as chalotas e as abóboras no azeite em fogo baixo por cerca de cinco minutos. Acrescente o arroz e refogue por mais dois minutos, até que os grãos "estalem". Adicione o vinho e cozinhe até que o líquido reduza bastante.
3 Agora acrescente um quarto do Caldo de Galinha e mexa bem. Cozinhe em fogo baixo até que o líquido seja absorvido e adicione outra concha de caldo. Continue cozinhando, mexendo e adicionando o caldo gradualmente, até que os grãos de arroz estejam macios. O processo todo deve levar cerca de 15 minutos.
4 Por volta de dois minutos antes do fim do cozimento, acrescente o *bacon*, o *mascarpone* e metade do queijo parmesão. Prove o tempero e sirva em tigelas aquecidas salpicadas com o resto do parmesão.

Mosaico de carne de caça de outono

Uma terrina encorpada e atraente é a melhor das entradas que podem ser preparadas com antecedência. Nós não usamos gelatina para firmar as camadas. Em vez disso, confiamos nas propriedades aglutinantes naturais dos pés ou do pernil de porco. Você vai precisar de uma boa variedade de aves e, para preparar um prato mais especial, um pouco de foie gras.

Ao servir, nós espalhamos um pouco de óleo de trufas por cima de cada fatia para dar a elas um brilho bonito e convidativo. Essa terrina fica melhor com brioche torrado, mas uma baguete crocante também serve. Ela ainda fica boa com uma salada de maçã e salsão, como a da *p. 121**, ou com algumas folhas de verdura misturadas e regadas com um vinagrete de avelã.* **FAZ 1 KG DE TERRINA, QUE SERVE 6 A 8 PORÇÕES COMO ENTRADA**

2 pernis de porco ou 700 g de paleta com 1 pé de porco
1 cenoura picada em pedaços grandes
1 cebola picada em pedaços grandes
1 talo de aipo picado em pedaços grandes
1 alho-poró picado em pedaços grandes
1 *bouquet garni* fresco (uma folha de louro pequena, um raminho de tomilho fresco, alguns ramos de salsa e folhas de aipo amarrados)
1 raminho de tomilho fresco

Carnes
4 peitos de pombo-torcaz
2 peitos de faisão
2 peitos de perdiz
2 peitos de frango orgânico
200 g de filé de veado
3 colheres (sopa) de vinho madeira
3 colheres (sopa) de vinho do Porto
3 colheres (sopa) de conhaque
2 a 3 colheres (sopa) de azeite de oliva
sal marinho e pimenta-do-reino moída na hora

1 Deixe o pernil ou a paleta de molho por uma noite em muita água fria. Quanto às outras carnes, corte os peitos em pedaços iguais, retirando a pele, os ossos, a gordura e os tendões. Misture todas as carnes de aves com o filé de veado e as bebidas alcoólicas e deixe-as marinando por uma noite para que adquiram o sabor e a cor do tempero.

2 No dia seguinte, escorra o pernil ou a paleta e coloque-o em uma panela grande com os legumes picados em pedaços grandes e o *bouquet garni* (e o pé de porco, caso você esteja utilizando uma paleta). Deixe ferver lentamente, retirando a espuma que se formar na parte de cima. Cozinhe por uma hora e meia até que a carne fique bem macia, sempre retirando a espuma (é justamente isso que ajuda você a ter um caldo lindo e transparente).

3 Deixe que a carne de porco esfrie dentro do caldo, depois retire-a da panela. Extraia toda a pele e a gordura e divida a carne em tiras grossas. Reserve. Peneire o caldo e coloque-o para ferver com o raminho de tomilho fresco por cerca de dez minutos. Deixe esfriar. Coloque um pouco de caldo de porco em uma tigela e leve-o à geladeira para testar se solidifica. Ele deverá ficar bem firme. Caso não fique, ferva mais o caldo para reduzir a quantidade de água e leve-o à geladeira de novo. Quando ficar bem firme, separe 500 ml do líquido.

4 Escorra as carnes e enxugue-as. Esquente o azeite em uma frigideira de fundo grosso e cozinhe cada carne separadamente. Frite os peitos de frango por quatro a cinco minutos de cada lado e as outras carnes por três a quatro minutos de cada lado, dependendo da espessura dos pedaços. Deixe que esfriem sobre papel toalha, adicionando tempero à medida que descansam.

5 Agora monte toda a terrina. Coloque um pouco de caldo na parte de baixo de uma terrina de um quilo de capacidade e leve à geladeira para que endureça. Faça camadas começando com fatias finas de *foie gras*, caso você o inclua, ou com um pouco de tiras de porco. Coloque os peitos, o filé de veado e mais tiras de porco um por cima do outro. Regue cada camada com um pouco do caldo aglutinador — apenas o suficiente para manter as carnes no lugar. Quando tiver terminado, coloque a terrina na geladeira por pelo menos uma noite, para que endureça.

6 Para servir, mergulhe a terrina em uma tigela de água fervente e conte até cinco. Solte o mosaico dos lados do recipiente, e vire a terrina em uma tábua. Corte fatias grossas com uma faca comprida aquecida.

Tortas gratinadas de tomate e parmesão

O outono nos presenteia com tomates italianos grandes e cheios de sabor, que eu adoro servir como se estivessem sobre pizzas, em discos de massa leve e crocante. As fatias de tomate são presas com raspas de parmesão derretido e colocadas por cima da massa pouco antes de servir. Adiciono um buquê de salada de rúcula que cobre cada torta. **SERVE 4 PORÇÕES COMO ENTRADA**

300 g de massa folhada, preferencialmente caseira (ver p. 214)
8 tomates italianos maduros e grandes sem pele
2 colheres (sopa) de vinagre balsâmico
2 colheres (sopa) de azeite de oliva
1 colher (sopa) de cerefólio fresco picado
1 colher (sopa) de salsa fresca picada
50 g de queijo parmesão fresco "raspado" com um descascador de legumes
100 g de rúcula-selvagem
1 a 2 colheres (sopa) de Molho Vinagrete Clássico (p. 213)
sal marinho e pimenta-do-reino moída na hora

1 Abra a massa até que fique com mais ou menos um centímetro e meio de espessura. Corte quatro rodelas de cerca de 12 centímetros de diâmetro, usando um pires ou um prato pequeno como molde. Coloque-as em uma assadeira pesada e leve à geladeira por 20 minutos.

2 Preaqueça o forno a 200°C. Asse a massa por dez minutos e coloque outra assadeira por cima dela para pressionar as rodelas e mantê-las planas. Asse por mais oito a dez minutos até que comecem a dourar. Passe-as para uma grelha e deixe que esfriem e fiquem crocantes.

3 Corte os tomates em fatias iguais e arrume-os uns sobre os outros em outra assadeira em quatro círculos com mais ou menos o mesmo tamanho das rodelas de massa (mas não maiores). Pincele-os com vinagre balsâmico e azeite, tempere e salpique-os com as ervas. Coloque as raspas de parmesão por cima, garantindo que elas entrem em contato com todas as fatias de tomate — quando derreterem, essas raspas vão manter os tomates unidos.

4 Preaqueça uma grelha em fogo alto. Quando estiver bem quente, coloque os tomates embaixo da grelha, próximos do calor. O queijo vai começar a derreter quase imediatamente. Tome cuidado, pois o queijo não precisa dourar, apenas derreter para segurar as fatias de tomate.

5 Retire os tomates da grelha e espere alguns segundos. Em seguida, com uma escumadeira, transfira cada rodela para o círculo de massa.

6 Tempere a rúcula e misture-a com o vinagrete. Coloque-a em cima de cada torta e sirva imediatamente.

Salmonete com açafrão e legumes à grega

O salmonete, como você já deve ter percebido, é um dos meus alimentos favoritos. Ele não é apenas saboroso... sua pele fina e vermelha é muito convidativa e me permite que o prepare de muitas maneiras. Você vai precisar de peixes pequenos, se possível, para esta receita. Caso não os consiga, use dois peixes maiores, com cerca de 500 g cada, e corte os filés ao meio. O peixe é servido sobre legumes com uma marinada de azeite apimentada, criando um ótimo prato principal mais íntimo. A mesma ideia funciona bem com cavala fresca. Aqui recomendo as cebolas Grelot, muito populares na França; mas você pode usar chalotas, caso não as encontre. SERVE 4 PORÇÕES COMO PRATO PRINCIPAL

4 salmonetes pequenos (com cerca de 250 g cada) cortados em dois filés cada com a pele
5 colheres (sopa) de azeite de oliva
2 pitadas generosas de estigmas de açafrão
4 minifunchos ou 2 funchos médios
2 cenouras médias cortadas em fatias finas
9 cebolas Grelot ou 4 chalotas grandes fatiadas
sal marinho e pimenta-do-reino moída na hora

Marinada
150 ml de azeite de oliva
1 colher (sopa) de vinagre de vinho branco
1 colher (sopa) de vinagre balsâmico maturado
6 sementes de coentro machucadas
6 sementes de pimenta-branca amassadas
1 a 4 anises-estrelados
4 cravos-da-índia inteiros
6 raminhos de coentro fresco

1 Esquente todos os ingredientes da marinada até que comecem a ferver. Em seguida, deixe-os descansar por 10 a 15 minutos.
2 Enquanto isso, prepare os salmonetes. Limpe os filés e procure por espinhas com as pontas dos dedos. Retire-as com pinças ou com as unhas. Caso os filés sejam grandes, corte-os ao meio. Unte ambos os lados da carne com duas colheres (sopa) de azeite de oliva e tempere. Esmague os estigmas de açafrão sobre a linda pele rosada dos peixes. Reserve para que marine por cinco a dez minutos.
3 Caso você esteja usando minifunchos, limpe e corte cada um ao meio no comprimento. Caso use bulbos maiores, corte-os em quatro. Refogue o funcho nas três colheres (sopa) de azeite restantes por três a cinco minutos. Em seguida, adicione as cenouras e refogue-as por dois minutos. Por fim, acrescente as cebolas (ou as chalotas) e refogue-as por mais dois minutos. Retire os legumes do fogo e passe-os para uma travessa rasa. Tempere e regue-os com a marinada. Deixe que esfriem à temperatura ambiente.
4 Esquente uma frigideira antiaderente grande e, quando ela estiver bem aquecida, disponha os filés com a pele — onde foi colocada a crosta de açafrão — para baixo. Cozinhe esse lado por cinco minutos, até que a

carne pareça quase firme e a pele fique bem crocante. Vire os filés com cuidado, sem danificar a pele, e cozinhe do outro lado por um ou dois minutos. Tempere bem.

5 Passe cada filé cozido em fogo baixo para a travessa e cubra-os com os legumes e a marinada. Deixe que os peixes esfriem à temperatura ambiente. Retire a marinada com cuidado (ela pode ser peneirada e guardada na geladeira por até uma semana para ser usada de novo).

6 Sirva os filés de salmonete e os legumes marinados à temperatura ambiente ou levemente gelados. Este prato combina com uma boa salada de rúcula temperada suavemente.

Salmonete com funcho coberto de laranja e molho *pesto*

O funcho é um legume muito usado em todo o Mediterrâneo — bancas de feira e carroças normalmente ficam repletas de bulbos frescos e crocantes, que têm um suculento sabor de anis. Nós costumamos usá-los apenas em saladas, ou às vezes os cozinhamos com molho de tomate. No entanto, o funcho complementa muitos outros sabores de verão. A laranja é um deles, assim como o molho pesto. *Além disso, ele é, claramente, um ótimo acompanhamento para peixes. Esta receita combina todos esses elementos.* **SERVE 4 PORÇÕES COMO PRATO PRINCIPAL**

4 salmonetes médios (com 250 a 300 g cada) cortados em dois filés cada com a pele
2 boas pitadas de estigmas de açafrão bem-amassados
3 colheres (sopa) de Molho Vinagrete Clássico (p. 213)
2 bulbos grandes de funcho
4 colheres (sopa) de azeite de oliva
1 colher (chá) de sal marinho refinado
1 colher (chá) de açúcar refinado
200 ml de suco de laranja fresco
15 g de manteiga
sal marinho e pimenta-do-reino moída na hora

Molho pesto
25 g de pinhões
2 dentes de alho grandes picados em pedaços grosseiros
15 g de folhas de manjericão fresco
50 g de queijo parmesão fresco ralado
3 colheres (sopa) de azeite de oliva extravirgem

1 Corte os filés de salmonete para que fiquem com bordas retas. Procure espinhas e retire-as. Esfregue o açafrão amassado na pele rosada. Reserve na geladeira.
2 Bata todos os ingredientes do molho *pesto* em um processador de alimentos para prepará-lo. Acrescente o vinagrete. Reserve.
3 Para preparar o funcho, corte a parte de cima e, com uma faca afiada, retire a casca dura. Corte cada bulbo ao meio no comprimento. Retire o miolo, mas deixe a raiz intacta para manter as camadas unidas (veja fotos desta técnica na p. 219).
4 Preaqueça o forno a 190°C. Esquente duas colheres (sopa) de azeite em uma panela grande resistente ao calor que possa ser usada no forno. Misture o sal e o açúcar e salpique sobre o funcho. Adicione as metades do funcho à panela, pressionando-as com força contra o azeite quente. Vire-as uma ou duas vezes para que dourem completamente. Cubra-as com o suco de laranja e adicione a colherada de manteiga pelo lado da panela. Regue o funcho com o caldo que se formar.
5 Cubra a panela com papel-manteiga e transfira-a para o forno. Cozinhe por 15 a 20 minutos até que o funcho amoleça, regando-o pelo menos duas vezes com o caldo da panela. Confira se ele está macio com a ponta de uma faca afiada.
6 Enquanto o funcho estiver cozinhando, esquente as duas colheres (sopa) de azeite restantes em uma frigideira grande de fundo grosso e frite os salmonetes por pelo menos três minutos do lado da pele. Vire os filés e cozinhe o outro lado rapidamente por cerca de um minuto. O salmonete é um peixe delicado, então o trate com cuidado. Retire do fogo e mantenha quente.
7 Passe os pedaços de funcho para uma tábua. Faça cortes retos da raiz até a ponta, deixando a raiz inteira para manter os pedaços unidos. Transfira-os para pratos aquecidos e abra os legumes como "leques". Coloque dois filés de salmonete por cima de cada leque de funcho e regue com o molho *pesto*.

Filés de linguado com *confit* de cogumelos-*porcini* e tomate

É cada vez mais fácil achar linguados em boas peixarias inglesas. Ele é um peixe achatado de textura firme cujo couro sempre precisa ser extraído antes de cozido. E, como suas escamas são muito pequenas e duras, ele tem uma das piores peles para preparar. O peixe é servido com duas conservas ao estilo confit*: tomates preparados com azeite de oliva e cogumelos-*porcini *em gordura de ganso. Ambas ficam maravilhosas com linguados.* **SERVE 4 PORÇÕES COMO PRATO PRINCIPAL**

6 tomates italianos grandes sem a pele
3 a 4 colheres (sopa) de azeite de oliva
2 dentes de alho fatiados
folhas de 1 raminho de tomilho fresco
4 filés de linguado (com cerca de 125 g cada) sem pele
100 g de folhas de miniespinafre
15 g de manteiga
$^{1}/_{4}$ de porção de *Confit* de Cogumelos-*Porcini* (p. 213), com parte da gordura
1 a 2 colheres (sopa) de azeite de oliva
um pouco de suco de limão
sal marinho e pimenta-do-reino moída na hora

1 Faça primeiro a conserva de tomate. Preaqueça o forno a 150°C. Corte os tomates em quatro, retire a polpa e as sementes. Corte-os em forma de "pétalas" (você deve ter 24 no total) e coloque-as em uma pequena assadeira. Regue-as com o azeite de oliva e espalhe as fatias de alho, as folhas de tomilho e o tempero. Asse os tomates em fogo baixo por cerca de uma hora, regando-os com o caldo da assadeira duas ou três vezes, até que amoleçam, mas ainda mantenham a forma. Deixe que esfriem à temperatura ambiente.
2 Se necessário, acerte as bordas dos filés de linguado com uma faca, e procure espinhas passando os dedos pela carne.
3 Escalde o espinafre em um pouco de água salgada fervente com manteiga. Quando ele começar a amolecer, retire e escorra-o bem, pressionando-o com as costas de uma concha. Mantenha-o quente.
4 Coloque a conserva de cogumelos-*porcini* em uma panela pequena com um pouco de gordura de ganso e reaqueça em fogo baixo.
5 Enquanto isso, esquente o azeite em uma frigideira antiaderente grande. Tempere o peixe e cozinhe por cerca de três minutos de cada lado até que ele fique firme. Espalhe o suco de limão por cima.
6 Para servir, disponha um montinho de espinafre no centro de quatro pratos aquecidos. Coloque os filés de linguado por cima. Arrume os cogumelos-*porcini* em torno do peixe e seis pétalas de tomate por cima da conserva. Regue cada prato com uma colher (chá) da gordura dos cogumelos.

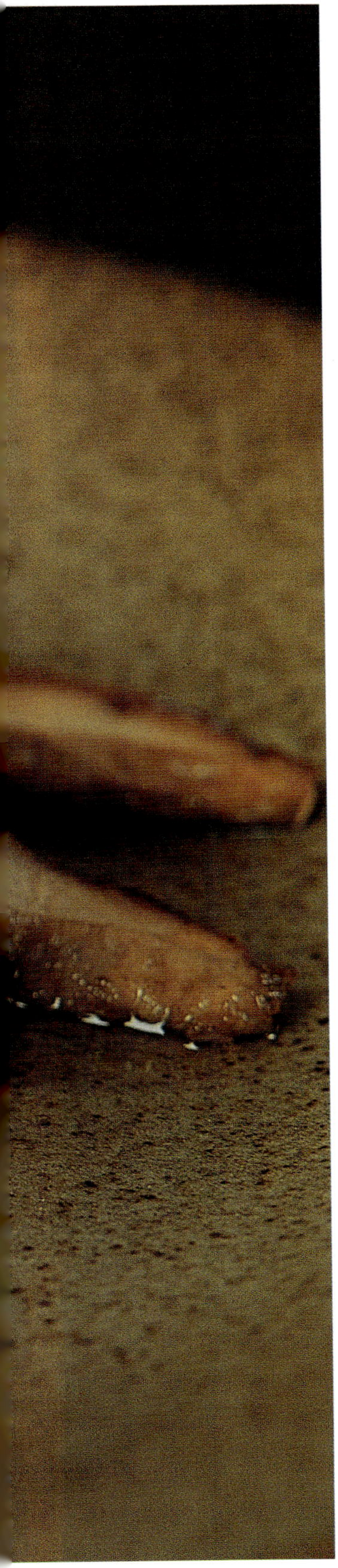

Bacalhau assado ao purê de batata com alho

Postas generosas de bacalhau com batatas cremosas são um dos tesouros culinários britânicos, especialmente quando bem-feitos. Filés de bacalhau de um peixe de quatro ou cinco quilos têm uma textura perfeita; caso o peixe seja maior, as "lâminas" de carne serão grandes demais e despedaçarão depois de cozidas. Você sabia que o bacalhau é o peixe com o menor número de escamas? Isso significa que a pele pode ser retirada com muita facilidade. Nós aproveitamos essa característica e inserimos cloutes *de ervas — raminhos de tomilho ou alecrim ou folhas de louro enroladas — na pele. Para preparar a batata com alho, afervente e esfrie os dentes de alho por pelo menos três vezes para amenizar o sabor forte.* **SERVE 4 PORÇÕES COMO PRATO PRINCIPAL**

2 batatas grandes (como as Desirée ou Maris Piper)
6 dentes de alho grandes
150 ml de leite
4 colheres (sopa) de creme de leite fresco
75 g de manteiga
100 g de cogumelos-*porcini* grandes, limpos e cortados em fatias finas
suco de 1/2 limão
1 colher (sopa) de azeite de oliva
4 postas de bacalhau grandes e grossas (com 175 a 200 g cada) com pele
sal marinho e pimenta-do-reino moída na hora

1 Descasque as batatas e corte-as em cubinhos de tamanho igual. Cozinhe em água salgada fervente por 12 a 15 minutos. Escorra bem, coloque as batatas na panela novamente e seque-as por um ou dois minutos no fogo. Amasse ou passe-as por um espremedor de batatas e as devolva à panela.

2 Enquanto as batatas estiverem cozinhando, afervente o alho por um minuto, escorra e esfrie-o em água gelada. Repita o procedimento duas vezes, descasque e amasse os dentes em um prato, com um amassador, até obter um purê. Misture-o às batatas.

3 Esquente o leite e acrescente-o, aos poucos, ao purê de batata com um pouco de sal e pimenta-do-reino. Em seguida, adicione o creme de leite, também aos poucos, para criar um purê homogêneo e aveludado. Cozinhe em fogo baixo por cinco minutos e acrescente gradualmente metade da manteiga, cortada em pequenos cubos.

4 Enquanto isso, esquente o restante da manteiga em uma panela e frite os cogumelos-*porcini* em fogo baixo por cerca de quatro minutos. Adicione o suco de limão e misture bem até que tudo fique bem quente.

5 Esquente o azeite em uma frigideira de fundo grosso e adicione o peixe com o lado da pele para baixo. Cozinhe por seis a sete minutos até que fique firme. Em seguida, vire os filés e cozinhe rapidamente do outro lado — 90% do tempo de cozimento deve ser feito do lado da pele.

6 Para servir, coloque o purê de batata no centro de quatro pratos, ponha o bacalhau por cima e espalhe os cogumelos-*porcini* em torno deles.

Tamboril com creme de moluscos ao *curry*

Esta é uma "sopa" robusta, mas leve e cremosa, que pode ser servida como prato principal. É perfeita para um dia de tempestade, quando tudo que você quer é um prato quente de comida. Os filés de tamboril são salpicados com curry *antes de serem assados, o que dá a eles uma cor e uma crosta apetitosas.* **SERVE 4 PORÇÕES COMO PRATO PRINCIPAL**

1 cauda de tamboril grande (entre 450 e 500 g) cortada em dois filés
250 g de mariscos
1 raminho de tomilho fresco
500 ml de vinho branco seco
1 cenoura cortada em cubinhos
1 alho-poró pequeno cortado em cubos pequenos
1 talo de aipo pequeno cortado em cubos pequenos
2 colheres (sopa) de azeite de oliva
2 colheres (chá) de *curry* suave em pó
2 pitadas de estigmas de açafrão amassados
300 ml de vermute
300 ml de Caldo de Peixe (p. 212)
300 ml de creme de leite fresco
100 g de folhas de miniespinafre
sal marinho e pimenta-do-reino moída na hora

1 Retire o máximo possível da membrana cinza presente no tamboril (é importante fazer isso para que o peixe não enrole durante o cozimento). Corte cada filé ao meio no sentido do comprimento para que você tenha quatro filés de cerca de 100 g. Leve à geladeira.
2 Esfregue os mariscos e retire os fiapos, se houver. Descarte os que não estiverem fechados. Aqueça uma panela grande até que esteja bem quente e acrescente os mariscos com o tomilho e o vinho. Tampe bem a panela e cozinhe por três a quatro minutos, sacudindo-a uma ou duas vezes. Retire a tampa e jogue fora os mariscos que ainda estiverem fechados. Peneire o caldo e reserve-o. Retire a carne dos mariscos das conchas.
3 Refogue os cubos de cenoura, o alho-poró e o aipo em uma colher (sopa) de azeite por cerca de cinco minutos, até que amoleçam. Adicione uma colher (chá) de *curry* em pó e o açafrão e cozinhe por alguns segundos. Em seguida, acrescente o vermute. Cozinhe até que o líquido obtenha uma consistência mais cremosa. Adicione o Caldo de Peixe e o caldo dos mariscos reservado e cozinhe até que o líquido esteja reduzido à metade. Acrescente o creme de leite fresco e ferva por cinco minutos. Tempere bem e acrescente os mariscos e o espinafre. Reaqueça e mantenha a "sopa" quente.
4 Polvilhe os filés de tamboril com sal e com o resto do *curry* em pó. Aqueça o restante do azeite em uma frigideira antiaderente e, quando estiver bem quente, frite os peixes, virando-os para que dourem de modo igual. Cozinhe-os por três ou quatro minutos de cada lado até que estejam macios, mas firmes quando pressionados com as costas de um garfo. Tempere de novo. Retire e deixe-os descansarem por três a quatro minutos. Depois, corte-os em medalhões, se preferir.
5 Divida a "sopa" em quatro pratos de sopa aquecidos. Coloque o tamboril por cima e sirva quente.

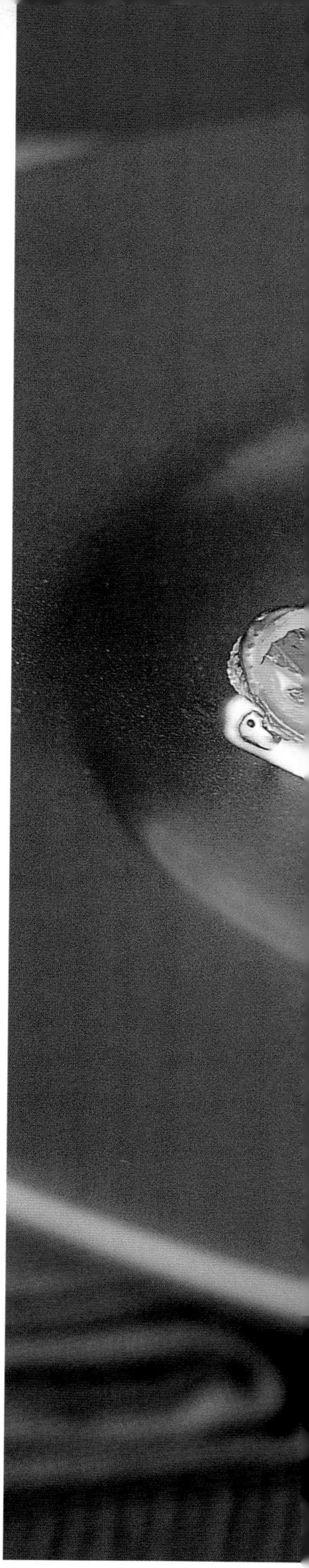

Peixe-galo com *ratatouille* de legumes e feijão-branco

Em geral, os ingleses veem beringelas, pimentões e abobrinhas como legumes do início do outono — quando cultivados naturalmente, eles são abundantes nessa estação do ano. Eu os misturo a um pouco de feijão-branco bem-cozido e os sirvo com alguns filés de peixe-galo frito. Esse peixe fica melhor se cozido com a pele — a carne se divide em três segmentos, então as escamas são necessárias para manter os filés inteiros. O molho é feito com Caldo de Galinha. Muitas vezes eu sirvo caldo de carne com algum peixe bem saboroso. A propósito: você pode cozinhar o dobro ou até o triplo de feijões e congelar o que não usar. Na cozinha, faz sempre mais sentido cozinhar uma porção maior. **SERVE 4 PORÇÕES COMO PRATO PRINCIPAL**

- 100 g de feijões-brancos secos, que tenham ficado de molho durante a noite
- ½ cebola pequena
- 1 cenoura pequena cortada ao meio
- 2 raminhos de tomilho fresco
- 1 beringela
- 2 abobrinhas médias
- 4 pimentões vermelhos
- 4 pimentões amarelos
- 3 colheres (sopa) de azeite de oliva
- 500 ml de Caldo de Galinha (p. 212)
- 150 ml de creme de leite fresco
- 4 filés de peixe-galo (com cerca de 120 g cada) com a pele
- sal marinho e pimenta-do-reino moída na hora

1 Escorra os feijões que ficaram de molho e coloque-os em uma panela com água fria. Deixe ferver por dez minutos. Em seguida, escorra e cubra-os com água fria. Adicione as cebolas, a cenoura e um raminho de tomilho. Deixe ferver e cozinhe por 45 a 55 minutos até que os feijões comecem a amolecer, mas ainda se mantenham inteiros. Escorra e descarte a cebola, a cenoura e o tomilho. Tempere os feijões enquanto esfriam.

2 Descasque a beringela, fazendo tiras de casca de 1,5 centímetro de espessura. Você tem que obter tiras bem coloridas do legume, mas com a casca. Jogue a polpa restante fora, ou a use para outra coisa. Corte as tiras de beringela em triângulos de cerca de 2,5 centímetros de lado. Faça o mesmo com as abobrinhas.

3 Descasque os pimentões inteiros usando um descascador de legumes. Corte a polpa em pedaços compridos e jogue as sementes fora. Corte os pedaços de pimentão em triângulos também.

4 Esquente duas colheres (sopa) de azeite em uma frigideira e refogue as beringelas em fogo baixo por cerca de três minutos. Adicione os pimentões e refogue-os por dois minutos. Em seguida, acrescente as abobrinhas e refogue-as por mais dois a três minutos. Tempere bem. Acrescente cerca de 100 ml de Caldo e adicione algumas das folhas restantes de tomilho. Ferva, sem tampar, até que o líquido reduza bem e consiga cobrir os legumes com uma camada brilhosa. Acrescente os feijões-brancos e reaqueça-os em fogo baixo.

5 Enquanto os legumes estiverem cozinhando, ferva o restante do Caldo até que esteja reduzido pela metade. Adicione o creme de leite e o restante das folhas de tomilho e cozinhe por cinco minutos. Tempere a gosto.

6 Por fim, esquente o restante do azeite em uma frigideira antiaderente grande. Tempere o peixe e cozinhe-o com o lado da pele para baixo por três minutos, até que doure. Vire os filés com cuidado e cozinhe do outro lado por dois minutos ou até que estejam firmes, mas ainda macios.

7 Divida os legumes em quatro pratos aquecidos, coloque um filé de peixe por cima de cada porção e espalhe o molho em torno deles.

Confit de coxas de pato

Há algo realmente chamativo nos patos que são cozidos em fogo baixo: eles ficam com a carne tão macia a ponto de derreter na boca e se soltar do osso sozinha. Eu uso o pato Gressingham, que tem uma carne um pouquinho magra e muito saborosa. Na Inglaterra, podemos comprar as coxas separadamente. Elas ficam ótimas quando preparadas como conservas em gordura de ganso e servidas com batatas fritas e uma salada de endívias. **SERVE 4 PORÇÕES COMO PRATO PRINCIPAL**

folhas de 1 raminho de tomilho fresco
4 coxas de pato (preferencialmente pato Gressingham)
cerca de 500 g de gordura de ganso
1 *bouquet garni* fresco (uma folha de louro pequena, um raminho de tomilho fresco, alguns ramos de salsa e folhas de aipo amarrados)
200 g de folhas de endívia
Molho Vinagrete Clássico (p. 213)
Batatas Fritas (veja Meu *Steak Tartare* Especial com Batatas Fritas na p. 197) para servir
sal marinho e pimenta-do-reino moída na hora

1 Esfregue as folhas de tomilho fresco nas coxas de pato e salpique-as com sal marinho. Deixe descansar em temperatura ambiente por uma hora para que sequem um pouco. Enquanto isso, preaqueça o forno a 160°C.
2 Coloque as coxas e a gordura de ganso em uma panela e aqueça em fogo baixo, retirando um pouco antes de começar a ferver. Transfira tudo para uma caçarola rasa e adicione o *bouquet garni*. Tampe e coloque no forno. Deixe assar em fogo baixo por uma hora e meia, até que você possa soltar o osso da coxa com facilidade. Isso indica que a carne está bem macia.
3 Escorra as coxas e enxugue-as com papel toalha. Peneire a gordura e reserve-a para refogar batatas e usar em outros pratos — fica delicioso. Aqueça uma frigideira de fundo grosso seca e, quando estiver quente, cozinhe as coxas com o lado da pele para baixo para deixá-la crocante. Tome cuidado para não queimar.
4 Regue as endívias com um pouco de vinagrete e passe-as para o centro de quatro pratos. Arrume as batatas fritas em torno das folhas e coloque as coxas de pato tostadinhas em cima das verduras.

Lombo de coelho com nhoque de ervas

Este é um bom prato típico do interior, mas servido com estilo. Da mesma forma que o pato, você pode cozinhar o coelho em gordura de ganso até que a carne fique deliciosamente macia. Depois de cozida, a carne pode ser servida com um nhoque de batatas caseiro e alguns tomates assados no forno. É um ótimo prato para um almoço mais demorado. **SERVE 4 PORÇÕES COMO PRATO PRINCIPAL**

1 lombo de coelho (de cerca de 500 g)
1 colher (sopa) de azeite de oliva
folhas de 1 raminho fresco de alecrim picadas
400 g de gordura de ganso
folhas mistas de verduras para acompanhar
sal marinho e pimenta-do-reino moída na hora

Nhoque
2 batatas grandes com alto teor de matéria seca (como a Desirée ou a Maris Piper, com cerca de 400 g cada)
160 g de farinha de trigo
1 colher (chá) de sal marinho refinado
1 ovo orgânico grande
1 colher (sopa) de manjericão fresco picado
1 colher (sopa) de salsa fresca picada
3 a 4 colheres (sopa) de azeite de oliva

1 Corte dois filés do lombo de coelho. Embrulhe-os com cuidado com papel filme e leve-os à geladeira por 24 horas.
2 No dia seguinte, desembrulhe os filés de coelho e unte-os cuidadosamente com um pouco de azeite. Em seguida, salpique-os com um pouco de sal e folhas de alecrim picadas. Deixe descansar por uma hora.
3 Coloque o coelho e a gordura de ganso em uma panela rasa de fundo grosso. Deixe ferver e baixe o fogo para a menor temperatura possível — o mínimo que puder já estará bom. Cozinhe por cerca de uma hora, uma hora e quinze minutos, ou talvez um pouco mais, até que a carne esteja macia. Deixe que o coelho esfrie na gordura, depois, retire-o da panela e enxugue-o com papel toalha. Guarde a gordura para usar em outras receitas.
4 Enquanto o coelho estiver cozinhando, prepare o nhoque. Preaqueça o forno a 180°C. Asse as batatas por cerca de uma hora até que estejam bem cozidas (assá-las mantém as batatas secas). Deixe-as esfriar, retire a casca e amasse os legumes — ou passe-os por um espremedor de batatas. Acrescente a farinha, o sal, o ovo e as ervas. Misture três colheres (sopa) de azeite aos poucos no purê até obter uma massa firme, mas ainda macia.
5 Passe a massa para uma superfície de trabalho levemente polvilhada com farinha e trabalhe-a até que fique homogênea. Enrole-a na forma de um charuto longo, embrulhe-a em papel filme e deixe que descanse e esfrie.
6 Coloque uma panela grande de água salgada para ferver e adicione o restante do azeite. Usando as costas de uma faca, corte pedaços de três centímetros do charuto. Isso ajuda a amassar as pontas para obter o formato tradicional de nhoque (veja fotos dessa técnica na p. 220). Jogue-os imediatamente na água fervente e cozinhe-os por cerca de três minutos.
7 Deixe uma tigela de água gelada pronta. À medida que cada porção de nhoque cozinhar, retire-a com uma escumadeira e mergulhe-a imediatamente na água gelada. Deixe os nhoques esfriarem por um ou dois minutos, escorra bem e enxugue-os com papel toalha.
8 Quando estiver pronto para servir, preaqueça uma grelha. Quando estiver quente, doure os filés de coelho dos dois lados. Enquanto isso, aqueça um pouco de azeite ou gordura de ganso em uma frigideira e frite os nhoques cozidos por três a quatro minutos até que estejam bem crocantes de todos os lados. Enxugue-os em toalhas de papel.
9 Corte cada filé de coelho em dois diagonalmente e sirva com o nhoque e uma salada de folhas.

Alcatra de vitela com fricassê de cogumelos-*porcini* e repolho

Este é um prato ideal para festas. Você pode cozinhar os legumes antes e requentá-los enquanto frita uma alcatra de vitela macia e magra pouco antes de servir. Alcatras de vitela, um corte da parte de cima da perna de novilhos, ficam melhores se marinadas por pelo menos seis horas antes de serem cozidas. **SERVE 4 PORÇÕES COMO PRATO PRINCIPAL**

4 bifes de alcatra de vitela (com cerca de 120 g cada)
4 colheres (sopa) de azeite de oliva
1 folha de louro grande amassada
2 raminhos de tomilho fresco
200 g de cogumelos-*porcini* grandes e frescos com o cabo aparado
2 tomates italianos médios sem pele nem sementes
1 repolho crespo médio
50 g de manteiga
2 colheres (sopa) de cebolinha-miúda fresca picada
3 colheres (sopa) de Molho Vinagrete Clássico (p. 213)
sal marinho e pimenta-do-reino moída na hora

1 Corte os bifes para deixá-los com as bordas retas, caso necessário. Coloque-os em um prato raso e regue--os com metade do azeite. Enfie a folha de louro amassada e as folhas de um raminho de tomilho entre os bifes. Deixe marinar na geladeira por seis horas.
2 Corte os cogumelos-*porcini* em fatias iguais, mas não muito finas. Pique bem os tomates. Corte o repolho em quatro e descarte a primeira camada de folhas exteriores. Corte o miolo do repolho e rasgue bem as folhas.
3 Coloque uma panela grande de água com sal para ferver e escalde o repolho por dois minutos. Escorra e esfrie-o em água corrente fria. Em seguida, seque-o bem. Esquente a manteiga na mesma panela e adicione as folhas do segundo raminho de tomilho. Refogue por alguns segundos e acrescente o repolho aferventado. Mexa bem e cozinhe por mais dois minutos até que fique bem-coberto de manteiga e cozido. Tempere bem e reserve.
4 Esquente o azeite restante em uma frigideira e refogue por cerca de cinco minutos os cogumelos-*porcini* fatiados, até que estejam levemente dourados e comecem a amolecer. Acrescente os tomates em cubos e a cebolinha-miúda e tempere. Misture tudo com o repolho. Mantenha quente.
5 Esquente uma frigideira antiaderente grande. Retire os bifes de vitela do prato e escorra. Tempere-os levemente. Cozinhe os bifes por dois ou três minutos de cada lado até que a carne pareça firme, mas ainda macia, quando pressionada com as costas de um garfo. Cuidado para não cozinhar além da conta — vitelas devem ser servidas ao ponto. Retire do fogo e deixe que descansem por alguns minutos. Acrescente o vinagrete à panela para misturá-lo ao caldo da carne.
6 Para servir, divida os legumes entre quatro pratos. Corte os bifes na diagonal em fatias finas e coloque-os por cima dos legumes. Cubra com o caldo da panela e sirva.

Moleja com marmelada de chalotas e cogumelos

Poucas donas de casa usam moleja ao cozinhar hoje em dia, o que é uma pena. Preparada assim, ela fica deliciosamente cremosa por dentro, e com uma cobertura crocante. Sempre que incluo este prato no cardápio ele logo ganha fama, por isso sei que existem pessoas que adoram comê-lo. Compre a moleja produzida pelo pâncreas. Algumas receitas recomendam que você afervente a carne primeiro e depois retire a membrana que a envolve. Eu acho que é mais fácil usar uma faca fina e muito afiada. Compre um par de molejas para cada duas pessoas. **SERVE 4 PESSOAS COMO PRATO PRINCIPAL**

2 pares de molejas (com 250 a 300 g cada)
1 colher (chá) de *curry* suave em pó
2 colheres (sopa) de azeite de oliva
50 ml de Molho Vinagrete Clássico (p. 213)
200 g de rúcula-selvagem
sal marinho e pimenta-do-reino moída na hora

Marmelada
250 g de chalotas grandes cortadas em fatias finas
4 colheres (sopa) de azeite de oliva
1 colher (sopa) de açúcar demerara
½ colher (chá) de folhas de tomilho frescas
2 colheres (sopa) de vinagre de xerez
50 ml de Molho Vinagrete Clássico (p. 213)
150 g de de cogumelos-do-choupo cortados em fatias finas

1 Antes de tudo, prepare a marmelada. Refogue as chalotas em duas colheres (sopa) de azeite por dez minutos. Em seguida, acrescente o açúcar e continue cozinhando até que as chalotas fiquem caramelizadas, suculentas e macias. Adicione o tomilho, o vinagre de xerez e o vinagrete. Tempere.
2 Em uma panela separada, aqueça o restante do azeite e, quando estiver quente, refogue os cogumelos por cerca de cinco minutos até que amoleçam. Tempere e misture-os às chalotas. Reserve.
3 Retire as membranas das molejas usando a ponta de uma faca muito afiada e fazendo um movimento de serra. Corte cada par de moleja em dois e polvilhe-os levemente com sal e o *curry* em pó.
4 Esquente o azeite em uma frigideira e cozinhe as molejas por sete a oito minutos, virando uma ou duas vezes. Garanta que o exterior esteja bem crocante. Regue com metade do vinagrete e continue cozinhando por alguns minutos, mexendo sempre para cobrir as molejas levemente com o caldo da frigideira. Retire-as do fogo e enxugue-as em papel toalha.
5 Misture a rúcula com o restante do vinagrete e tempere bem. Divida a marmelada em quatro pratos e coloque a rúcula com molho por cima. Ponha as molejas sobre a rúcula e sirva imediatamente.

Frutas de outono assadas

Escolha uma boa variedade das melhores frutas frescas da estação e transforme-as em uma nova salada de frutas com estilo! As frutas ficam com um sabor caramelizado delicioso se misturadas com açúcar de confeiteiro e depois assadas em uma frigideira bem quente. A salada fica absolutamente fabulosa com creme de leite fresco. SERVE 4 A 6 PORÇÕES

50 g de açúcar refinado
1 copo pequeno de champanhe ou qualquer outro espumante seco
2 peras Conference grandes
4 ameixas vermelhas grandes
2 maçãs Cox
um bom punhado de amoras ou de oxicocos frescos
25 g de açúcar de confeiteiro
2 colheres (sopa) de *eau-de-vie*, conhaque ou uísque

1 Dissolva o açúcar refinado em 100 ml de água e ferva a mistura por três minutos. Retire do fogo e adicione o champanhe ou o espumante. Passe para uma tigela grande e reserve.
2 Descasque e retire as sementes das peras, depois fatie ou pique-as. Faça o mesmo com as ameixas e as maçãs, mas sem descascá-las.
3 Aqueça uma frigideira antiaderente grande até que esteja bem quente. Enquanto isso, misture todas as frutas em uma tigela e acrescente o açúcar de confeiteiro.
4 Frite as frutas cobertas de açúcar na frigideira quente por cerca de um minuto. Depois, adicione a *eau-de--vie* ou outra bebida e cozinhe por um ou dois minutos, até que o líquido evapore.
5 Misture as frutas quentes com o xarope de champanhe. Deixe que esfriem e leve à geladeira por um pouco de tempo. Sirva com chantili e biscoitos finos e crocantes como as *Tuiles* de Coco (p. 215).

Suspiros com creme de baunilha e frutas vermelhas de outono

Esta é uma receita para aqueles que são loucos por doces, especialmente por pudins cremosos. Faça rodelas de suspiro crocante por fora e cremosas por dentro e, para incrementá-las, cubra as bases com chocolate. Prepare sanduíches com chantili e frutas vermelhas amassadas — uma mistura dos últimos morangos e framboesas que você conseguir no fim do verão, algumas amoras e um punhado de bagas de sabugueiro.

SERVE 6 PORÇÕES

4 claras de ovos orgânicos grandes
uma pitada de sal marinho refinado
250 g de açúcar refinado e duas colheres (chá) extras para o creme
100 g de chocolate amargo (opcional)
1 fava de baunilha cortada ao meio
cerca de 300 ml de creme de leite fresco
200 g de uma mistura de morangos, framboesas, amoras e bagas de sabugueiro grosseiramente amassados
1 manga pequena madura, descascada e picada

1 Antes de qualquer coisa, prepare o suspiro. Coloque as claras de ovo e o sal em uma tigela grande bem limpa. Usando uma batedeira, comece a bater devagar e aumente a velocidade gradualmente. Bata até que as claras fiquem em neve, bem firmes e brilhantes, mas não secas e granulosas. Acrescente uma ou duas colheres (sopa) de açúcar. Quando estiverem bem-misturadas às claras em neve, acrescente outra colherada. Continue acrescentando o açúcar e batendo até que os 250 g tenham sido adicionados. Passe a mistura de suspiro para um saco de confeiteiro com um bico comum de 1,5 a 2 centímetros de diâmetro.
2 Preaqueça o forno na temperatura mais baixa (por volta de 140°C). Forre uma assadeira (ou duas) com papel-manteiga ou use uma placa de silicone própria para forno. Faça círculos concêntricos de 12 centímetros com a mistura. Procure deixá-los com cerca de um centímetro de espessura. Você deve fazer pelo menos 12 discos.
3 Asse os suspiros por uma hora e meia a duas horas, até que o exterior esteja firme e crocante, mas o interior ainda se mantenha um pouco mole. Passe a assadeira para uma grelha. Depois de dez minutos, retire os suspiros do papel ou da placa de silicone e passe-os para a grelha para que esfriem completamente.
4 Derreta o chocolate, caso vá usá-lo, em uma panela em banho-maria ou no micro-ondas. Deixe que esfrie um pouco e espalhe-o na parte de baixo dos suspiros. Coloque-os de cabeça para baixo na grelha.
5 Abra a fava de baunilha no comprimento e misture as pequenas sementes grudentas no creme de leite. Adicione duas colheres (chá) de açúcar e bata até que fique grosso e homogêneo, mas ainda não em ponto de chantili. Acrescente creme suficiente às frutas para que elas se mantenham juntas.
6 Pouco antes de servir, faça sanduíches usando dois suspiros e o creme de frutas como recheio.

Torta de maçã caramelizada

Preparar uma torta de frutas com massa crocante e frutas tenras pode ser difícil. A solução é assá-la de cabeça para baixo, para que o caldo da fruta não vaze para a massa, a contaminando e a deixando murcha. O ideal é preparar esta torta em uma forma de metal rasa que possa ir ao forno, como uma forma para gratins, paella *ou para* tarte tatin. *No restaurante, fazemos tortas individuais e as decoramos com uma fava de baunilha aberta polvilhada com açúcar de confeiteiro. Sirva com algumas bolas de um sorvete de baunilha bem gostoso ou experimente preparar o Sorvete de Tomilho Caseiro (p. 214), o Sorvete de* Fromage Blanc *(p. 215), o Sorvete de Limão (p. 215) ou* quenelles *de mascarpone ou creme de Devonshire.* **SERVE 2 A 3 PORÇÕES**

3 maçãs Cox grandes
300 g de Massa Folhada (p. 214)
40 g de manteiga sem sal fria cortada em fatias finas
80 g de açúcar refinado misturado a
¹/₄ colher (chá) de pó chinês das cinco especiarias

1 Cerca de quatro horas antes de iniciar o preparo, corte as maçãs em quatro, retire as sementes e descasque-as. Deixe os pedaços descobertos para que eles oxidem e desidratem um pouco. Não se preocupe se eles escurecerem, porque serão cobertos de caramelo, de qualquer forma.
2 Abra a massa e corte um círculo de 23 a 24 centímetros de diâmetro (supondo que você vai fazer uma torta de 20 a 21 centímetros de diâmetro). Talvez seja mais fácil usar uma forma de bolo redonda como molde. Espete um pouquinho a massa com a ponta de uma faca afiada e leve à geladeira por uma ou duas horas.
3 Preaqueça o forno a 200°C. Quando estiver pronto para cozinhar, faça uma camada de fatias finas de manteiga na base da forma e polvilhe tudo com o açúcar temperado. Aperte os pedaços de maçã sobre a manteiga, com o lado da casca para baixo, arrumando-as em um círculo com um dos pedaços no meio.
4 Coloque a forma em uma boca do fogão sobre fogo médio. Depois de alguns minutos, comece a girar a forma para que a manteiga e o açúcar dissolvam e se misturem. Levante a forma de vez em quando para garantir que o caramelo esteja se formando. Cozinhe a mistura por dez minutos e retire do fogo.
5 Coloque a massa na forma e enfie as bordas para dentro, pressionando-as com um garfo. Coloque o recipiente no forno (cuidado porque o caramelo vai estar quente e pode escorrer pelo seu braço — evite ficar com aqueles típicos braços de chef!). Asse por cerca de 15 minutos até que a massa fique dourada e crocante. Retire do fogo e deixe que esfrie antes de virá-la em uma bandeja maior. Caso o caramelo grude, esquente a torta por alguns minutos para que derreta.

Bolo de pera, mel e lima

Eu adoro bolos caseiros, e este está virando um dos favoritos da minha família. É uma combinação do pão de ló vitoriano tradicional com a tarte bourdaloue *francesa. Coma no lanche da tarde ou sirva quente com creme de leite na hora da sobremesa.* SERVE 6 PORÇÕES

50 g de manteiga sem sal
3 peras Comice descascadas, sem sementes e cortadas ao meio
5 colheres (sopa) de mel de flores *light*
raspas e suco de 2 limas
1 fava de baunilha
100 ml de *eau-de-vie* de pera

Bolo
175 g de manteiga sem sal amolecida à temperatura ambiente
175 g de açúcar refinado
1 colher (chá) de fermento em pó
uma boa pitada de sal
4 ovos grandes orgânicos batidos
175 g de farinha de trigo peneirada

1 Derreta os 50 g de manteiga em uma panela rasa e cozinhe as peras por cerca de cinco minutos até que dourem levemente, virando-as uma ou duas vezes. Acrescente o mel, o suco de lima e a fava de baunilha. Cozinhe por dois ou mais minutos e acrescente a *eau-de-vie*. Retire do fogo e deixe que as peras fiquem mergulhadas no xarope por cerca de três horas, até que esfriem.
2 Para fazer a massa do bolo, bata a manteiga e o açúcar com as raspas de lima até obter uma mistura homogênea. Em seguida, acrescente o fermento e o sal. Adicione os ovos batidos aos poucos. Depois, usando uma colher de metal grande, acrescente a farinha peneirada. Cubra a tigela com papel filme e reserve para que descanse por 45 minutos.
3 Quando estiver pronto para cozinhar, preaqueça o forno a 200°C. Unte e forre uma forma de bolo de 23 centímetros de diâmetro que tenha cerca de seis centímetros de profundidade.
4 Escorra as peras, deixando-as secar. Reserve o xarope concentrado. Corte três dos pedaços em fatias iguais, mantendo-as presas na ponta, no formato de metades de peras. Pique o restante dessas frutas e misture-as à massa do bolo. Passe a massa para a forma, nivele a parte de cima e coloque as peras fatiadas por cima.
5 Asse por dez minutos. Baixe a temperatura do forno para 150°C e continue assando por 45 a 50 minutos até que a parte de cima do bolo esteja firme, mas ainda macia. Para ver se o bolo já está cozido, enfie um palito de dente no meio da forma. Ele deve sair limpo. Deixe que o bolo esfrie por 15 minutos ainda na forma e passe-o para uma grelha para que esfrie completamente.
6 Se preferir, espete o bolo algumas vezes e regue-o com quatro a seis colheres (sopa) do xarope de pera. Pincele a parte de cima das peras fatiadas com um pouco de xarope antes de servir.

Pudim de pera e *frangipane*

Esta sobremesa clássica faz invariavelmente muito sucesso... melhor ainda: ela é fácil de preparar. Eu sempre abro muito mais massa do que preciso para forrar a forma, permitindo que ela encolha. Dessa maneira, o recheio pode ser colocado até o topo da forma, sem que pingue ou vaze. Sirva quente com crème fraîche *ou com um pouco de creme de leite fresco.* **SERVE 6 PORÇÕES**

3 peras firmes de mesmo tamanho (como a Williams ou a Comice)
600 ml de Concentrado de Limão (p. 214)
1 fava de baunilha aberta

Massa
100 g de manteiga sem sal amolecida à temperatura ambiente
70 g de açúcar refinado
1 fava de baunilha
1 ovo orgânico médio batido
200 g de farinha de trigo peneirada com uma boa pitada de sal marinho refinado

Recheio
100 g de amêndoas moídas
100 g de açúcar refinado
100 g de manteiga sem sal
20 g de farinha de trigo
2 ovos orgânicos grandes batidos
2 colheres (sopa) de rum
um pouco de açúcar de confeiteiro com um raminho de alecrim fresco

1 Primeiro, ferva as peras. Descasque-as, corte-as ao meio e retire as sementes. Coloque o Concentrado de Limão para ferver, adicione a baunilha e acrescente as peras. Baixe o fogo e ferva por 10 a 12 minutos até que amoleçam. Retire do fogo, escorra e deixe esfriar. O xarope pode ser peneirado, esfriado e levado à geladeira para ser reutilizado.

2 Agora prepare a massa. Bata a manteiga com o açúcar até obter uma mistura homogênea e cremosa. Abra a fava de baunilha e retire as sementes com a ponta de uma faca afiada. Adicione-as à mistura. Acrescente o ovo batido e a farinha, um de cada vez, até obter uma massa homogênea. Sove-a levemente. Depois, embrulhe-a em papel filme e leve à geladeira por mais ou menos 20 minutos.

3 Abra a massa do modo mais fino possível para obter um círculo de cerca de 30 centímetros de diâmetro, grande o suficiente para forrar uma forma de pudim de 21 centímetros de diâmetro e profundidade entre 2,5 e 3 centímetros, com bastante folga. Você pode fazer isso em uma superfície de trabalho levemente polvilhada com farinha de trigo ou entre duas folhas de papel filme polvilhadas com a mesma farinha. Levante a massa com o rolo de macarrão e passe-a para a forma de pudim (ou uma forma de bolo posta dentro de uma assadeira rasa e pesada). Pressione bem a massa contra o fundo e os lados da forma e junte ou cubra qualquer buraco com pedacinhos de massa restantes. Não apare a sobra das bordas. Coloque a forma em uma assadeira.

4 Coloque uma folha grande de papel-alumínio na forma com a massa, deixando que cubra bem os lados. Cubra-a com feijões. Leve à geladeira por 20 minutos enquanto você preaquece o forno a 180°C.

5 Asse a massa coberta por 15 minutos. Retire o papel-alumínio e os feijões e asse por mais cinco minutos. Agora apare a sobra das bordas, usando uma faca afiada e reserve.

6 Coloque todos os ingredientes do recheio (exceto o açúcar com alecrim) em um processador de alimentos e bata até obter uma mistura homogênea e cremosa. Passe-a para a forma com a massa e nivele a parte de cima. Pressione de leve as peras secas contra a superfície em um círculo, com o lado redondo para cima. Asse por 35 a 40 minutos até que o recheio esteja firme e volte à posição inicial quando pressionado. Deixe que esfrie até ficar morna.

7 Sirva fatias polvilhadas com o açúcar com alecrim.

Arroz-doce cremoso com frutas de outono

Recuso-me a inventar desculpas — esta é uma sobremesa encorpada, mas que vale cada garfada doce e cremosa. Sirva-a quente ou fria (desse último modo, ela pode ser servida como bolas de sorvete ou quenelles). As frutas dão ao prato um ótimo contraste em termos de cor e sabor. **SERVE 4 A 6 PORÇÕES**

3 ameixas vermelhas grandes, sem sementes e fatiadas
1 pera grande descascada, sem sementes e fatiada
2 colheres (sopa) de açúcar de confeiteiro
100 ml de Concentrado de Limão (p. 214) ou suco de maçã
125 g de amora
1 fava de baunilha
300 ml de leite integral
300 ml de creme de leite fresco
150 g de arroz de grãos redondos
6 gemas de ovos orgânicos
150 g de açúcar refinado

1 Comece esta receita assando as frutas. Aqueça uma frigideira antiaderente limpa até que fique bem quente. Misture as ameixas e peras ao açúcar de confeiteiro e cozinhe as frutas rapidamente na frigideira quente até que comecem a caramelizar. Isso vai demorar alguns minutos. Retire do fogo e misture com o Concentrado de Limão ou o suco de maçã e as amoras. Reserve para que esfrie.
2 Abra a fava de baunilha e, com a ponta de uma faca afiada, retire as sementes. Adicione-as, junto com a fava da baunilha, ao leite e ao creme de leite em uma panela de fundo grosso. Deixe ferver em fogo baixo até que o líquido comece a subir pelos lados da panela.
3 Acrescente o arroz e deixe ferver, mexendo de vez em quando. Cozinhe em fogo baixo, sem tampar a panela, por cerca de 20 minutos, até que o arroz amoleça e absorva a maior parte do líquido.
4 Bata as gemas de ovo e o açúcar refinado até obter uma mistura cremosa e homogênea em um refratário grande posto sobre um pano molhado para que se mantenha firme. Acrescente o arroz quente aos poucos, mexendo sempre. Devolva tudo à panela e mexa em fogo baixo por cerca de cinco minutos, até que comece a engrossar. Não deixe o arroz-doce esquentar demais, ou ele poderá talhar. Deixe que esfrie, mexendo de vez em quando para evitar que uma película se forme por cima do doce. Nós esfriamos nossos arrozes-doces rapidamente em uma tigela de gelo.
5 Sirva quente ou frio com as frutas e regado com um pouco do xarope de seu cozimento.

inverno

Surpreendentemente, o inverno pode ser uma ótima estação para vários alimentos. Raízes e brássicas estão em seu auge, é temporada de várias carnes de caça, além de os peixes de águas geladas estarem carnudos e saborosos. Além disso, agora que o transporte aéreo é tão rápido e eficiente, podem-se obter frutas e legumes frescos de ótima qualidade vindos direto do hemisfério sul. É a melhor maneira de termos realmente o melhor dos dois mundos.

A baixa temperatura pode estragar alguns legumes, mas me parece enriquecer as características de algumas verduras, como o **repolho** e a couve. Meus repolhos favoritos são o crespo e o chinês. Ambos permanecem bem-conservados no refrigerador. Nós usamos as folhas verde-escuras externas dos repolhos crespos para embrulhar almôndegas feitas com rabada moída ou *confit* de pato. Também secamos as folhas externas maiores e as utilizamos como um acompanhamento crocante para as molejas. Para isso, as folhas são refogadas inteiras, colocadas entre assadeiras de metal forradas com papel-manteiga e assadas na menor temperatura do forno por cerca de 45 minutos. As folhas de repolho-chinês ficam maravilhosas com peixe assado ou cozido. Pode-se cortar as folhas em tiras bem finas, refogá-las na manteiga com pontas de tomilho e acrescentar uma concha de Caldo de Galinha para umedecê-las um pouco. Elas podem ser preparadas com antecedência e reaquecidas antes de servir.

Outra ótima verdura folhosa dos meses de inverno é a **acelga**, que eu prefiro chamar pela denominação francesa: *blette*. As duas partes dessa verdura são preparadas separadamente — as folhas do topo são tratadas como o espinafre, e o talos de baixo, como o aipo. Eles normalmente precisam ser descascados antes de serem cortados em bastões e refogados. A acelga combina com carne de caça. Eu também gosto de servi-la com robalo e um molho de manteiga aromatizado com baunilha (uma das minhas primeiras especialidades no Aubergine).

Os escoceses adoram **rutabaga** — tenho lindas recordações do purê dourado na manteiga da minha mãe —, e ela é conhecida em muitas outras partes do mundo. Na França, no entanto, as rutabagas e outras raízes são tradicionalmente dadas aos porcos. Os ingleses podem até achar isso engraçado, mas devo dizer que os franceses também criticam nossa relação com o salsão e a beterraba. O sabor levemente doce e almiscarado da rutabaga combina com aves de caça como pombos fritos e galinha-d'angola assada, além de ficar muito bom com peixes saborosos — uma vez fiz muito sucesso ao prepará-la com um filé de lucioperca, um peixe do tipo perca muito popular na Europa. Nós cozinhamos as rutabagas em um molho amanteigado e depois as batemos até obtermos um purê homogêneo. Em seguida, levamos o purê ao fogo de novo para que ele seque um pouco. A rutabaga é encorpada o suficiente para dar o ponto de purê, não precisando de batatas para engrossar.

A **couve-rábano**, de aparência estranha, pode até ser um objeto de curiosidade para muitos de nós, mas acreditem em mim: o sabor não pode ser comparado ao de nenhuma outra raiz. Ela é parecida com o nabo, mas é mais doce e delicada. Acho que as couves-rábanos ficam melhores se cortadas em cubos e refogadas em azeite com um pouco de Caldo de Galinha *Light* até começarem a amolecer. Sendo preparada desta maneira, ela vai bem com carnes de caça leves e também pode virar uma leve sopa cremosa.

Nós costumamos nem dar atenção às **batatas "velhas"** de inverno, e simplesmente as compramos em supermercados sem nos importar com sua procedência e outras características, nem escolher muito. Mas, se você passar um pouco de tempo verificando a variedade, pode obter batatas de melhor sabor ou mais apropriadas para certos modos de preparo, como assar ou cozinhar. Vale a pena pagar alguns centavos a mais por quilo pelos melhores legumes. Afinal, uma boa batata é o alimento com melhor custo/benefício. A King Edwards, a Desirée e a Maris Pier são as "aristocratas" do mundo das raízes e boas para qualquer uso. Caso você queira fazer um purê maravilhoso, experimente cozinhá-las com a casca sobre uma camada de sal grosso. Quando amolecerem, corte-as ao meio, retire a polpa e amasse-as até obter um purê homogêneo. Misture com creme de leite *light* batido e uma boa colherada de manteiga e tempere bem — purê de batatas insosso é sempre uma decepção. Eu gosto de servir batatas fritas grossas com *steak tartare* — outro exemplo de como este humilde legume pode se tornar um prato delicioso —, e preparo uma sopa cremosa simples de batatas misturando-as com tiras finas de trufas negras.

Um legume de inverno apreciado tanto pelos chefs franceses quanto ingleses é o **salsifi** (veja fotografias da p. 165). As donas de casa também estão começando a descobrir os prazeres de trabalhar com ele. Essas raízes estranhas, escuras, finas e com forma de charuto realmente não parecem muito apetitosas, mas, se você as descascar, vai encontrar uma polpa clara e creme que se parece com o aspargo branco. O salsifi tem um sabor robusto e forte. Quando ele é descascado, precisa ser mergulhado em água com limão, porque escurece rapidamente. Depois de aferventá-lo, você pode cortar os caules na

forma de losangos finos e refogá-los em azeite de oliva e manteiga até que dourem levemente. O salsifi fica fantástico com pato, vitela e peixes achatados, como o rodovalho.

Apesar de ser vendido durante quase todo o ano, o **alho-poró** é associado com mais frequência a pratos de inverno. Na verdade, os alhos-porós ficam melhores no inverno porque seus miolos endurecem e não precisamos desperdiçar nenhuma parte deles. As folhas externas mais largas são usadas de muitas maneiras na nossa cozinha. As mais duras são utilizadas para amarrar *bouquets garnis*, e as folhas grandes da parte interna tornam-se uma decoração atraente: nós as cortamos em tiras finas, as fritamos e assamos no forno em fogo baixo, mexendo bem enquanto secam para que fiquem um pouco "bufantes". Também fazemos conservas com os bastões da parte interna do alho-poró (além de com minialhos-porós) cozinhando-os em gordura de ganso por cerca de oito minutos. Em seguida, os escorremos e grelhamos até que fiquem crocantes do lado de fora. O alho-poró combina bastante com a maioria dos sabores, mas eu adoro salpicar uma ou duas pitadas de açafrão em pó em cima deles enquanto douram em um caldo amanteigado ou cozinham para criar uma sopa de alho-poró. Os minialhos-porós ficam ótimos aferventados inteiros e servidos com um molho amanteigado de limão.

Caso esteja procurando um salgadinho de legume diferente, experimente as folhas do alho-poró. Abra a parte branca do legume e corte as camadas em quadrados grandes o suficiente para serem mordidos. Afervente-os para que amoleçam, enxugue-os e pincele cada lado com óleo de trufas. Seque-os no forno em temperatura bem baixa até que fiquem crocantes. Eles com certeza serão motivo de comentários em qualquer festa, eu garanto.

Algumas verduras podem ser usadas dos dois jeitos: tanto quentes quanto frias. Uma delas é a **chicória** (ou endívia, como é conhecida na Europa). Apesar de ser normalmente usada em saladas no Reino Unido, nós as servimos cozidas na minha cozinha. Elas ficam melhores se caramelizadas em azeite quente com açúcar, sal e uma ou duas pitadas de pó chinês das cinco especiarias (anis-estrelado, cravo-da-índia, canela, pimenta-de-sichuan e funcho). Depois disso, elas podem ser umedecidas com suco de laranja fresco e um pouco de Caldo de Galinha, cobertas com papel-manteiga e assadas em fogo médio por cerca de 15 minutos, até começarem a amolecer. As chicórias assadas ficam ótimas com peixe, frango e coelho. Eu também gosto de fazer "leques" de chicória (com a mesma técnica usada nos leques de funcho da p. 136).

O que qualquer bom chef faria sem as **lentilhas *du Puy***? Na França, berço desses legumes, elas têm até uma feira própria. As possibilidades de preparo das lentilhas *du Puy* são infinitas. Elas ficam fantásticas em sopas, como no nosso famoso *cappuccino* de lentilhas com lagostim; ótimas quando misturadas a uma *brunoise* de cenouras, aipo e cebolas e servida como "decoração" de pratos de carneiro, e maravilhosas num vinagrete servido com pombo. Marcus Wareing, meu chef principal no Petrus, criou uma maneira criativa de servir lentilhas com pétalas de cebola assadas e aromatizadas com óleo de trufa. Nós também usamos um purê fino de lentilhas para engrossar sopas e molhos *velouté*, apesar de ele escurecer um pouco a cor dos pratos. Caso você não consiga comprar lentilhas *du Puy*, as lentilhas maiores e mais verdes do Canadá são boas substitutas.

Abrir uma **ostra** é certamente uma arte e, depois que você a aprende, deve aperfeiçoá-la com muita prática! (As duas outras características essenciais em um bom chef são: saber cortar um robalo em filés e preparar uma alcachofra.) Você nunca deve tentar abrir uma ostra pelo lado, e, sim, pela "dobradiça" da ponta. Dê várias voltas com um pano de prato em sua mão e segure a ostra com a concha menos curva para cima. Pegue uma faca firme com uma boa ponta (a faca clássica para abrir ostras, se possível) e a enfie de modo firme, mas não violento, na ponta da "dobradiça". Balance-a de um lado para o outro, e você vai senti-la "relaxar" quando o tendão que prende as conchas for cortado. Empurre um pouco mais a ponta da faca para dentro da ostra e vire-a para abrir a concha. Dentro dela, você vai encontrar a ostra e o caldo. Sempre reserve o caldo. Passe a faca por debaixo da ostra para soltar o músculo e pronto. Um bom abridor de ostras não deixa pedaços de concha dentro dela, apesar de eu perdoar algumas falhas em novatos. A essência do procedimento não é a velocidade, mas o cuidado. Quando cozinhamos ostras, nós apenas as fervemos no próprio caldo com um pouco de Caldo de Legumes e alguns anises-estrelados inteiros. Os sabores aromáticos defumados se misturam com perfeição. O inverno é a temporada das ostras nativas. Elas são mais difíceis de abrir do que as ostras mais comuns do Pacífico, por causa de suas conchas enrugadas.

Existem muitos peixes que são mais associados ao inverno do que aos dias mais quentes. O primeiro que vem à mente da maioria das pessoas é o **bacalhau**. Isso talvez porque, ao ser servido assado com um purê cremoso, ele se torna o alimento mais reconfortante possível. Eu associo o bacalhau com o inverno porque essa era a época em que eu costumava ir pescá-lo em uma praia do oeste da Escócia com meu pai. De qualquer forma, apesar de pescar um peixe grande gerar uma ótima sensação, qualquer desses bichões do mar com mais de cinco quilos é mole demais para continuar inteiro depois que vai para a panela. Os pedaços dos peixes são gordos demais, apesar de o sabor ainda ser fantástico. Em vez disso, na minha cozinha, gostamos de usar bacalhaus menores, entre um e meio e dois quilos. Depois de preparar os filés, a melhor maneira de cozinhar bacalhau é do lado da pele em uma frigideira bem quente para que ela fique muito crocante. Em seguida, sirva com um purê

com bastante alho ou um vinagrete de lentilhas *du Puy*. (Falando nisso, quando você cozinhar a pele do bacalhau, confira se as escamas menores saíram. Elas costumam ficar grudadas.)

Hoje, nos melhores restaurantes, o **rodovalho** está se tornando tão conhecido quanto o linguado. É um peixe forte, e por isso aguenta uma marinada de vinho tinto e molhos encorpados feitos com Caldo de Galinha ou de vitela. No entanto, ele ainda mantém uma textura mais leve na boca. Os rodovalhos normalmente são maiores do que os linguados, mas, quando são pequenos, é difícil diferenciá-los. Caso você compre um peixe inteiro, vire-o de cabeça para baixo e procure as "ostras" perto do osso da mandíbula. Corte-as em filés com uma faca afiada e frite-as como se fossem vieiras — elas são ótimas para um lanche na cozinha ou para decorações, caso você seja generoso e queira compartilhá-las com alguém. As espinhas de rodovalho são ideais para preparar caldos de peixe, porque são muito gelatinosas. Antes de qualquer coisa, asse as espinhas, como você faria com ossos de carne, e cozinhe-as em vinho tinto com tiras de *bacon* defumado.

É muito comum encontrar carnes vermelhas nos pratos de inverno, e nós já descobrimos que as pessoas estão cada vez mais curiosas para provar **carne de cervo**. Os nossos cervos são criados em uma fazenda em Aberdeenshire, onde os animais podem passear à vontade, então podemos considerá-los quase selvagens. A carne fica pendurada por duas a três semanas. Depois de cortada, nós a marinamos com zimbro amassado em um óleo neutro, como o de amendoim, por pelo menos sete dias. Isso abre as fibras musculares e deixa a carne muito macia. Às vezes, assamos os lombos e os servimos com rodelas de beterraba fresca cozida como um *fondant* em um pouco de caldo. Outro dos meus modos de preparo favoritos é servir essa carne acompanhada de repolho, nabo e cenoura picados e assados juntos, cobertos com um pouco de creme de leite. Algumas fatias de cervo malpassado são postas por cima e cobertas com um molho de vinho tinto enriquecido com um pouco de chocolate amargo. O sabor surpreende nossos clientes. Algumas framboesas por cima completam a elegante apresentação.

A carne de porco não aparece muito nos nossos cardápios, mas é uma carne que é perfeita para ser preparada em casa em dias frios. Eu adoro comê-la com repolho aromatizado e algumas sementes de cardamomo. Caso você consiga achar um açougueiro que crie os próprios cortes, peça o filé inteiro que fica embaixo do lombo, o equivalente à costela de vaca. A parte que mais usamos desse animal são os **pés de porco**. Meu restaurante fica no mesmo lugar em que ficava o famoso Tante Claire, de Pierre Koffman. Eu já fui o chef principal do restaurante de Pierre, uma grande honra para mim. A genialidade de Pierre presenteou Londres com vários pratos magníficos, mas talvez os mais conhecidos sejam os feitos com *pieds de cochon*, ou pés de porco recheados. O mais famoso era feito com um recheio de molejas e cogumelos-morel. A minha receita de pés de porco (que você pode encontrar na p. 199) é, na verdade, um *bacon* com ovos chique. Eu os sirvo como aperitivo. Os pés de porco são muito gelatinosos, e o líquido grosso e cheio de sabor é um dos almoços favoritos da minha equipe.

Outra extremidade animal que rende pratos deliciosos é a **rabada bovina**. Depois de a Inglaterra ter proibido desnecessariamente (ao meu ver, pelo menos) a venda de carnes com ossos, agora nós podemos devolver essa caçarola clássica ao seu devido lugar nos nossos cardápios. Nós fazemos um ensopado de rabada com vinho tinto, raízes, caldo e um pouco de tempero. Quando a carne está bem macia, ela é retirada em tiras e enrolada em uma bola envolvida por *crépine* (o peritônio suíno) ou posta em uma terrina para ser servida em fatias com uma salada de lentilhas e vinagrete de mostarda. Na Inglaterra, os açougues vendem rabada já pronta, com as vértebras cortadas em discos e amarradas com barbante. Para criar um prato mais simples, você pode simplesmente cozinhá-las como um gostoso ensopado normal de carne, mas lembre-se de retirar a carne do osso antes de servir.

Há dois tipos de fruta que iluminam os longos dias de inverno para mim (não que a gente consiga ver muita luz do dia na cozinha). São os abacaxis e as frutas cítricas. Os **abacaxis** grandes e doces nascem nos trópicos e são resistentes às viagens até chegarem ao consumidor final. Dá para ver se eles estão maduros se conseguir destacar uma folha verde da coroa — apenas um puxão deve ser o suficiente. Usamos abacaxis em *tarte Tatins*, compotas, sorvetes e para fazer *tuiles* maravilhosos. Para criar uma sobremesa leve, bata a polpa com calda de caramelo e cubra com iogurte cremoso e raspas de uma *granita* de frutas.

As laranjas, limões e limas são as frutas que mais associamos com o inverno, o que é estranho, porque elas não crescem no clima frio inglês. No entanto, viajam bem e podem ser estocadas com facilidade, e os britânicos certamente ficam felizes ao ver essas frutas. As laranjas-romãs e toranjas são duas das frutas cítricas que mais gosto de usar quando estão em estação: as **laranjas-romãs** por sua cor forte e sabor impressionante, e as **toranjas** porque podem ser abertas em lindos pedacinhos. Nós os misturamos a um vinagrete e servimos com uma salada de salmonete ou com uma lagosta escocesa cozida com coentro fresco.

Uma das nossas sobremesas mais refrescantes é uma terrina de frutas cítricas com um sorvete de **limão** ácido. Nós também mergulhamos fatias de limão em um concentrado da fruta para cristalizá-las e as pressionamos contra os filés de peixe ou de moleja antes de assá-los e servi-los com cuscuz aromatizado com *harissa*. O mesmo pode ser feito com fatias de **lima**, que são cozidas com peitos de pombo. A lima também é um ingrediente, dando um sabor ácido, de guacamoles e xaropes de mel, estes últimos preparados para cozinhar todo tipo de fruta.

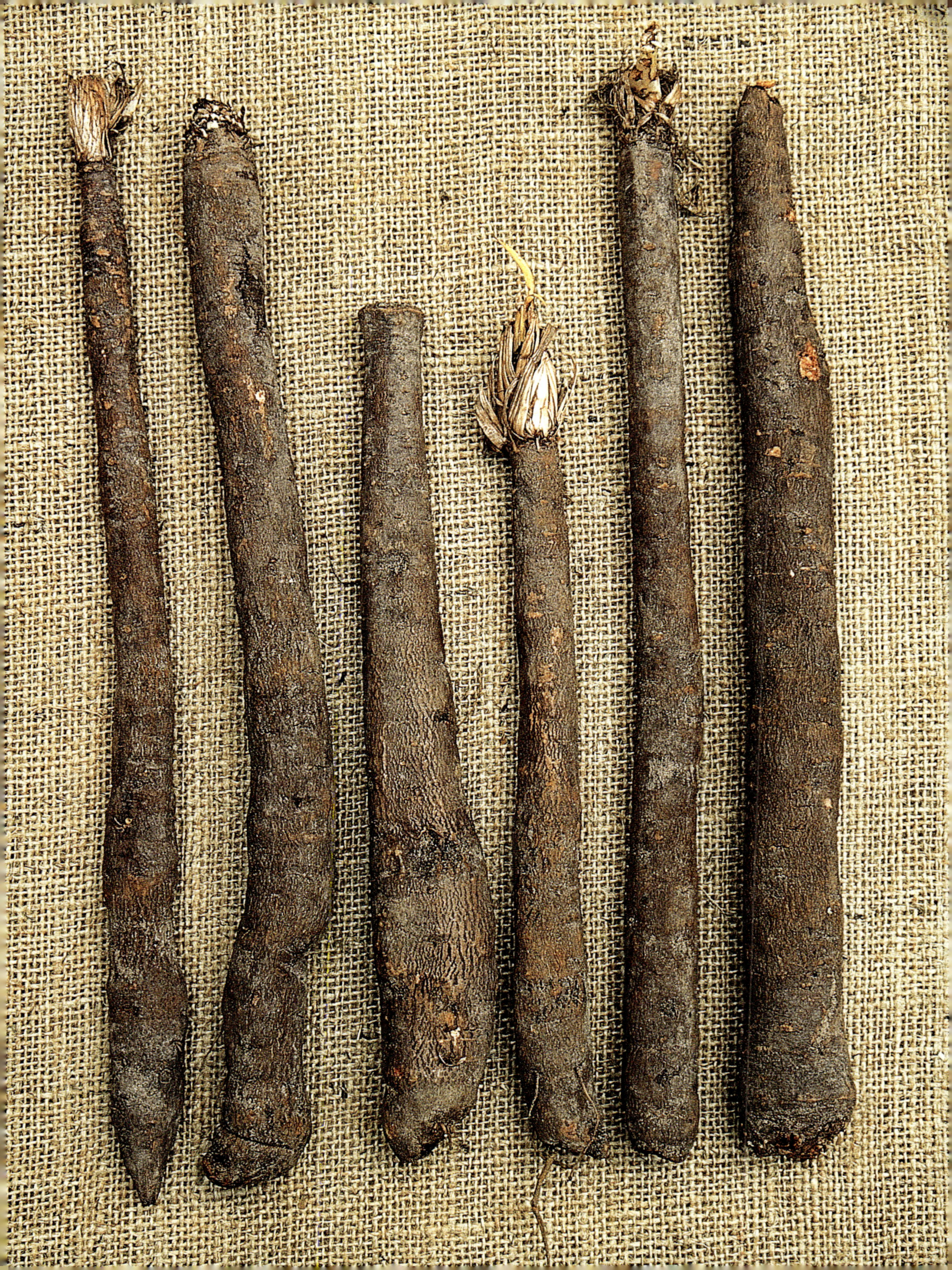

Sopa *velouté* de couve-flor com *brunoise* de vieiras

Esta sopa leve e cremosa tem uma textura aveludada que é obtida ao cozinhar pequenas flores de couve-flor no leite. Para dar o acabamento, adicione um punhado de vieiras picadas em pequenos cubos, que cozinham quase instantaneamente no líquido quente. A sopa fica linda se servida em elegantes xícaras de chá. **SERVE 4 PORÇÕES COMO ENTRADA**

1 couve-flor média
15 g de manteiga
250 ml de leite
200 ml de Caldo de Galinha Light (p. 212) ou Caldo de Peixe (p. 212)
100 ml de creme de leite fresco
4 vieiras médias sem as conchas e as gônadas
pitadinhas de pimenta-malagueta
sal marinho e pimenta-do-reino moída na hora

1 Corte as flores da couve-flor. Jogue o caule fora (ou use-o em outra receita). Aqueça a manteiga em uma panela, acrescente as flores e cozinhe em fogo baixo por até dez minutos, mexendo de vez em quando.
2 Acrescente o leite e o tempero. Continue cozinhando em fogo baixo por cinco minutos. Em seguida, adicione o Caldo. Deixe ferver de novo, cubra a panela parcialmente e cozinhe por cerca de 15 minutos, até que a couve-flor esteja bem macia. Você pode pressionar os pedaços contra o lado da panela para amassá-los. Não é preciso batê-los em um processador de alimentos.
3 Adicione o creme de leite e cozinhe por mais alguns minutos. Prove o tempero.
4 Agora corte as vieiras em pequenos cubos — que os chefs chamam de *brunoise*. Divida os cubos entre quatro xícaras para sopa ou para chá. Tempere e polvilhe com pitadinhas de pimenta-malagueta.
5 Ferva a sopa novamente e jogue-a por cima das vieiras. Não mexa — as vieiras devem ser uma surpresa! Coma rápido.

Sopa cremosa de batata com chantili de salsa

Esta sopa é feita de uma maneira um pouco diferente da receita tradicional, que exige que você cozinhe os legumes, adicione o Caldo e bata-os para obter um purê. Primeiro, em vez de cozidas, as batatas são assadas. O tipo de batata é importante. Eu recomendo a Ratte, com a polpa dourada e saborosa, porque, apesar de ter alto teor de matéria seca, contém muito amido. Caso você não disponha desse tipo, a Desirée ou a King Edward servem. Eu uso o Caldo de Galinha (mais escuro) para dar à sopa uma cor campestre, e dou um acabamento com ilhas de um chantili de salsa maravilhoso. SERVE 4 PORÇÕES COMO ENTRADA

cerca de 50 g de folhas de salsa crespa (sem o caule)
3 dentes de alho
um pouco de sal grosso para assar
300 g de batatas Ratte lavadas
1 chalota bem-picada
1 colher (sopa) de azeite de oliva
1 raminho de tomilho fresco
500 ml de Caldo de Galinha (p. 212)
100 ml de creme de leite fresco
sal marinho e pimenta-do-reino moída na hora

1 Cozinhe os raminhos de salsa em água fervente por dois minutos, escorra-os em uma peneira e esfrie-os com água corrente fria. Escorra de novo e coloque-os em uma toalha de mesa limpa. Torça bem a toalha para extrair o líquido. Bata a salsa em um processador de alimentos ou, caso não tenha um que consiga bater uma quantidade tão pequena, pique bem a salsa. Reserve.
2 Escalde o alho coberto com água fervente por 30 segundos. Escorra e afervente-o de novo. Caso consiga, repita o procedimento uma terceira vez. Isso ajuda a retirar a pungência do alho, mas ainda mantendo o sabor. Escorra e soque o alho.
3 Preaqueça o forno a 180°C. Salpique o fundo de uma pequena assadeira com sal grosso e role as batatas nele. Asse por 45 minutos até que os legumes pareçam macios quando espetados com uma faca afiada. Deixe esfriar até que você consiga segurá-los (nós usamos luvas de borracha no próximo passo). Descasque as batatas e passe-as por uma peneira, pressionando-as com o fundo de uma concha, ou por um espremedor de batatas. Reserve.
4 Refogue a chalota no azeite com o tomilho por cinco minutos, até que amoleça. Acrescente a batata e o alho socado e cozinhe por um ou dois minutos. Adicione gradualmente o Caldo como se você estivesse preparando um risoto. Isso ajuda a manter a textura macia e aveludada da sopa. Tempere e deixe ferver. A sopa já está pronta.
5 Agora, prepare o chantili de salsa. Bata o creme de leite até que engrosse, tempere e acrescente o purê de salsa.
6 Sirva a sopa em tigelas com colheradas grosseiras ou *quenelles* mais formais de chantili por cima.

Sopa de funcho com pequenos berbigões

Está ficando cada vez mais fácil comprar pequenos berbigões em peixarias especializadas. Cozinhe-os da mesma forma que os mariscos, até que as conchas abram e você possa retirar a carne. Guarde o caldo para a sopa — ele dá um toque especial a ela. **SERVE 4 PORÇÕES COMO ENTRADA**

250 g de pequenos berbigões
100 ml de vinho branco seco
1 raminho de tomilho fresco
1 folha de louro
4 bulbos médios de funcho
15 g de manteiga
1 colher (sopa) de azeite de oliva
1 cebola picada
4 folhas de manjericão fresco picado
2 colheres (sopa) de vinho Pernod
1 litro de Caldo de Peixe (p. 212)
200 ml de creme de leite fresco
sal marinho e pimenta-do-reino moída na hora

Azeite de curry *(opcional)*
3 colheres (sopa) de azeite de oliva
1 colher (chá) de *curry* suave em pó

1 Primeiro cozinhe os berbigões. Aqueça uma panela até que ela esteja bem quente, acrescente os moluscos, o vinho, o tomilho e a folha de louro. Feche bem a tampa e cozinhe por cerca de cinco minutos. Jogue fora os berbigões que não tiverem aberto. Peneire o caldo e reserve. Retire a carne das conchas e reserve.
2 Descarte a base dos bulbos de funcho. Em seguida, separe os segmentos. Corte-os em tiras muito finas no comprimento.
3 Aqueça a manteiga e o azeite em uma panela grande e refogue as tiras de funcho e a cebola por cerca de dez minutos, mexendo de vez em quando, até que amoleçam. Adicione o manjericão picado e continue cozinhando por dois minutos. Cubra com Pernod e cozinhe por um minuto. Em seguida, acrescente o Caldo de Peixe e o dos berbigões. Deixe ferver, tempere bem e cozinhe em fogo baixo por 15 minutos.
4 Enquanto isso, prepare o azeite de *curry* opcional. Aqueça o azeite com o *curry* em pó, mexendo sempre. Quando a mistura começar a ferver, retire do fogo e reserve.
5 Passe a sopa por uma peneira bem aberta ou por um escorredor para que você possa manter um pouco da textura. Devolva-a à panela, acrescente o creme de leite e prove o tempero. Ferva de novo.
6 Divida os berbigões entre quatro tigelas de sopa aquecidas e cubra-os com a sopa fervente. Isso será suficiente para reaquecer os moluscos cozidos. Regue com azeite de *curry*, se preferir, e sirva imediatamente.

Creme de mostarda com hadoque defumado

Na Escócia, existe uma sopa grossa de hadoque e batata chamada "Cullen Skink". Contudo, chamo este prato de chowder *— em inglês, um creme espesso com pedaços de frutos do mar —, então você já sabe o que esperar. Certifique-se de utilizar um hadoque defumado natural, sem passar por processo de cozimento, para que não fique seco. Como estudei na França, fico tentado a adicionar grãos de mostarda francesa para celebrar a Velha Aliança existente entre os gálicos e os escoceses. Para preparar uma boa decoração, cozinhe quatro ovos de codorna por dois minutos e meio, descasque e corte-os ao meio. Deite-os sobre a sopa pouco antes de servir.* **SERVE 4 PORÇÕES COMO ENTRADA**

1 filé grande de hadoque defumado não seco (entre 400 e 500 g)
500 ml de leite
2 batatas grandes com alto teor de matéria seca (como a Desirée, com 300 g cada)
2 colheres (sopa) de azeite de oliva
1 chalota grande picada
100 ml de vinho branco seco
500 ml de Caldo de Peixe (p. 212)
90 ml de creme de leite fresco
1 colher (sopa) rasa de mostrada granulada
sal marinho e pimenta-do-reino moída na hora

1 Corte o filé de hadoque em dois ou três pedaços para que caiba em uma panela grande. Coloque o leite para ferver nessa panela e acrescente os filés de hadoque. Retire a panela do fogo e deixe que esfriem por cerca de dez minutos. Até lá, o peixe já estará firme quando pressionado.

2 Retire o peixe da panela, peneire o leite e reserve. Retire a pele do peixe e despedace-o enquanto estiver quente. Reserve.

3 Descasque as batatas e corte-as em pequenos cubos. Aqueça o azeite e refogue as batatas com a chalota por cerca de dez minutos, mexendo de vez em quando, até que estejam levemente douradas. Adicione o vinho e cozinhe até que evapore quase todo. Em seguida, acrescente o Caldo e o leite reservado. Tempere e deixe ferver, mexendo uma ou duas vezes. Cozinhe em fogo baixo por 15 minutos até que as batatas comecem a amolecer.

4 Bata a mistura até ficar homogênea com um *mixer* na própria panela, em um processador de alimentos ou liquidificador.

5 Devolva a mistura à panela, se necessário, e acrescente o creme. Adicione a mostarda e misture com força. Prove o tempero. Acrescente os pedaços de hadoque gradualmente, reaqueça em fogo baixo e sirva.

Sopa de repolho com tiras de coelho

O repolho nunca vem à nossa mente quando pensamos em sopas, mas podemos fazer dele um ótimo prato principal caseiro ou uma refeição leve com pedaços de pão crocante. Antes de tudo, você vai precisar cozinhar o coelho até que a carne solte do osso em pedaços macios. Acredito que cozinhar as coxas em fogo baixo na gordura de ganso seja o melhor jeito. **SERVE 4 PORÇÕES COMO ENTRADA OU PRATO LEVE**

cerca de 300 g de gordura de ganso (ou uma lata de 340 g)
2 coxas de coelho (com 250 g cada)
1 repolho crespo pequeno
6 dentes de alho grandes descascados
40 g de manteiga
1 cebola média picada
50 g de *bacon* defumado picado
1 litro de Caldo de Galinha (p. 212)
sal marinho e pimenta-do-reino moída na hora

1 Coloque a gordura de ganso para ferver em uma panela e acrescente as coxas de coelho. Baixe o fogo para a menor temperatura possível e cozinhe o coelho por 30 a 40 minutos até que a carne solte do osso com facilidade.
2 Retire as coxas de coelho da gordura e enxugue-as com papel toalha. Aqueça a grelha e, quando estiver quente, doure a carne de todos os lados. Deixe esfriar e retire a carne dos ossos, rasgando tiras. Reserve.
3 Corte o repolho em quatro, retire o miolo e rasgue bem as folhas. Afervente o alho três vezes, trocando a água a cada vez, para amenizar seu sabor forte. Amasse os dentes com um garfo.
4 Derreta a manteiga em uma panela grande e refogue a cebola, o *bacon* e o alho em fogo baixo por cinco minutos. Acrescente o repolho e cozinhe por mais cinco minutos até que murche. Adicione o Caldo e deixe ferver. Depois, tempere. Deixe ferver por dez minutos.
5 Acrescente o coelho e cozinhe por mais cinco a dez minutos. (Caso você as tenha à mão, pode adicionar um ou dois punhados de lentilhas *du Puy* ou vagens ao coelho). Sirva do jeito que está, e com pão.

Sopa de alho-poró temperada com açafrão e cogumelos cantarelo em conserva

Nesta receita de uma das minhas sopas favoritas — de alho-poró e batata —, existem dois toques sofisticados. Primeiro, os legumes são cozidos com açafrão amassado. Em seguida, a sopa é servida com alguns cogumelos cantarelo em conserva caseiros. **SERVE 4 PORÇÕES COMO ENTRADA**

40 g de manteiga
1 colher (sopa) de azeite de oliva
1 batata grande (como a Desirée, de cerca de 300 g) descascada e cortada em cubos
1 alho-poró grande (apenas a parte branca e a verde-clara) cortado em cubos
1 cebola média picada
100 ml de vinho branco seco
2 boas pitadas de estigmas de açafrão em pó
1 litro de Caldo de Galinha *Light* (p. 212)
90 ml de creme de leite
cerca de 4 colheres (sopa) de Conserva de Cogumelos Cantarelo (p. 213)
sal marinho e pimenta-do-reino moída na hora

1 Aqueça a manteiga e o azeite em uma panela grande e adicione a batata, o alho-poró e a cebola. Mexa bem e refogue-os em fogo baixo por cerca de cinco minutos, até que amoleçam. Adicione o vinho e ferva até que evapore quase todo. Em seguida, acrescente o açafrão em pó e cozinhe por mais alguns segundos. Adicione o Caldo de Galinha, deixe ferver e tempere. Cozinhe em fogo baixo por 12 a 15 minutos, até que os legumes amoleçam.

2 Bata tudo em um processador de alimentos até obter uma mistura homogênea. Em seguida, passe por uma peneira, pressionando com as costas de uma concha, e passe a mistura para uma panela limpa. Deixe ferver e acrescente o creme de leite. Prove o tempero.

3 Para servir, coloque os cogumelos cantarelo em conserva no meio de quatro tigelas de sopa aquecidas e despeje a sopa fervente por cima. Sirva quente.

Canja tailandesa

Quase todo mundo adora canja de galinha, porque é acolhedora, encorpada e muito saborosa. Eu adoro os sabores da comida tailandesa e gosto de fazer experimentos com os ingredientes que estão se tornando cada vez mais fáceis de comprar. Eles combinam muito bem com uma canja de galinha. O ideal é que você cozinhe um caldo transparente e brilhante para esta sopa, então siga minhas dicas. **SERVE 4 PORÇÕES COMO ENTRADA**

1 litro de Caldo de Galinha *Light* (p. 212)
2 talos de capim-limão fresco picados
1 pimentão vermelho, 1 amarelo e 1 verde bem-picados
1 chili fresco grande sem sementes e bem-picado
3 colheres (sopa) de azeite de oliva ou óleo de amendoim
4 minirrepolhos-chineses
2 peitos de frango sem pele e desossados (com cerca de 100 g cada) cortados em cubos pequenos
1/4 de colher (chá) de *curry* suave em pó
uma boa pitada de pimenta-malagueta ou chili em pó
2 colheres (sopa) de creme de leite de coco
folhas de 1 raminho de manjericão fresco (o ideal é usar manjericão tailandês, mas o italiano também serve)
sal marinho e pimenta-do-reino moída na hora

1 Amarre o capim-limão em um saco de musselina (ou use um perfex limpo). Adicione metade do azeite em uma panela grande e refogue em fogo baixo os cubos de pimentão, o chili fresco e o saquinho de capim-limão por cerca de cinco minutos, mexendo de vez em quando. Adicione o repolho-chinês e continue cozinhando por dois minutos, até que murche. Reserve.

2 Aqueça o restante do azeite em uma frigideira antiaderente limpa e frite os cubos de frango com o *curry* em pó e a pimenta-malagueta ou o chili em pó por cerca de cinco minutos, até que comecem a ficar firmes e adquiram uma linda cor dourada. Retire-os do fogo e deixe esfriar em papel toalha.

3 Adicione o frango aos pimentões e ao chili. Acrescente o creme de leite de coco — que é um leite de coco mais grosso — e o Caldo. Deixe ferver e prove o tempero. Em seguida, rasgue as folhas de manjericão e adicione-as. Retire o saquinho de capim-limão no último minuto.

4 Sirva quente em tigelas aquecidas, tomando cuidado para que cada porção tenha um repolho-chinês.

Nota: Aqui estão algumas dicas para preparar um caldo transparente. Antes de começar, veja se as carcaças de frangos estão bem limpas e sem nenhuma mancha de sangue — é melhor lavá-las em água corrente fria. Cozinhe o caldo em fogo baixo em vez de fervê-lo e, quando estiver cozido, deixe que esfrie por pelo menos 15 minutos para que a parte sólida vá para o fundo da panela. Depois, passe-o com cuidado por uma peneira forrada com musselina, deixando os sólidos e os "pedacinhos" para trás.

Salada de *foie gras*, vagem e alcachofra

O foie gras *fresco — aqueles lóbulos rosa-claros — pode ser incrementado se cozido em fogo muito baixo em gordura de ganso, um processo que os franceses chamam de "confit". Usamos* foie gras *de marreco, e o servimos frio como entrada, com uma salada crocante temperada com vinagrete cremoso de trufas.* Pão poilâne *massudo e torrada de brioche são os acompanhamentos tradicionais (eu devo confessar que já comi algumas fatias de torrada vendo televisão num sábado à tarde — é minha combinação perfeita:* foie gras *e futebol!). Sirva com um copo de Sauterne luxurioso ou um Dom Perignon frutado.* **SERVE 6 PORÇÕES COMO ENTRADA**

1 lóbulo de *foie gras* fresco (entre 400 e 500 g)
2 latas de 340 g de gordura de ganso
6 alcachofras médias
um pouco de suco de limão
150 g de vagens finas sem as pontas
sal marinho e pimenta-do-reino moída na hora

Vinagrete
1 colher (sopa) de vinagre de xerez
80 ml de óleo de amendoim
1 colher (sopa) de azeite de oliva extravirgem
1 colher (sopa) de óleo de trufas
2 colheres (sopa) de creme de leite fresco
1 colher (chá) de trufas bem-picadas ou raladas
1/2 colher (chá) de sal marinho

1 Prepare o *foie gras* (veja na p. 86). Tempere o interior e junte as bordas de novo para que voltem à forma original.

2 Aqueça uma frigideira antiaderente grande e, quando sentir que está emanando bastante calor, adicione o *foie gras*, pressionando bastante contra o metal. Frite e doure-o todo rapidamente (talvez você o ache um pouco escorregadio. O melhor é usar as mãos, mas enrole-as com um pano de prato limpo para não queimar seus dedos). Não doure o exterior por muito tempo, mas apenas alguns segundos, ou você vai ver o *foie gras* desaparecer, minguando, na sua frente. Retire-o da frigideira (o *foie gras* vai soltar muita gordura, mas você não deve jogá-la fora. Peneire e use-a para fritar ovos ou cogumelos).

3 Aqueça a gordura de ganso em uma panela funda grande o suficiente para que o *foie gras* caiba. Com a ajuda de um termômetro de açúcar, mantenha a temperatura da gordura em 54°C (a temperatura para se fazer iogurte). Talvez seja melhor usar uma chapa difusora de calor.

4 Coloque o *foie gras* na gordura, tomando cuidado para que ele fique completamente submerso. Cozinhe-o por cinco minutos na menor temperatura possível. Passe-o para uma grelha, escorra e deixe esfriar por 20 minutos. Em seguida, embrulhe-o bem apertado em duas folhas de papel filme e leve à geladeira. Ele pode ficar na geladeira por até quatro dias — o *foie gras* matura enquanto fica guardado.

5 Misture os ingredientes do vinagrete. (Esta receita faz 150 ml de molho, então o que não for usado na salada pode ser guardado em um pote grande com tampa de rosca na geladeira.)

6 Corte os talos das alcachofras, retire as pétalas externas e o invólucro cheio de pelinhos (veja fotografias desta técnica na p. 216). Corte o fundo carnudo em tiras. Cozinhe em água fervente com o suco de limão por dois minutos. Escorra e seque. Afervente as vagens por dois minutos. Em seguida, escorra e esfrie-as com água corrente fria.

7 Tempere as vagens e as alcachofras e regue-as com três a quatro colheres (sopa) do vinagrete cremoso de trufas. Divida-as entre quatro pratos. Cubra com o *foie gras* cortado em fatias finas com a ajuda de uma faca afiada mergulhada em água quente.

Patê de bacalhau salgado com molho de tomate cereja

O bacalhau salgado é um ingrediente famoso em várias partes do mundo, desde o Mediterrâneo até as Índias Ocidentais (por razões históricas!). Salgar a carne do bacalhau concentra o sabor e o deixa com uma textura firme. Os espanhóis, portugueses e franceses têm receitas maravilhosas para bacalhau salgado em postas e purê de batatas e os usam empanados ou em brandades. *O bacalhau salgado pode ser comprado de diversas maneiras, mas é fácil prepará-lo em casa — só precisa ser salgado com 24 horas de antecedência. Então, vamos começar com isso. Na verdade, o bacalhau salgado fresco conta com várias outras maneiras de ser utilizado, por isso é bom você pensar em preparar o dobro da quantidade necessária. Depois que ele é levemente cozido e despedaçado, você pode usá-lo em bolinhos de peixe ou servi-lo com um creme de molho de salsa. O patê é um ótimo prato para festas e o molho de tomates cereja também pode ser usado como molho para legumes* crudités *e torradas feitas com pequenas baguetes chamadas* ficelles. **SERVE 4 PORÇÕES COMO ENTRADA**

300 g de bacalhau aberto
60 g de flocos de sal marinho
alguns raminhos de salsa fresca torcidos
2 boas pitadas de *curry* em pó
1 colher (sopa) de azeite de oliva
1 batata média com alto teor de matéria seca (como a Maris Piper) descascada e cortada em cubos
300 ml de leite
1 dente de alho grande socado
1 colher (sopa) de salsa fresca picada
100 ml de creme de leite fresco
sal marinho e pimenta-do-reino moída na hora

Molho

200 g de tomates cereja amadurecidos no pé
½ colher (chá) de açúcar refinado
100 ml de óleo de amendoim ou azeite de oliva e um pouco mais para regar
1 colher (sopa) de mostarda de Dijon

1 Coloque o bacalhau em um prato raso e salpique o sal e os ramos de salsa por cima. Cubra o peixe com papel filme e ponha um prato pesado por cima. Leve à geladeira por 24 horas. Vire-o uma vez durante esse tempo. No fim, você verá que um líquido saiu do peixe e que a carne está firme.

2 Escorra, lave o peixe com água fria e dê batidinhas para que ele fique seco. Jogue a salsa fora. O filé de bacalhau deve estar com cerca de 200 g.

3 Corte o bacalhau em pedaços grandes e polvilhe-o com *curry* em pó. Esquente o azeite em uma frigideira antiaderente e refogue o bacalhau até que fique bem dourado e firme. Ele fica ainda melhor se torrar um pouquinho. Escorra, deixe esfriar e despedace-o com um garfo. Reserve.

4 Cozinhe a batata no leite com o alho amassado e os temperos. Escorra bem e reserve parte do leite. Bata até obter um purê em um processador de alimentos (esta é uma das poucas vezes em que eu permito isso!). Caso a mistura fique muito grossa, adicione um pouco do leite reservado.

5 Deixe que a batata esfrie e misture-a aos pedaços de bacalhau e à salsa. Bata o creme de leite até obter um chantili grosseiro, sem muita consistência. Acrescente-o à mistura de bacalhau. Prove o tempero. Leve a mistura à geladeira em uma tigela caso queira formar *quenelles* com ela ou passe-a para ramequins e marque a parte de cima com a ponta de uma faca ou os dentes de um garfo.

6 Para preparar o molho, bata os tomates no processador de alimentos até obter um purê. Peneire-o, pressionando-o com as costas de uma concha, e passe-o para uma tigela. Acrescente o açúcar, o óleo ou azeite, a mostarda e tempere. Está pronto. Você não vai precisar de vinagre porque os tomates já são bastante ácidos. (Esta receita faz 200 ml, então sobrará molho suficiente para servir com *crudités*.)

7 Caso sirva o patê em tigelas ou ramequins, você pode fazer um buraco no centro e enchê-lo com um pouco de molho de tomate fresco. Se não for servir assim, você pode regar o patê com o molho e um pouco mais de azeite. Outra sugestão é espalhar camadas grossas de patê em torradas, salpicá-las com parmesão fresco ralado e grelhá-las até que dourem.

Mariscos no caldo de legumes com espaguete de cenoura

Esta é minha versão do plat de fruits de mer, *uma combinação maravilhosa dos frutos do mar mais gostosos servidos com um caldo de legumes leve, temperado com anis-estrelado. Ele é servido com um "espaguete" fino de cenoura, que pode ser cortado com um ralador afiado ou com a lâmina de um processador de alimentos.* **SERVE 4 PORÇÕES COMO PRATO PRINCIPAL**

2 cenouras
70 g de manteiga
500 ml de Caldo de Legumes Reduzido (p. 212), mais 3 colheres (sopa)
3 anises-estrelados
150 g de pequenos berbigões ainda nas conchas
3 colheres (sopa) de vinho branco seco
8 ostras-das-rochas
4 vieiras grandes sem as conchas nem as gônadas
2 colheres (sopa) de creme de leite fresco
um pouco de suco de limão
1 colher (sopa) rasa de manjericão fresco picado
sal marinho e pimenta-do-reino moída na hora

1 Primeiro rale as cenouras em "espaguetes" longos e finos usando um ralador, um fatiador japonês ou uma lâmina de processador de alimentos. Coloque a manteiga e três colheres (sopa) de Caldo de Legumes para ferver. Acrescente o espaguete de cenoura, tempere e cubra. Cozinhe por um minuto e reserve.
2 Ferva o restante do Caldo de Legumes. Adicione os anises-estrelados, retire a panela do fogo e deixe descansar por dez minutos. Jogue o anis-estrelado fora.
3 Aqueça uma panela grande e, quando estiver quente, adicione os berbigões e o vinho. Feche bem a tampa e cozinhe por três a cinco minutos, até que as conchas se abram. Sacuda a panela de vez em quando. Descarte quaisquer berbigões cujas conchas se mantiverem fechadas. Retire a carne das conchas e reserve. Peneire e reserve o caldo.
4 Abra as ostras e reserve o caldo (caso seu peixeiro faça isso, lembre-se de pedir o caldo para ele). Corte cada vieira em três horizontalmente.
5 Reaqueça o Caldo de Legumes e acrescente as fatias de vieiras. Esquente-as em fogo bem baixo, adicione as ostras e cozinhe por um minuto. Por fim, acrescente a carne dos berbigões. Prove o tempero e adicione o creme de leite, o suco de limão e o manjericão.
6 Assim que tudo estiver quente, divida os frutos do mar entre quatro tigelas de sopa e acrescente o caldo quente. Cubra com o espaguete de cenoura e sirva.

Rodovalho ao vinho tinto com molho *beurre rouge*

Talvez você ache estranho cozinhar peixes brancos em vinho tinto, mas o resultado é delicioso e muito atraente quando você os corta em filés. O molho, chamado beurre rouge, *é feito com uma redução de vinho misturada com manteiga. Os acompanhamentos incluem purê de batatas, cebolas Grelot amanteigadas (ou minichalotas) e salsifi.* **SERVE 4 PORÇÕES COMO PRATO PRINCIPAL**

500 g de batatas (Desirée ou parecida)
5 colheres (sopa) de creme de leite fresco
150 g de manteiga, mais uma boa colherada
150 g de salsifi
um pouco de suco de limão
3 colheres (sopa) de azeite de oliva
12 cebolas Grelot descascadas
1 chalota grande bem-picada
500 ml de vinho tinto
500 ml de Caldo de Peixe (p. 212)
4 filés de rodovalho (cerca de 150 g cada)
1 colher (sopa) de salsa fresca picada
sal marinho e pimenta-do-reino moída na hora

1 Cozinhe as batatas ainda com casca em água com sal fervendo por 12 a 15 minutos, até que amoleçam. Escorra e descasque-as enquanto ainda estiverem quentes (use luvas de borracha). Em seguida, amasse ou passe-as por um espremedor de batatas e devolva o purê à panela. Aqueça por um ou dois minutos e acrescente três colheres (sopa) de creme de leite e 25 g de manteiga para obter uma mistura espessa e cremosa. Tempere e reserve.

2 Descasque o salsifi com um descascador de legumes, lave-o bem e corte-o diagonalmente em bastões finos. Cozinhe-o em água fervente com o suco de limão por dois minutos, escorra e deixe esfriar.

3 Aqueça duas colheres (sopa) de azeite e, quando estiver quente, refogue as cebolas por cerca de cinco minutos, mexendo frequentemente. Seque o salsifi e adicione-o à panela, com uma colherada de manteiga. Cozinhe por mais alguns minutos até que tudo esteja bem dourado. Reserve e mantenha quente.

4 Esquente o restante do azeite em uma panela média e refogue as chalotas em fogo baixo por cinco minutos. Acrescente o vinho e o Caldo e cozinhe em fogo baixo.

5 Apare os lados dos filés de rodovalho e tempere bem. Acrescente-os ao líquido quente. Cozinhe o peixe por três ou quatro minutos, até que comece a amolecer. Não cozinhe demais. Retire os filés com uma espátula e os mantenha quentes.

6 Passe o Caldo de Peixe por uma peneira fina e o devolva à panela. Ferva rapidamente até que esteja reduzido a três quartos e acrescente o creme de leite restante. Tempere suavemente. Ferva de novo e, sobre fogo baixo, adicione o resto da manteiga cortada em cubinhos. Adicione um ou dois cubos de cada vez. O molho vai engrossar um pouco e ficar brilhante. Tome cuidado para que não talhe.

7 Reaqueça o purê de batatas e divida-o entre quatro pratos aquecidos. Coloque um filé por cima de cada montinho de purê e arrume os legumes amanteigados em volta deles. Cubra com o molho *beurre rouge*, salpique salsa por cima e sirva.

Bacalhau com batatas crocantes e lentilhas na mostarda

Peixe, batatas e grãos são parceiros naturais — lembre-se do tradicional prato inglês à base de peixe, fritas e purê de ervilhas. Esta variação apresentada aqui é um pouco mais sofisticada: ela usa batatas Belle Fontaine, com alto teor de matéria seca, e pequenas lentilhas du Puy. *Fica ótima como um prato principal leve de inverno.* **SERVE 4 PORÇÕES COMO PRATO PRINCIPAL**

400 g de batatas Belle Fontaine lavadas, de tamanho homogêneo
4 colheres (sopa) de azeite de oliva
4 postas de bacalhau (com cerca de 125 g cada) com a pele
100 g de lentilhas *du Puy*
1 cenoura
½ cebola pequena
1 talo pequeno de aipo
15 g de manteiga
1 chalota bem-picada
1 colher (sopa) de alcaparras lavadas e secas
2 colheres (sopa) de Molho Vinagrete Clássico (p. 213) misturadas com 1 colher (chá) de mostarda de Dijon
1 colher (sopa) de cebolinha-miúda fresca picada
sal marinho e pimenta-do-reino moída na hora

1 Cozinhe as batatas em água salgada fervente por cerca de 12 minutos, até que comecem a amolecer. Escorra e deixe que esfriem para que possa manuseá-las — é mais fácil descascá-las quando ainda estão quentes (usamos luvas de borracha no restaurante). Corte-as em cubos de mesmo tamanho e unte-as com uma colher (sopa) de azeite. Espalhe-as em uma bandeja e deixe que as batatas absorvam o azeite enquanto esfriam.
2 Tempere a pele do bacalhau com sal, esfregando-o bem. Deixe marinar por uma hora. Isso ajuda a secar a pele.
3 Coloque as lentilhas em uma panela com a cenoura, a cebola e o aipo. Cubra com água fria e leve ao fogo para ferver. Cozinhe em fogo baixo por cerca de 15 minutos ou até que estejam quase cozidas. Não deixe passar do ponto, senão as lentilhas vão se desfazer. Escorra imediatamente e descarte os legumes. Espalhe as lentilhas em uma bandeja para que esfriem. Isso evita que cozinhem demais.
4 Quando estiver pronto para cozinhar, aqueça uma colher (sopa) de azeite com a manteiga em uma frigideira e refogue a chalota em fogo baixo por cerca de cinco minutos. Retire a chalota do fogo e reserve. Adicione outra colher (sopa) de azeite à frigideira, aumente o fogo e acrescente os cubos de batata. Cozinhe até que estejam bem dourados, virando-os sempre que necessário. Retire-os do fogo, misture com a chalota e as alcaparras e mantenha quente.
5 Limpe a panela e aqueça a última colher (sopa) de azeite. Quando estiver quente, adicione o peixe com o lado da pele para baixo. Cozinhe até que a pele esteja bem crocante (tome cuidado para o fogo não ficar muito alto, ou a pele vai queimar). Eu sempre cozinho bacalhau com o lado da pele para baixo na maior parte do tempo. Depois, viro a posta apenas para dourar levemente o outro lado. O tempo de cozimento depende da grossura da posta, mas dura cerca de cinco minutos no total. Veja se o peixe está cozido apertando-o com as costas de um garfo. Ele deve estar firme, mas ainda macio.
6 Reaqueça as lentilhas rapidamente em uma panela, tempere e misture-as com o vinagrete e a cebolinha-miúda. Coloque as postas de bacalhau em quatro pratos aquecidos, cubra-as com as lentilhas e, em seguida, com as batatas. Sirva quente.

Pequenos salmonetes com chucrute e ruibarbo

Normalmente, pequenos salmonetes são abertos para formar filés, e então são marinados e fritos. Eles podem ser servidos em uma salada que vai impressionar você: chucrute com aipo e ruibarbo temperados com um vinagrete de toranja. Você precisa provar para acreditar! Batatinhas e espinafre escaldado são bons acompanhamentos. SERVE 4 PORÇÕES COMO PRATO PRINCIPAL

4 salmonetes pequenos (com cerca de 200 g cada)
3 colheres (sopa) de azeite de oliva
2 pitadas de estigmas de açafrão em pó
4 bastões de ruibarbo rosa aparados
4 talos internos de aipo aparados
100 g de chucrute em conserva lavado com água fria
150 ml de Caldo de Legumes Reduzido (p. 212)
15 g de manteiga
1 toranja
5 colheres (sopa) de Molho Vinagrete Clássico (p. 213)
folhas de dois raminhos de coentro fresco picadas
sal marinho e pimenta-do-reino moída na hora

1 Corte as cabeças dos salmonetes e, com a ajuda de tesouras de cozinha, abra o ventre de cada peixe e retire as entranhas. Lave bem a cavidade com água corrente fria, retirando todos os traços de sangue. Coloque o peixe em uma tábua e abra-o até a ponta do rabo. Com a ponta de uma faca afiada, separe a espinha dorsal e as espinhas menores da carne dos dois lados. Solte as espinhas da pele com cuidado e jogue-as fora. Você vai fazer um filé com o peixe, mas mantenha os dois lados juntos para criar a forma de uma borboleta (veja fotos desta técnica na p. 217).

2 Enxugue o peixe. Pincele os dois lados com azeite de oliva. Esfregue o açafrão nas peles rosadas. Leve à geladeira, sem cobrir, por duas horas.

3 Enquanto isso, faça a salada de chucrute. Corte o ruibarbo e o aipo em bastões finos de quatro centímetros de comprimento. Refogue o chucrute no restante do azeite por três minutos e adicione o ruibarbo e o aipo. Cozinhe por mais dois minutos. Acrescente o Caldo de Legumes e tempere. Adicione a manteiga e tampe com um papel-manteiga por cima. Baixe o fogo e cozinhe por dez minutos, regando os legumes uma ou duas vezes.

4 Enquanto isso, descasque a toranja, retirando toda a parte branca, e separe os gomos. Abra os gomos em uma tigela com a ajuda de um garfo até obter gominhos rosa. Misture-os com o vinagrete.

5 Retire o chucrute do fogo e misture-o com metade do vinagrete de toranja. Prove o tempero. Deixe que esfrie à temperatura ambiente e acrescente o coentro.

6 Assim que estiver pronto para servir, aqueça uma frigideira antiaderente e, quando estiver no ponto, frite os salmonetes por três a quatro minutos com o lado da pele virado para baixo, até que ele esteja crocante. Vire-os com cuidado e cozinhe-os rapidamente do outro lado. Não os cozinhe demais porque os peixes são pequenos e delicados.

7 Divida a salada em quatro pratos e coloque um belo peixe em cima de cada um. Regue com o restante do vinagrete de toranja e sirva.

Dourado com ragu de *blette*

Os dourados são peixes confusos. Na verdade, a grande variedade de nomes dados a eles é confusa. Em francês, eles são chamados de daurade, *e em inglês, conhecidos como* breams. *Mas o dourado-real é chamado de* black bream *em inglês, e é apenas uma das muitas variedades. Popular em muitos países do Mediterrâneo, os dourados agora são cultivados em cativeiro, o que os deixa mais acessíveis, apesar de os peixes selvagens ainda serem melhores em termos de sabor e textura.* Blette *significa acelga, em francês. Os talos e folhas são cozidos separadamente e depois combinados com um molho cremoso de sementes de mostarda.* SERVE 4 PORÇÕES COMO PRATO PRINCIPAL

4 filés de dourado-real (com cerca de 125 g cada) com a pele
1 dente de alho grande cortado ao meio
3 colheres (sopa) de azeite de oliva
500 g de acelga
suco de 1 limão
25 g de manteiga
100 ml de Caldo de Galinha (p. 212)
100 ml de creme de leite fresco
1 colher (sopa) sementes de mostarda Pommery
1 colher (chá) de folhas frescas de tomilho
sal marinho e pimenta-do-reino moída na hora

1 Esfregue o dente de alho cortado na carne do peixe e a pincele com metade do azeite de oliva. Deixe marinar na geladeira enquanto você prepara a acelga.

2 Lave bem a acelga e seque-a. Corte as folhas e rasgue-as em pedaços pequenos. Com um descascador de legumes, descasque os talos levemente e corte-os em bastões de quatro centímetros de comprimento. À medida que os cortar, coloque-os em água fria acidificada com suco de limão para evitar que escureçam. Quando estiverem prontos para cozinhar, escorra e seque-os.

3 Refogue os bastões de acelga na manteiga por quatro a cinco minutos. Em seguida, adicione o Caldo e o tempero. Cozinhe por mais quatro minutos e acrescente o creme de leite e as sementes de mostarda. Mantenha quente.

4 Enquanto isso, cozinhe as folhas de acelga em um pouco de água fervente salgada por dois minutos. Escorra, esfrie-as embaixo de água corrente fria e seque bem de novo. Acrescente-as ao ragu cremoso de bastões de acelga e prove o tempero.

5 Quando estiver pronto para servir, aqueça uma frigideira antiaderente grande e adicione um pouco de azeite, se preferir. Cozinhe os filés de peixe, com o lado da pele para baixo, por três a quatro minutos. Tempere a parte de cima à medida que cozinharem, salpique as folhas de tomilho e regue-os uma ou duas vezes com o caldo da frigideira. Vire os filés com cuidado e cozinhe do outro lado por um minuto ou até que o peixe pareça quase cozido. Não cozinhe demais.

6 Passe o ragu para quatro pratos de sopa rasos e ponha um filé por cima de cada um. Sirva quente.

Caçarola rápida de pombo

As caçarolas não precisam de muito tempo para serem cozidas. Esta que ensino a fazer na receita cozinha, em fogo brando, legumes de inverno cortados em cubos em um caldo gostoso de vinho tinto, e é servida com peitos de pombo selvagem fritos. Os pombos selvagens não têm muita carne, por isso eu só cozinho dois peitos por porção, sem nenhuma outra parte da ave. **SERVE 4 PORÇÕES COMO PRATO PRINCIPAL**

4 pombos selvagens gordos
cerca de 150 g de salsifi
1 salsão pequeno
1 rutabaga pequena
2 pastinacas médias
4 cebolas roxas pequenas ou 8 minicebolas descascadas
4 colheres (sopa) de azeite de oliva
1 raminho de alecrim fresco
1 folha de louro
300 ml de vinho tinto
1 colher (chá) de extrato de tomate
1 colher (chá) de óleo de trufas
1 litro de Caldo de Galinha (p. 212)
50 g de cogumelos-*mousseron* ou champinhons
sal marinho e pimenta-do-reino moída na hora

1 Corte os peitos dos pombos para ter dois peitos por pessoa. Descarte as carcaças (ou use-as para fazer caldo). Reserve.

2 Descasque o salsifi, o salsão, a rutabaga e as pastinacas e corte-os em cubos grandes. Caso esteja usando cebolas pequenas em vez de minicebolas, corte-as ao meio. Aqueça uma colher e meia (sopa) de azeite em uma frigideira grande e acrescente todos os legumes, inclusive a cebola. Adicione também as ervas. Refogue os legumes por pelo menos dez minutos até que fiquem bem dourados.

3 Enquanto isso, ferva o vinho até que reduza para cerca de 100 ml. Acrescente o extrato de tomate e o óleo de trufa aos legumes. Em seguida, adicione o vinho, o Caldo e um pouco de tempero. Cozinhe em fogo baixo, sem cobrir, por 10 a 12 minutos, até que os legumes comecem a amolecer. Os legumes devem ficar impregnados pela cor do vinho, e o líquido, bem reduzido.

4 Para preparar os pombos, aqueça uma colher e meia (sopa) do azeite restante em uma frigideira grande. Tempere os peitos e frite-os rapidamente, primeiro com o lado da pele para baixo, por um total de seis minutos. Os peitos devem ficar firmes, mas macios quando pressionados, e ainda um pouco malpassados.

5 Enquanto isso, refogue os cogumelos-*mousseron* (ou champinhons) rapidamente na colher (sopa) de azeite restante.

6 Divida todos os legumes entre quatro pratos de sopa rasos aquecidos. Coloque os peitos de pombo por cima, tempere e sirva.

Galinhola com pastinaca caramelizada e molho de chocolate

As galinholas são vistas pelos especialistas como a mais deliciosa das carnes de caça. Elas só ficam penduradas por pouco tempo — apenas um dia ou dois. Pequenas, com uma pele delicada, elas cozinham rapidamente. O método tradicional de preparo é cozinhá-las com a cabeça enfiada embaixo da asa e com as entranhas intactas. Eu prefiro cozinhar galinholas em dois estágios e, depois, servi-las com bastões grossos de pastinaca cozidos com um molho de caramelo e vinagre balsâmico, além de um molho encorpado de vinho tinto aromatizado com um pouco de chocolate amargo. É um prato elegante derivado das melhores receitas de culinária do interior britânico. Sempre recomendo que os ingleses comprem galinholas em estabelecimentos licenciados para venda de carne de caça — a temporada de caça de galinholas no país é bem curta (de novembro a janeiro). SERVE 4 PORÇÕES COMO PRATO PRINCIPAL

4 galinholas
4 colheres (sopa) de manteiga clarificada
25 g de manteiga fria cortada em cubos
sal marinho e pimenta-do-reino moída na hora

Molho
300 ml de vinho tinto
1 chalota grande bem-picada
1 colher (sopa) de azeite de oliva
1/4 colher (chá) de pó chinês das cinco especiarias
6 grãos de pimenta-do-reino
1 raminho de tomilho fresco
1 folha de louro pequena
2 colheres (chá) de vinagre de xerez
500 ml de Caldo de Galinha (p. 212)
25 g de chocolate amargo com pelo menos 60% de percentual de cacau

Pastinacas
6 pastinacas curtas e grossas
4 colheres (sopa) de açúcar
1/2 colher (chá) de sal marinho refinado
3 colheres (sopa) de azeite de oliva
15 g de manteiga
1 colher (sopa) de mel claro
1 colher (sopa) de vinagre balsâmico envelhecido
150 ml de Caldo de Galinha (p. 212)

1 Antes de tudo, prepare o molho. Ferva o vinho até que esteja reduzido pela metade. Em outra panela, refogue a chalota no azeite por cinco minutos. Adicione o pó das cinco especiarias, a pimenta-do-reino e as ervas. Cozinhe por um minuto e cubra com o vinagre. Acrescente o vinho reduzido e o Caldo. Tempere, deixe ferver e cozinhe em fogo médio até que o líquido esteja reduzido pela metade. Peneire e reserve na mesma panela.

2 Agora prepare as pastinacas. Descasque-as e apare suas pontas. Corte-as ao meio na largura. Fatie as pastinacas em torno do miolo como se fossem batatas fritas grossas. Jogue os miolos fora. Misture as fatias de pastinaca com o sal e o açúcar.

3 Aqueça o azeite e a manteiga em uma frigideira grande e frite as pastinacas até que elas comecem a caramelizar, virando-as com frequência até que dourem bem. Acrescente o mel e continue cozinhando por cerca de cinco minutos até que a pastinaca amoleça. Cubra com o vinagre balsâmico, mexendo por um ou dois minutos, e acrescente o Caldo gradualmente. Não adicione tudo de uma vez ou o caramelo será dissolvido. Adicione-o em pequenas porções e deixe uma parte ser absorvida antes de acrescentar a outra, como se estivesse adicionando caldo a um risoto. Você vai obter um molho com consistência de xarope ao final. Retire as pastinacas do fogo e mantenha quente.

4 Quando estiver pronto para cozinhar as galinholas, preaqueça o forno a 200°C. Esquente uma colher (sopa) de manteiga clarificada em uma frigideira. Enrole um pano de prato limpo nas mãos e coloque uma ave na frigideira, com o lado de um dos peitos para baixo, e pressione-a contra a gordura quente. Doure e vire-a para dourar o outro peito. Frite o resto da ave se quiser, mas você só vai precisar dos peitos para esse prato. Retire a galinhola do fogo e repita o procedimento com o resto da manteiga clarificada e das aves, dourando uma de cada vez.

5 Coloque as aves em uma assadeira pequena, apoiadas na parte do rabo. Jogue os cubinhos de manteiga fria no recipiente. Aqueça a assadeira em uma das bocas do fogão até que a manteiga comece a soltar fumaça. Depois, pincele a manteiga no peito das aves. Coloque-as no forno e asse por cerca de dez minutos. A carne vai ficar rosada.

6 Retire as galinholas do forno e deixe que descansem até que fiquem frias o suficiente para que você possa manuseá-las. Em seguida, retire os peitos em pedaços inteiros com uma faca para desossar afiada. Corte as coxas também, se preferir, mas elas não contêm muita carne.

7 Coloque os peitos (e as coxas, caso as utilize) na assadeira de novo, regue com o caldo que ficou nela e cubra com papel-manteiga. Coloque a assadeira de volta no forno na mesma temperatura e cozinhe por mais três ou quatro minutos.

8 Reaqueça as pastinacas e divida-as em quatro pratos aquecidos. Coloque o molho para ferver de novo, retire-o do fogo e acrescente o chocolate, mexendo até que ele derreta. Prove o tempero. Sirva dois peitos de galinhola em cada porção sobre as pastinacas e cubra-os com o molho.

Pato Gressingham com torta de endívia

Os patos Gressingham são um dos meus ingredientes favoritos, extremamente saborosos e com uma pele que fica bem crocante — contanto que você faça cortes diagonais iguais e bem próximos em sua superfície. As tortinhas de endívia são um acompanhamento diferente. Elas levam um pouco de tempo para ficarem prontas, mas não são difíceis de preparar. Você vai precisar de formas para tarteletes *ou formas grandes para* muffins, *com oito a dez centímetros de diâmetro e dois a três centímetros de profundidade, para prepará-las.* **SERVE 4 PORÇÕES COMO PRATO PRINCIPAL**

250 g Massa Folhada (p. 214)
4 cabeças de endívia médias
30 g de açúcar mascavo *light*
50 g de manteiga, mais uma boa colherada
2 colheres (sopa) de vinagre balsâmico
1 cenoura cortada em cubos
1/4 de salsão cortado em cubos
1/2 repolho crespo cortado em tiras
1 colher (sopa) de azeite de oliva
75 g de *bacon* magro defumado cortado em cubos pequenos
4 peitos de pato Gressingham (com cerca de 175 g cada)
1 colher (sopa) de mel claro
2 cravos-da-índia inteiros
sal marinho e pimenta-do-reino moída na hora

1 Abra a massa até obter uma espessura de cinco milímetros. Corte quatro rodelas com cerca de três centímetros maiores que o diâmetro das formas de *tartelete*, que têm de 11 a 13 centímetros. Espete um pouquinho as massas e leve à geladeira para que descansem. Preaqueça o forno a 200°C.
2 Com uma faca fina e afiada, escave o miolo da endívia para retirar o máximo do miolo duro possível, mas ainda manter as folhas juntas. Corte a endívia no meio para que você fique com uma base com cerca de três centímetros de altura. Reserve. (Use as folhas em saladas.)
3 Em uma panela pequena, dissolva o açúcar em um pouco de água. Em seguida, adicione a manteiga. Deixe que derreta e ferva por mais ou menos um minuto. Acrescente o vinagre. Passe a mistura para as formas de *tartelete*. Tempere os pedaços de endívia e distribua-os entre as forminhas, pressionando-os bem contra o caramelo, com o lado das folhas para cima (veja fotografias desta técnica na p. 218).
4 Coloque os discos de massa por cima e enfie as bordas para dentro da forma. Asse por 12 a 15 minutos até que a massa fique dourada e crocante. Durante o cozimento, retire o caldo das formas uma ou duas vezes. A endívia vai amolecer e absorver o sabor delicioso do caramelo. Retire do fogo e deixe que esfrie um pouco enquanto você prepara o resto do prato.
5 Cozinhe a cenoura e o salsão em água salgada fervente por três a quatro minutos. Adicione o repolho e cozinhe por mais dois minutos. Escorra e esfrie os legumes em água corrente fria. Limpe a panela, aqueça o azeite nela e frite o *bacon* por cerca de cinco minutos, mexendo uma ou duas vezes. Reserve a panela.
6 Apare as pontas dos peitos de pato e faça cortes diagonais na pele, tomando cuidado para não acabar cortando a gordura também. Quanto mais próximos forem os cortes, mais a pele cozida vai ficar crocante. Aqueça uma frigideira antiaderente de fundo grosso e, quando estiver quente, acrescente os peitos de pato com a pele para baixo. Cozinhe por alguns segundos para que doure. A carne soltará gordura. Jogue-a fora para que não queime. Vire os peitos e doure o lado da carne. Tempere enquanto cozinham. Vire mais uma vez e regue a carne algumas vezes com o caldo da frigideira. Cozinhe por oito a dez minutos no total. A carne de pato fica melhor se for servida malpassada e suculenta.
7 Retire os peitos de pato da frigideira e mantenha-os quentes, reservando o caldo que soltarem. Retire o excesso de gordura da frigideira, mas guarde o caldo da carne. Adicione o mel e os cravos-da-índia à frigideira. Devolva os peitos

de pato com seus caldos ao fogo e cubra-os com a mistura de mel. Deixe que o lado da pele fique mais um pouco na panela para tostar, depois retire os peitos do fogo e deixe que descansem.

8 Enquanto isso, reaqueça os pedaços de *bacon*, adicione uma colherada de manteiga e devolva a mistura de repolho à panela. Mexa bem até que esteja muito quente. Prove o tempero e passe colheradas da mistura para o centro de quatro pratos aquecidos. Coloque os peitos de pato por cima (corte as fatias diagonalmente, se preferir) e regue com o caldo da frigideira. Vire as tortas de endívia com cuidado, soltando-as dos lados das formas com uma faca, se necessário, e coloque uma em cada prato. Usando um cabo fino de colher ou uma faca de mesa, separe as folhas das endívias cautelosamente. Assim elas ficarão com um aspecto de rosas. Sirva imediatamente.

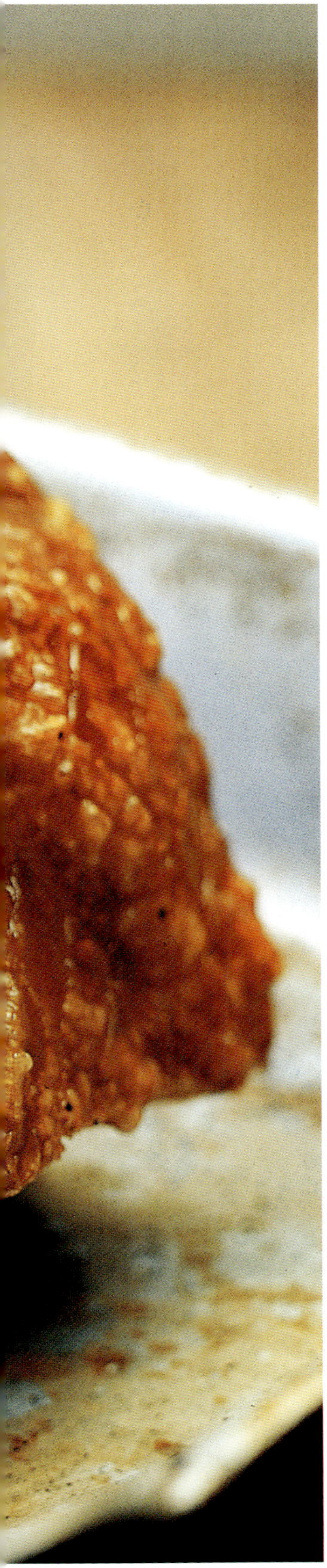

Lombo de porco com molho cremoso de mostarda e chucrute

A carne de porco atinge seu auge no meio do inverno. Escolha a carne de porcos criados ao ar livre, porque ela tem muito mais sabor do que as outras opções. Peça ao açougueiro o melhor pedaço do lombo, com a parte da gordura que foi cortada, para que fique com uma textura crocante torradinha. Falando nisso, caso você queira uma crosta bem tostada, siga minha sugestão e frite primeiro a gordura em uma frigideira quente, antes de assar a carne. Com a carne de porco, eu gosto de servir chucrute cozido no estilo da Alsácia com fatias crocantes de bacon. **SERVE 4 PORÇÕES COMO PRATO PRINCIPAL**

1 pernil de porco desossado (com cerca de 1 kg)
500 g de chucrute em conserva
2 colheres (sopa) de azeite de oliva
1 cebola fatiada
75 g de *bacon* magro defumado cortado em cubos pequenos
800 ml de Caldo de Galinha (p. 212)
150 ml de creme de leite fresco
1 colher (sopa) de sementes de mostarda
sal marinho e pimenta-do-reino moída na hora

1 Preaqueça o forno a 200°C. Aqueça uma frigideira grande no fogão até que você sinta emanar bastante calor. Coloque o pernil de porco na frigideira com o lado da gordura para baixo, e pressione-o contra a panela (é melhor você enrolar suas mãos com um pano de prato para protegê-las). Este procedimento dará início ao processo de formação da crosta. Vire o pernil e doure o restante da carne.
2 Transfira a carne para uma assadeira com o lado da gordura para cima e salpique-a com sal marinho. Asse por 30 minutos e baixe a temperatura para 180°C. Asse por mais 30 minutos. Não regue a carne com o caldo.
3 Enquanto isso, lave o chucrute com água fria e seque bem. Aqueça uma colher (sopa) de azeite em uma panela grande e refogue a cebola em fogo baixo por cinco minutos até que doure levemente. Acrescente o *bacon* e continue cozinhando por cerca de três minutos até que fique crocante. Adicione o chucrute, 500 ml do Caldo e pimenta-do-reino moída na hora. Deixe ferver, cubra e cozinhe em fogo baixo por cerca de 20 minutos.
4 Enquanto isso, ferva o resto do Caldo até que reduza pela metade. Vire a panela para retirar o Caldo, reserve-o e acrescente o creme de leite à panela. Deixe o creme de leite ferver em fogo baixo e acrescente o Caldo reduzido e as sementes de mostarda. Prove o tempero e mantenha o molho quente.
5 Quando a carne de porco estiver quase cozida, fure a parte mais grossa com um palito de metal. Um caldo deve sair dela. Caso não saia transparente, cozinhe por mais um pouco de tempo, até que fique transparente. A carne deve parecer firme quando pressionada, mas não dura. Retire-a do forno e deixe que descanse por cerca de dez minutos enquanto você reaquece o molho e divide o chucrute entre quatro pratos aquecidos.
6 Corte a carne de porco em fatias bem grossas e quebre a crosta em pedaços. Coloque essas fatias por cima do chucrute e cubra com o molho. É um puro prazer rústico.

Costeletas de vitela com creme de legumes de inverno

A vitela não é muito famosa no Reino Unido, o que é uma pena, já que ela tem um ótimo sabor e é muito versátil. Você pode servi-la simplesmente assada ou cozida com um molho — um molho cremoso como o de uma blanquette de veau *ou um molho de tomate forte, como o servido com ossobucos. Esta é uma boa receita para um jantar preparado no meio de semana — são carnes e legumes juntos, com salsão e repolhos servidos com miniespinafre escaldado.* **SERVE 4 PORÇÕES COMO PRATO PRINCIPAL**

4 costeletas de vitela (com cerca de 200 g cada)
4 colheres (sopa) de azeite de oliva
1 colher (chá) de alecrim fresco picado
8 a 12 minicebolas
150 g de salsão
15 g de manteiga, mais uma colherada
200 g de folhas de miniespinafre
1 colher (sopa) de mostarda de Dijon
200 ml de creme de leite fresco
sal marinho e pimenta-do-reino moída na hora

1 Apare as costeletas e coloque-as em uma tábua. Com um rolo de macarrão, bata nas costeletas levemente para achatá-las um pouco. Pincele os dois lados de cada costeleta com um pouco de azeite de oliva e salpique alecrim por cima. Deixe marinar por cerca de duas horas.
2 Enquanto isso, cozinhe as cebolas em água fervente por 30 segundos. Escorra e lave-as com água fria. As cascas devem sair com facilidade. Aqueça uma colher (sopa) de azeite em uma frigideira pequena e refogue as cebolas por cinco a sete minutos até que dourem. Retire-as com uma escumadeira e reserve.
3 Descasque o salsão e corte-o em cubos. Aqueça o azeite restante e a manteiga na mesma frigideira das minicebolas e refogue o salsão por cerca de cinco minutos, virando-o uma ou duas vezes. Tempere bem e devolva as cebolas à frigideira. Reserve.
4 Escalde o espinafre em água fervente por um minuto. Em seguida, escorra e esfrie-o em água corrente fria. Seque bem de novo e retire o máximo de água possível. (Na minha cozinha, eu espremo as folhas em um pano de prato limpo.)
5 Acrescente a mostarda e o creme de leite ao salsão e às cebolas e deixe ferver em fogo baixo. Prove o tempero. Mantenha quente.
6 Agora prepare a vitela. Aqueça uma frigideira antiaderente de fundo grosso e, quando estiver quente, acrescente as costeletas de vitela. Tempere à medida que cozinharem, deixando-as fritarem por três a quatro minutos de cada lado. Regue uma ou duas vezes com o caldo da frigideira ou com as sobras da marinada.
7 Reaqueça o espinafre com uma colherada de manteiga. Divida o salsão e as cebolas entre quatro pratos aquecidos, coloque as costeletas por cima e espalhe o espinafre em volta. Sirva quente.

Escalope de vitela com *fondant* de couve-rábano

O inverno é uma boa época para se usar minialcachofras. Elas são tão pequenas que os invólucros ainda não se formaram, por isso podem ser cozidas e comidas inteiras. O inverno também é a época da couve-rábano e de seu sabor intrigante parecido com o do nabo. Se você vai demorar para preparar pratos especiais com legumes, faz sentido servi-los com um corte de carne que cozinhe rápido. O meu favorito é uma fatia de "contrafilé" de vitela (que sai da parte de cima da anca) que chamamos de "escalope", mas um filé magro de carneiro ou de porco também combina. SERVE 4 PORÇÕES COMO PRATO PRINCIPAL

4 minialcachofras
suco de 1/2 limão
1 couve-rábano média (com cerca de 500 g)
25 g de manteiga
1 colher (sopa) de azeite de oliva
150 ml de Caldo de Galinha *Light* (p. 212)
4 escalopes de vitela (com cerca de 100 g cada)
3 colheres (sopa) de farinha de trigo
3 colheres (sopa) de manteiga clarificada
2 colheres (chá) de cerefólio fresco picado
2 colheres (chá) de salsa fresca picada
2 colheres (chá) de cebolinha-miúda picada
sal marinho e pimenta-do-reino moída na hora

1 Comece preparando as alcachofras. Corte as pontas das pétalas e retire os talos. Coloque-as em uma panela de água fervente com metade do suco de limão. Cozinhe por cinco minutos e as peneire até que estejam secas. Deixe esfriar.

2 Descasque a couve-rábano e fatie-a em rodelas de um centímetro e meio de espessura. Aqueça metade da manteiga e todo o azeite em uma frigideira com tampa ou uma panela rasa. Frite as fatias de couve-rábano rapidamente dos dois lados para que dourem bem. Em seguida, tempere e acrescente o Caldo. Adicione metade do restante da manteiga à frigideira e cubra com papel-manteiga. Cozinhe em fogo baixo por 10 a 12 minutos até que o caldo tenha evaporado e as fatias tenham amolecido. Não as vire. Deixe-as na panela, mas retire-as do fogo.

3 Agora prepare a vitela. Coloque um dos escalopes entre folhas de papel-manteiga e bata nele levemente com um martelo de metal ou um rolo de macarrão. Não bata com muita força — só um pouco, para amaciar e achatar a carne. Faça o mesmo com os outros escalopes. Tempere a farinha e jogue a vitela nela, sacudindo os pedaços para retirar o excesso.

4 Aqueça a manteiga clarificada em uma frigideira antiaderente de fundo grosso e acrescente a vitela. Frite-a rapidamente por um minuto e adicione um pouco da manteiga restante. Quando ela formar uma espuma, vire a vitela. Regue-a com a espuma da manteiga e cozinhe por um ou dois minutos até que a carne comece a ficar firme. Não deixe passar do ponto. Acrescente as ervas picadas, tempere levemente e regue com o resto do suco de limão.

5 Sirva a vitela em pratos aquecidos. Reaqueça as alcachofras (em um pouco de água com manteiga) e a couve-rábano, passe-as para o prato de vitela e sirva.

Meu *steak tartare* especial com batatas fritas

Preparar steak tartare *é uma arte. É uma das técnicas mais difíceis de aprender da* "art de la table" *e só é feita pela equipe principal. Meu* maître, *Jean-Claude Breton, é um especialista nessa arte! Ele vai dizer a você que a única exigência é o filé mais magro da melhor carne, que só pode ser do gado Angus de Aberdeen. Na Inglaterra, se não há um açougueiro decente perto de sua casa, recomendo sempre que se experimente uma das excelentes fazendas familiares que agora estão entregando carne em domicílio. O outro segredo do sucesso é cortar a carne à mão, usando duas facas de cozinha afiadas e pesadas. Normalmente, um bom açougueiro afia as facas para você — só precisa saber quando o amolador de facas dele está lá. Por fim, você também vai precisar de bons ingredientes para preparar as batatas. Nós gostamos de usar batatas Desirée e fritá-las em azeite de oliva* light, *mas óleo de amendoim também serve, porque pode ser levado a altas temperaturas e tem um sabor bem neutro, ideal para frituras. Lembre-se de que esta receita contém carne e gemas de ovos cruas.* **SERVE 2 PORÇÕES COMO PRATO PRINCIPAL**

250 g do melhor filé magro escocês
2 colheres (chá) de alcaparras bem-picadas
2 colheres (chá) de picles bem-picados
2 colheres (chá) de cebolas roxas bem-picadas
2 colheres (chá) de salsa fresca bem-picada
2 colheres (chá) de ketchup
2 colheres (chá) de mostarda de Dijon
½ a 1 colher (chá) de sal marinho moído
alguns pingos de molho de pimenta forte e de molho inglês
1 gema de ovo orgânico grande (procure sempre os melhores orgânicos)

Batatas fritas
400 g de batatas Desirée médias descascadas
azeite de oliva *light* ou óleo de amendoim para fritar
sal marinho para salpicar

1 É importante que tudo esteja gelado enquanto você estiver preparando esta receita — especialmente a tábua de carne e a tigela da mistura. Não mexa demais na carne para que a textura se mantenha fresca. Corte a carne em fatias finas e as fatias em tirinhas. Junte algumas delas e corte-as em pequenos cubos (veja fotografias dessa técnica na p. 220).
2 Coloque a carne em uma tigela gelada e espalhe-a pelos lados para que fique ainda mais fria. Adicione todos os outros ingredientes e misture-os rapidamente com um garfo até obter uma massa homogênea. Forme duas rodelas com a carne e coloque-as em pratos gelados. Cubra e coloque-os na geladeira para mantê-los gelados enquanto você prepara as batatas fritas.
3 Corte as batatas em palitos de um centímetro de espessura. Não as lave — simplesmente deite-as em um pano, tempere-as com sal e deixe que sequem por cinco minutos. Enxugue-as com papel toalha.
4 Aqueça cinco centímetros de azeite em uma frigideira funda a 180°C. Coloque os palitos de batata no azeite quente (o ideal é usar uma cesta para fritura) e frite-os por três minutos ou até que amoleçam, mas não dourem. Retire-os do azeite e reaqueça-o a 180°C. Recoloque as batatas no azeite e frite até que dourem bem e fiquem crocantes.
5 Sirva as batatas fritas em uma tigela separada do *steak tartare*.

Rabada assada com purê de pastinaca

A rabada é um dos pratos britânicos mais clássicos. Durante a proibição inglesa das carnes com ossos, as rabadas não apareciam nos menus do país, mas agora esses cortes estão de volta aos bons açougues, e nós podemos aproveitar a carne saborosa e aveludada que fica macia depois de um cozimento longo e lento. As fatias diminuem de tamanho à medida que o rabo se estreita. O ideal é servir duas boas fatias por porção. Talvez a melhor opção seja comprar duas rabadas de boi e comer as sobras no dia seguinte, ou até mesmo as congelar. Um purê de pastinaca reconfortante é ótimo para absorver o molho espesso e saboroso. Este prato me lembra meu primeiro restaurante, o Aubergine. O purê de pastinaca era tão famoso por lá que eu tive que o manter no cardápio até me cansar de prepará-lo. Agora eu posso reintroduzi-lo. Os dois elementos deste prato podem ser cozidos no dia anterior e reaquecidos na hora de servir — outra vantagem da receita. **SERVE 4 PORÇÕES COMO PRATO PRINCIPAL**

2 rabadas de boi (com cerca de 1 kg cada) cortadas em fatias de três centímetros
400 ml de vinho tinto
1 raminho de tomilho fresco
1 folha de louro
4 colheres (sopa) de azeite de oliva
2 cenouras picadas
1 cebola roxa picada
1 litro de Caldo de Galinha (p. 212)
sal marinho e pimenta-do-reino moída na hora

Purê de pastinaca
4 pastinacas curtas médias
25 g de manteiga
1 colher (sopa) de azeite de oliva
1 batata média descascada e picada em pedaços grandes
300 ml de Caldo de Galinha *Light* (p. 212)
150 ml de creme de leite fresco

1 Coloque as rabadas para marinar no vinho. A maneira mais fácil de fazer isso é colocar os cortes em um saco de comida grande e acrescentar o vinho e as ervas. Feche o saco e misture tudo. Deixe-o na geladeira por uma noite.
2 Quando estiver pronto para cozinhar, retire as rabadas do saco e reserve o vinho. Aqueça duas colheres (sopa) do azeite de oliva em uma caçarola de ferro grande e doure os pedaços de rabada sucessivamente. Enxugue-os com papel toalha.
3 Aqueça o azeite restante na mesma panela e refogue as cenouras e a cebola por cerca de cinco minutos até que amoleçam. Adicione a marinada de vinho (com as ervas) e cozinhe até que esteja reduzida a dois terços. Acrescente o Caldo e deixe ferver. Recoloque os pedaços de rabada na panela e tempere bem. Depois, cubra e cozinhe em fogo muito baixo por quase três horas até que a carne fique muito macia e caia do osso ao ser espetada.
4 Enquanto isso, prepare o purê de pastinaca. Descasque as pastinacas e corte fatias finas do legume em torno do miolo. Descarte o miolo. Pique as pastinacas em pedaços grandes. Aqueça a manteiga e o azeite de oliva em uma panela rasa e refogue as pastinacas e a batata em fogo baixo até que fiquem levemente douradas. Acrescente o Caldo, tempere e deixe ferver. Cubra com uma ou duas folhas de papel-manteiga e cozinhe em fogo baixo por cerca de 15 minutos, até que os legumes fiquem macios e o líquido evapore.
5 Acrescente o creme de leite, deixe ferver de novo e cozinhe em fogo baixo por mais alguns minutos até que ele quase desapareça. Passe tudo para um processador de alimentos e bata até obter uma mistura aveludada e homogênea. Prove o tempero.
6 Passe as rabadas para pratos aquecidos ou uma bandeja grande. Peneire o líquido do cozimento, reaqueça-o e cubra a carne com ele. Para decorar, eu sugiro fatias diagonais de cenoura cozidas com um pouco de manteiga, água e alho socado. Fica ótimo. Sirva com purê de pastinaca.

Pés de porco crocantes

Esta receita dá muito trabalho, mas, se você já comeu pés de porco recheados e gosta de cozinhar, vai querer tentar prepará-la. Os pés de porco normalmente têm que ser encomendados — lembre-se de pedir que o tamanho do osso seja longo e se estenda por cerca de 15 centímetros além do casco. Você pode comprar uma paleta no mesmo pedido. É importante que você tenha uma faca fina e afiada para que possa retirar a pele dos pés de modo limpo. Eu gosto de servir este prato com ovos de codorna fritos e fatias bem finas de trufas frescas por cima — é um bacon *com ovos muito chique.* **SERVE 4 PORÇÕES COMO PRATO PRINCIPAL**

2 paletas para que você tenha 500 g de carne depois de cozinhá-la
4 pés de porco grandes sem os pelos
1 cebola metade fatiada, metade cortada em cubos
2 cenouras cortadas em cubos
1 talo de aipo cortado em cubos
1 *bouquet garni* fresco (uma folha de louro pequena, um raminho de tomilho fresco, alguns ramos de salsa e folhas de aipo amarrados)
4 a 5 colheres (sopa) de azeite de oliva
4 dentes de alho grandes picados
1 folha de louro
1 raminho de tomilho fresco
4 colheres (sopa) de extrato de tomate
1 garrafa de vinho tinto
1 litro de Caldo de Galinha (p. 212)
1 par de molejas preparadas e cozidas (veja a receita de Moleja com Marmelada de Chalotas e Cogumelos da p. 147)
sal marinho e pimenta-do-reino moída na hora

Para servir (opcional)
folhas mistas de verduras
Molho Vinagrete Clássico (p. 213)

1 Comece a preparar o prato com 24 horas de antecedência. Primeiro, coloque as paletas em tigelas separadas com água fria e deixe-as de molho. Depois retire a pele dos pés de porco. Com a ajuda de uma faca bem-afiada para desossar, faça um corte reto até o primeiro casco. Passando a faca por baixo da pele, comece a retirar a pele do osso. Tome cuidado para não retirar a gordura ou veias junto com a pele. Continue raspando e puxando a pele até chegar ao primeiro casco.
2 Segure o pé com um pano limpo e deixe que a pele caia na sua mão. Corte o casco exposto e afaste a pele. Você deve retirar o osso longo e ficar apenas com um pedaço de pele grande e solto e com o pedaço do osso em que os cascos estão presos. Assim, ele terá a aparência de uma grande marionete vazia. Uma outra dica é não tentar puxar a pele enquanto você a retira do osso. Eu sei que é difícil, mas isso vai impedir que o recheio vaze depois.
3 Retire a pele dos outros pés da mesma maneira. Para encorajar você a aceitar essa tarefa, devo dizer que meus chefs mais jovens conseguem retirar a pele de um pé de porco em 12 segundos — é o que eles dizem. Eu nunca cronometrei, mas eles fazem um trabalho rápido e limpo.
4 Coloque a pele dos pés em uma tigela com água limpa e deixe-a de molho para retirar quaisquer vestígios de sangue. Escorra e enxugue-as com papel toalha.
5 Quando estiver pronto para cozinhar, escorra as paletas e coloque-as em uma panela coberta com mais água. Adicione a cebola fatiada, metade das cenouras e do aipo, o *bouquet garni* e a pimenta. Deixe ferver e retire a espuma que se formar. Cozinhe em fogo baixo por duas horas até que o líquido evapore quase todo.

6 Deixe que a panela esfrie e peneire o caldo das paletas. Retire a carne dos ossos e reserve. Descarte os legumes e o *bouquet garni*. Ferva o caldo das paletas até que reduza pela metade e reserve. Ele deve adquirir uma consistência de gelatina quando esfriar.

7 Refogue o restante da cebola, das cenouras e do aipo em duas colheres (sopa) de azeite por cinco a dez minutos até que amoleçam e caramelizem. Adicione o alho, a folha de louro, o tomilho e o extrato de tomate e cozinhe por dois minutos. Em seguida, acrescente o vinho. Cozinhe até que o líquido esteja reduzido a três quartos da quantidade inicial.

8 Adicione o Caldo de Galinha e as peles dos pés. Deixe ferver, cubra parcialmente e cozinhe em fogo bem baixo por três horas e meia a quatro horas. Não mexa nos pés a não ser que estritamente necessário, ou você pode acabar cortando a pele por acidente. A pele estará pronta quando você puder pressionar um pedaço contra o lado da panela com dois de seus dedos e furá-la com facilidade. Deixe que esfrie por dez minutos no líquido de cozimento e passe-a com cuidado para uma grelha para que esfrie mais. Descarte o líquido.

9 Agora você pode cortar os cascos. Você deve ficar com quatro pedaços de pele muito macia e bem vermelha. Seque-as. Forre uma tábua de carne com uma folha de papel filme. Coloque uma pele de pé de porco no comprimento e prenda outra pele no fim dela, uma um pouco em cima da outra. Repita a operação com as outras duas peles para fazer um retângulo de pele de porco com 35 a 40 x 15 centímetros. (No restaurante, nós espalhamos na pele uma camada fina de uma receita francesa de *mousseline* de frango, mas o caldo da paleta também serve.)

10 Coloque a paleta despedaçada no centro e faça um montinho. Caso você utilize molejas, coloque metade da carne da paleta nas peles, a moleja por cima de modo bem espaçado, e cubra com o resto da paleta.

11 Dobre um lado da pele sobre o recheio com firmeza e cuidado e enrole-a como uma linguiça. Embrulhe-a bem com papel-alumínio, tomando cuidado para evitar rasgos e bolhas, e torça levemente as pontas. Leve à geladeira por pelo menos 12 horas.

12 Quando estiver pronto para servir, use uma faca muito afiada ou de serra, mergulhada em água quente, para cortar a “linguiça” em 12 medalhões. Aqueça a última colher (sopa) de azeite em uma frigideira e frite-os rapidamente por cerca de três minutos de cada lado, até que fiquem crocantes. Sirva a carne com uma salada mista bem temperada.

Torta de laranja e limão

Eu fico com vergonha de dizer que recebo elogios frequentes para a torta de laranja e limão que servimos no restaurante — devo dividir o crédito com meus chefs de sobremesa, coordenados por Thierry Besselieur. Uma torta francesa de limão perfeita depende totalmente da habilidade do cozinheiro, que deve abrir a massa até que fique bem fina, mas sem quebrar, ferver as frutas para concentrar o sabor e assar o recheio a uma temperatura muito baixa até que fique levemente firme. Como um toque final, nós adicionamos uma crosta de açúcar bem fina, feita com não apenas uma camada de açúcar caramelizado, mas duas. Experimente. **SERVE 4 A 6 PORÇÕES**

1 porção de massa doce gostosa (veja a receita de Pudim de Pera e *Frangipane* da p. 153)
2 colheres (sopa) de açúcar de confeiteiro
Laranja e Limão Cristalizados (p. 215 — opcional)

Recheio
600 ml de suco de laranja
suco de 2 limões
raspas de 1 limão
raspas de 1 laranja
180 g de açúcar refinado
6 gemas de ovos orgânicos batidas
150 ml de creme de leite fresco

1 Abra a massa o máximo que conseguir até obter um círculo de 30 cm de diâmetro, grande o suficiente para forrar com folga uma forma rasa de 20 cm de diâmetro e entre 2,5 e 3 cm de profundidade. Você pode fazer isso em uma superfície de trabalho levemente polvilhada com farinha ou entre duas folhas de papel filme polvilhadas com farinha. Passe a massa para a forma (ou para uma forma de base solta posta sobre uma assadeira) com a ajuda do rolo de macarrão. Pressione a massa contra o fundo e os lados da forma e feche quaisquer buracos que se formarem com restinhos de massa. A massa deve ficar pendurada para fora da forma (não retire o excesso). Coloque a forma em uma assadeira.
2 Ponha uma folha grande de papel-alumínio em cima da massa e cubra bem os lados. Jogue alguns feijões por cima.* Leve à geladeira por 20 minutos enquanto o forno preaquece a 180°C.
3 Asse a massa coberta por 12 a 15 minutos até que fique firme. Retire os feijões e o papel-alumínio. Devolva a massa ao forno e asse por mais cinco minutos. Corte a massa na altura da borda da forma usando uma faca bem-afiada e deixe esfriar enquanto você prepara o recheio.
4 Baixe a temperatura do forno para a mais baixa possível (o ideal é 100°C, mas muitos fornos domésticos não chegam a essa temperatura e ficam em torno dos 120°C). Deixe que esfrie por 20 minutos.
5 Para preparar o recheio, ferva os sucos de laranja e limão juntos até que estejam reduzidos a cerca de 170 ml. Deixe esfriar. Misture as raspas de limão e laranja com o açúcar e as gemas. Adicione o creme de leite e, em seguida, o suco frio.
6 Coloque a massa em uma das prateleiras do forno, que deve ser puxada para fora, e acrescente o recheio, chegando o mais perto possível da borda da forma. Empurre a prateleira de volta para o lugar com muito cuidado e asse por 35 minutos. O recheio ainda deve ficar bem molinho. Apague o forno e deixe que a torta

esfrie dentro dele até ficar firme o suficiente para ser retirada sem derramar nada. Deixe que esfrie completamente até se tornar quase firme e leve à geladeira.

7 Coloque metade do açúcar de confeiteiro por cima da torta em uma camada homogênea. Caramelize-o imediatamente com um maçarico. Deixe que esfrie e fique crocante. Depois, coloque outra camada de açúcar de confeiteiro e caramelize-a também. Deixe que esfrie completamente.

8 Corte a torta em pedaços com uma faca longa e afiada e sirva com um pouco de creme de leite, se preferir. Nós também adicionamos fatias de limão e laranja cristalizadas como decoração. Caso você tenha vontade, tente fazê-los, porque são um bom complemento para a torta.

* Na Inglaterra, há utensílios chamados *baking beans*, feitos muitas vezes de cerâmica, que servem para manter a massa de torta no fundo da forma. Isso também pode ser feito com feijões normais. (N.E.)

Compota de maçã, ameixa e caramelo

Minhas sobremesas sempre são servidas em porções bem pequenas. Eu sempre acho que, depois de quatro ou cinco pratos, meus clientes só vão querer uma ou duas garfadas de uma sobremesa muito saborosa. Esta é uma deliciosa receita feita com as doces ameixas Agen mergulhadas em Armagnac e servidas em pequenos copos de licor, cobertas com um purê de maçã e caramelo e um iogurte grosso e cremoso. O iogurte ainda pode ser passado num coador por uma noite inteira, ficando ainda mais espesso. Caso você queira servir porções maiores, coloque-as em copos de vinho. SERVE 4 A 8 PORÇÕES, DEPENDENDO DO TAMANHO

100 ml de Armagnac, Calvados ou outro destilado de vinho
8 a 10 ameixas Agen grandes e semissecas
1 maçã Granny Smith grande descascada, sem sementes e picada
1 fava de baunilha
100 g de açúcar refinado, mais 2 colheres (sopa)
100 g de manteiga sem sal
100 ml de creme de leite fresco
cerca de 300 g de iogurte grego integral

1 Esquente o destilado de sua preferência em uma panela pequena sem deixar que ferva. Retire do fogo e acrescente as ameixas. Deixe macerar durante a noite.
2 No dia seguinte, escorra as ameixas, retire os caroços e pique a polpa em pedaços grandes. Reserve.
3 Coloque a maçã picada em outra panela pequena e regue com duas colheres (sopa) de água. Abra a fava de baunilha e, com a ponta de uma faca, retire as sementes. Misture-as com duas colheres (sopa) de açúcar, adicione tudo à panela e misture com a maçã. Aqueça até que o conteúdo da panela comece a chiar, cubra e cozinhe por cinco a sete minutos, mexendo de vez em quando. O ponto é quando a maçã ficar macia e mole. Deixe esfriar e amasse o purê grosso com um garfo.
4 Em outra panela, esquente o açúcar restante em fogo baixo com um pouco de água até que derreta, mexendo de vez em quando. Quando estiver transparente, acrescente a manteiga e cozinhe até obter uma cor clara de caramelo. Não mexa, ou você vai acabar fazendo uma calda.
5 Retire do fogo e deixe esfriar por cinco minutos. Em seguida, acrescente o creme de leite. Deixe esfriar à temperatura ambiente, misture com as maçãs e leve à geladeira.
6 Divida as ameixas entre os copos de sua escolha. Mexa o iogurte até que fique homogêneo e coloque metade por cima das ameixas. Em seguida, cubra-o com a mistura de maçãs. Por fim, dê o acabamento com outra camada de iogurte.

Nota: Eu também adiciono pequenas folhas de coentro açucarado para decorar. Prepare-as mergulhando raminhos de coentro fresco em claras batidas e depois em açúcar refinado. Depois, deixe-as secarem em papel-manteiga antiaderente.

Suflês de pralina

Não se subestime: você consegue fazer um suflê quente de sobremesa. Nós fazemos dúzias deles todos os dias, e todos chegam às mesas triunfantemente cheios. É verdade que você vai ter que escapar até a cozinha para bater as claras e acrescentá-las à mistura-base e que, sim, você vai ter que esperar 15 minutos até que os suflês assem, mas, em uma festa particular, a maioria das pessoas já sabe que deve haver uma boa pausa depois do prato principal para que se possa valorizar de verdade o trabalho que você teve com a sobremesa. Além disso, é uma boa desculpa para outro copo de vinho. **SERVE 6 PORÇÕES**

250 ml de leite integral
100 g de açúcar refinado
140 g de Pralinas (p. 215)
40 g de farinha de trigo
4 ovos orgânicos grandes (dois deles com as claras e as gemas separadas)
um pouco de manteiga derretida para os ramequins
açúcar de confeiteiro para polvilhar (opcional)

1 Dê início à receita preparando a mistura-base. Aqueça o leite com 50 g do açúcar refinado e 110 g de pralinas em uma panela de fundo grosso.
2 Enquanto isso, misture a farinha, dois ovos inteiros e duas gemas em uma tigela grande. Coloque a tigela sobre um pano molhado para que ela se mantenha firme e acrescente o leite quente com pralinas aos poucos. Misture bem, devolva à panela e cozinhe em fogo baixo até que a mistura fique bem grossa e macia. Retire do fogo e deixe esfriar.
3 Deixe as duas claras e o resto do açúcar refinado prontos. Pincele a parte de dentro de seis ramequins de cerca de 8,5 centímetros de diâmetro com a manteiga derretida e polvilhe com a pralina restante, retirando o excesso. Coloque-os em uma assadeira. Preaqueça o forno a 190°C.
4 Quando estiver pronto para cozinhar, bata as claras até que fiquem em neve, grossas e brilhantes. Acrescente o açúcar aos poucos. Adicione, misturando levemente, o suspiro que se formou à mistura-base. Encha os ramequins de massa até a borda e nivele a parte de cima com uma espátula.
5 Asse por 15 minutos até que cresçam e fiquem firmes. Caso você tenha tempo, peneire um pouco de açúcar de confeiteiro por cima. No entanto, você pode preferir levar os suflês para a mesa rapidamente.

Nota: Aqui vai uma dica útil. Em vez de passar os suflês assados para uma bandeja, leve a assadeira para a mesa, retire os ramequins com uma espátula e coloque-os sobre os pratos de sobremesa prontos.

Minha torta de ameixa

Esta receita remonta aos meus dias de estudante de culinária em Oxford. A ideia é inspirada na tarte Tatin, *mas usa fatias de ameixa vermelha. Os ingredientes são simples, mas o modo de preparo deve ser seguido com cuidado. Você vai precisar de formas de* tarteletes *(com as bases fixas) com cerca de dez centímetros de diâmetro.* SERVE 4 PORÇÕES

cerca de 400 g de massa doce gostosa (veja a receita de Pudim de Pera e *Frangipane* da p. 153)
12 ameixas vermelhas grandes
50 g de manteiga sem sal
80 g de açúcar refinado
4 cravos-da-índia

1 Abra a massa até que tenha uma espessura de 5 cm. Corte quatro rodelas de 12 cm. Reabra a massa, caso necessário. Faça furinhos no centro das rodelas e reserve.
2 Corte as ameixas ao meio, retire os caroços e corte cada metade em quatro pedaços. Divida a manteiga entre as quatro formas de *tartelete* e espalhe-a sobre os fundos. Salpique 20 g de açúcar em cada forma. Preaqueça o forno a 190°C.
3 Pressione as fatias de ameixa contra a manteiga e o açúcar e espete um cravo-da-índia no centro das frutas de cada forma. Coloque as formas em uma frigideira larga e coloque-as sobre um fogo constante.
4 A manteiga e o açúcar vão começar a derreter e caramelizar com o calor. Deite e role a frigideira no calor para sacudir um pouco as formas e evitar que queimem. Depois de alguns minutos, você pode notar que as ameixas estão soltando um pouco de caldo. Enrole um pano em sua mão, retire cada forma e jogue o caldo fora. Isso ajuda a manter as ameixas secas e a caramelizá-las ainda mais. Quando as frutas parecerem levemente caramelizadas, retire-as do fogo e deixe que esfriem levemente.
5 Coloque uma rodela de massa em cima de cada forma e enfie as bordas para dentro delas. Espete a parte de cima uma ou duas vezes e asse por 12 a 15 minutos até que a massa fique dourada e crocante. Retire do forno e deixe esfriar.
6 Para servir, coloque um prato de sobremesa por cima de cada torta e vire-as com cuidado. Sirva com creme de leite, *mascarpone* ou *crème fraîche*.

Frutas de inverno com calda de Malibu e *quenelles* de *mascarpone*

Esta é uma sobremesa quente e rápida. São frutas de inverno fatiadas e mergulhadas em uma calda quente misturada com Malibu. Para variar o sabor, quando estou preparando a calda, eu primeiro caramelizo o açúcar até que doure, depois adiciono a água e deixo ferver por um ou dois minutos. Sirva as frutas em potinhos rasos e cubra com quenelles *de chantili e* mascarpone, *que vai derreter enquanto você serve a sobremesa. Marmelos dourados do Mediterrâneo podem ser encontrados em lojas de produtos gregos e libaneses durante o inverno. Eles são duros, então corte-os com uma faca afiada, segurando-os com força.*

SERVE DE 4 A 6 PORÇÕES

100 g de açúcar refinado
1 tira de casca de limão
2 colheres (sopa) de Malibu ou de rum branco
cerca de 50 g de oxicocos frescos
1 marmelo
1 pera grande
1 maçã Cox grande
4 ameixas vermelhas sem o caroço
1 banana quase madura
40 g de açúcar de confeiteiro peneirado
Tuiles de Coco (p. 215) ou biscoitos (veja a receita de Figos Assados com Biscoitos de Canela da p. 91) para servir

Quenelles
150 ml de creme de leite fresco
2 colheres (chá) de açúcar refinado
1 fava de baunilha
3 colheres (sopa) de *mascaporne* à temperatura ambiente

1 Derreta o açúcar refinado com um pouco de água em uma panela de fundo grosso, mexendo uma ou duas vezes. Aumente o fogo e, sem mexer, deixe que cozinhe até obter um caramelo levemente dourado.
2 Retire a panela do fogo e mergulhe o fundo dela em uma tigela de água gelada para que o caramelo não escureça mais. Deixe que esfrie até ficar morno, acrescente 200 ml de água e a tira de casca de limão. Devolva ao fogo e mexa até obter uma calda dourada. Ferva por um ou dois minutos, adicione o Malibu e os oxicocos e reserve.
3 Descasque e retire as sementes do marmelo e da pera. Retire as sementes da maçã, mas deixe a casca. Corte essas frutas em fatias finas. Faça o mesmo com as ameixas e a banana. Coloque todas as frutas em uma tigela.
4 Aqueça uma frigideira antiaderente grande até que esteja bem quente. Salpique o açúcar de confeiteiro sobre as frutas e misture para cobri-las bem. Passe-as imediatamente para a frigideira quente. Sacuda bem a frigideira e vire as frutas com cuidado. Elas já devem ter começado a caramelizar. Cozinhe por mais ou menos um minuto e misture com os oxicocos e a calda de Malibu. Deixe esfriar até ficar morno. Retire a tira de casca de limão.
5 Para preparar os *quenelles*, bata o creme de leite com o açúcar até obter um chantili. Abra a fava da baunilha e retire as sementes com a ponta de uma faca. Misture as sementes com o chantili e com o *mascarpone* à temperatura ambiente, amolecido. Leve à geladeira por pouco tempo.
6 Quando estiver pronto para servir, divida as frutas em taças de sobremesa ou tigelas rasas. Usando duas colheres (sobremesa) mergulhadas em água quente, modele quatro a seis *quenelles* com o chantili e coloque por cima das frutas. Sirva com *tuiles* de coco ou biscoitos.

receitas e técnicas básicas

Várias das minhas receitas seguem etapas padronizadas, que em um restaurante nós sempre temos que preparar. Para os ingredientes que podem ser armazenados, eu sugiro que você faça porções bem grandes e as conserve na geladeira ou no *freezer*. Os caldos se tornam mais práticos se congelados em blocos de 200 ou 500 ml (identifique-os com uma etiqueta antes de congelá-los — eles ficam idênticos quando são congelados!).

Os caldos também ficam mais "limpos" se forem coados em musselina, que pode ser comprada em armarinhos, em boas lojas de equipamentos para cozinha e até mesmo em lojas de tecidos. Ela é muito barata e pode ser lavada muitas vezes na máquina de lavar. Se você não a achar, pode usar um Perfex grande.

Caldo de Galinha *Light*

Coloque três quilos de carcaças ou ossos de frango cru em um caldeirão grande. Adicione pelo menos cinco litros de água fria, três cebolas cortadas em quatro, dois alhos-porós picados, duas cenouras grandes picadas, quatro talos de aipo picados, uma cabeça de alho pequena cortada ao meio na largura, um raminho grande de tomilho fresco e uma colher (sopa) de sal marinho. Deixe ferver lentamente e retire qualquer espuma que se formar com uma colher de metal (e não uma escumadeira, porque a espuma pode passar por ela). Ferva por cinco minutos, baixe o fogo e cozinhe por três a quatro horas. Deixe esfriar e espere a parte sólida decantar na panela. Forre uma peneira com um pedaço de musselina molhada e passe nela o caldo, vagarosamente. Deixe esfriar e leve à geladeira. O caldo pode ser conservado na geladeira por até três dias ou congelado. Esta receita faz cerca de três litros de um ótimo caldo.

Para preparar **Caldo de Galinha Normal**, mais escuro, primeiro asse as carcaças de frango em um forno preaquecido a 200°C por cerca de 20 minutos, virando algumas vezes. Retire a gordura e repita o procedimento acima.

Caldo de Legumes Reduzido

Este é um dos caldos mais úteis para se ter à mão, e é feito de modo um pouco diferente dos outros caldos.

Coloque os seguintes ingredientes em um caldeirão grande: três cebolas picadas, seis cenouras picadas, dois talos de aipo picados, um alho-poró picado, uma cabeça de alho pequena cortada ao meio na largura, um limão cortado em quatro, $1/4$ de colher (chá) de grãos de pimenta-do-reino vermelha, $1/4$ de colher (chá) de grãos de pimenta-branca, uma folha de louro pequena e quatro anises-estrelados. Acrescente dois litros de água fria, deixe ferver em fogo baixo e cozinhe por dez minutos. Retire do fogo e acrescente 200 ml de vinho branco seco. Adicione um raminho de estragão, um de manjericão, um de coentro, um de tomilho e um de salsa crespa, todos frescos. Deixe que esfrie, passe para uma tigela grande e guarde na geladeira por pelo menos 24 horas. Passe por uma peneira forrada com musselina. Ele pode ser conservado na geladeira por até quatro dias ou congelado. A receita faz cerca de um litro e meio de caldo.

Caldo de Peixe

Para este caldo, ossos de peixes brancos são os mais úteis. Eles vêm de linguados, solhas, hadoques, pescadas, entre outros, e não de peixes gordurosos como o salmão. Você vai precisar de cerca de um quilo e meio ou dois de ossos. Caso você utilize as cabeças dos peixes também, descarte os olhos e as guelras.

Refogue em fogo baixo uma cebola pequena picada, um alho-poró picado, um talo de aipo picado, um bulbo pequeno de funcho picado e dois dentes de alho inteiros em um pouco de azeite de oliva por dez minutos. Adicione os ossos de peixe (e as cabeças, se for o caso) e 300 ml de vinho branco seco e cozinhe até que o vinho evapore. Cubra com cerca de três litros de água fria e adicione um *bouquet garni* de ervas frescas (uma folha de louro, um raminho de tomilho, alguns ramos de salsa e folhas de aipo amarrados), um limão pequeno fatiado e alguns grãos de pimenta-branca. Deixe ferver, sempre retirando a espuma, e cozinhe por apenas 20 minutos — não cozinhe mais que isso, senão o caldo vai ficar amargo. Deixe esfriar para que a parte sólida vá para o fundo da panela e passe tudo por uma peneira forrada com musselina. O caldo pode ser conservado em geladeira por até três dias ou congelado. Esta receita rende cerca de dois litros e meio de caldo.

Court Bouillon

Use este caldo para cozinhar lagostas e peixes inteiros. Ele pode ser reutilizado até três vezes, se você peneirá-lo.

Você só precisa colocar os seguintes ingredientes em um caldeirão grande: dois alhos-porós picados, três cenouras picadas, três cebolas picadas, dois talos de aipo picados, dois bulbos de funcho picados e quatro dentes de alho grandes com a casca. Cubra tudo com cerca de três litros de água fria e adicione um raminho de tomilho, um de salsa, um de manjericão e um de estragão, todos frescos, além de uma colher (chá) de sal marinho, dois limões fatiados, quatro anises-estrelados e 300 ml de vinho branco seco. Deixe ferver e cozinhe em fogo baixo por meia hora. Passe por uma peneira forrada com musselina. O caldo pode ser conservado em geladeira por até cinco dias ou congelado. Esta receita faz cerca de um litro e meio de caldo.

Molho Vinagrete Clássico

Este molho pode ser usado para várias coisas, além de temperar saladas.

Bata 200 ml de azeite de oliva extravirgem e 200 ml de óleo de amendoim com uma colher (chá) de sal marinho refinado, $^1/_4$ colher (chá) de pimenta-do-reino em pó, o suco de um limão, 50 ml de vinagre de vinho branco e 50 ml de vinagre de xerez. Guarde em um pote grande com tampa de rosca e sacuda para reemulsificar antes de usar. A receita faz cerca de meio litro de molho.

Maionese

Bata duas gemas de ovos orgânicos, uma colher (chá) de vinagre de vinho branco, uma colher (chá) de mostarda inglesa em pó e um pouco de pimenta-do-reino e sal. (Apoie a tigela sobre um pano molhado para mantê-la firme.) Usando 300 ml de óleo de amendoim ou uma mistura de óleo de amendoim com azeite de oliva para cozinhar, vá os acrescentando em pequenas colheres (chá), batendo com força até que a mistura se torne homogênea. Repita a operação, sempre acrescentando uma pequena colherada de óleo. Garanta que a porção anterior já esteja bem-misturada antes de adicionar mais. Vá aumentando a quantidade de óleo para que a mistura fique cada vez mais grossa e cremosa. Quando todo o óleo estiver misturado, acrescente duas colheres (sopa) de água fria, mexendo sempre. Prove o tempero. A maionese pode ser conservada na geladeira por até uma semana em um pote bem-vedado. Esta receita faz cerca de 300 ml.

Chutney de Pêssego

Se conseguir achá-los, use pêssegos brancos neste *chutney*. Caso não os tenha, pêssegos amarelos vão servir. Compre metade das frutas levemente verdes e um pouco firmes e o restante levemente maduras, um pouquinho passadas, e cheias de sabor. Esse *chutney* também fica muito bom se feito com peras, damascos e até mangas.

Lave e retire os caroços de um quilo de pêssegos frescos. Em seguida, corte-os em pequenos pedaços. (Caso você esteja usando uma mistura de pêssegos levemente verdes e maduros, reserve os maduros para adicionar depois.) Coloque as frutas em uma panela ou caldeirão e adicione uma maçã média (descascada, sem sementes e bem-picada), 250 g de tomates (sem pele e picados), uma cebola média bem-picada, dois dentes de alho grandes socados, duas colheres (sopa) de gengibre fresco ralado, raspas e suco de duas limas, 300 g de açúcar, uma colher (sopa) de sal marinho, uma colher (chá) de canela em pó, uma colher e meia (chá) de noz-moscada moída na hora, uma colher e meia (chá) de pimenta-branca em pó, 300 ml de vinagre de vinho branco e 125 g de flocos de amêndoas. Deixe ferver em fogo baixo, mexendo até que todo o açúcar se dissolva. Cozinhe, sem tampar, por cerca de 15 minutos, mexendo uma ou duas vezes. Adicione os pêssegos maduros (caso os estiver utilizando), devolva ao fogo baixo e continue cozinhando por mais dez minutos. A mistura deve ficar com uma boa consistência de xarope, e os pêssegos meio verdes não devem estar totalmente desmanchados.

Enquanto o *chutney* estiver fervendo a todo vapor, lave e seque dois potes com cerca de 450 g de capacidade e os coloque em um forno quente para que eles esquentem e fiquem esterilizados. Encha os potes com *chutney*, coloque uma vedação por cima e feche as tampas. Deixe esfriar, identifique e guarde-os. O *chutney* pode ser conservado, caso não seja aberto, por alguns meses. No entanto, depois de abrir, mantenha-o na geladeira. Esta receita faz cerca de um quilo de *chutney*.

Confit de Cogumelos-*Porcini*

Lave 400 g de cogumelos-*porcini* frescos e enxugue-os bem com papel toalha. Corte os caules e pique-os em cubos. Corte a copa em cubos também. Aqueça duas colheres (sopa) de azeite de oliva em uma frigideira grande e dê uma rápida refogada nos cogumelos-*porcini*, até ficarem ligeiramente dourados. Retire-os do fogo. Esquente 200 g de gordura de ganso na temperatura mínima de seu fogão, preferencialmente abaixo de 100°C. Adicione um raminho de tomilho fresco e acrescente os cogumelos-*porcini*. Cozinhe em fogo baixo por cerca de 15 minutos e deixe esfriar na gordura. Transfira tudo para um pote limpo e guarde na geladeira até sua próxima receita.

Conserva de Cogumelos Cantarelo

Você pode conservar esses "picles" em um pote na geladeira e usá-los de maneiras diferentes, como você faz com alcaparras e molhos encorpados.

Apare os cabinhos de cerca de 300 g de cantarelos pequenos de inverno. Lave-os para retirar a sujeira e enxugue-os com papel toalha. Prepare 300 ml de Molho Vinagrete Clássico (veja na p. 213) e deixe ferver em uma panela. Quando levantar fervura, acrescente os cantarelos. Espere ferver de novo, retire do fogo e deixe esfriar. Guarde em um pote de vidro na geladeira e use em até dez dias.

Concentrado de Limão

Eu aromatizo meus concentrados — em inglês, *Stock syrup* — de diversas maneiras. Você pode achar que o melhor sabor para receitas em geral é o de uma ou duas tiras de casca de limão, mas outras opções são a canela em pau, um raminho de capim-limão dividido ao meio ou até alguns anises-estrelados.

Dissolva 250 g de açúcar refinado em 500 ml de água em fogo baixo. Quando a mistura estiver transparente, adicione o ingrediente que dará o sabor — normalmente o limão, por isso o nome desta seção ser "Concentrado de Limão" — e cozinhe em fogo baixo, sem ferver, por cinco minutos. Deixe esfriar. O concentrado pode ser mantido por pelo menos um mês na geladeira. Depois disso, deve ser fervido de novo. A receita rende 700 ml de concentrado.

Massa Folhada

A massa folhada comprada pronta pode até ser prática e crescer de modo igual quando assada, mas nada se compara à caseira, por seu sabor amanteigado e sua textura que derrete na boca. Faça uma grande porção desta receita e congele a massa em blocos fáceis de manusear.

Divida 500 g de manteiga gelada em 450 e 50 g. Faça o mesmo com 500 g de farinha de trigo peneirada e misturada com 1/4 colher (chá) de sal. Corte os 450 g de manteiga em pequenos cubos e misture-os aos 50 g de farinha (faça isso em um processador de alimentos, caso o tenha). Passe a mistura para uma folha grande de papel filme e forme um retângulo grande de cerca de 14 x 20 centímetros. Tente manter as extremidades retas, porque isso vai ajudar depois. Reserve.

Misture os 50 g de manteiga aos 450 g de farinha (o que é mais fácil em um processador de alimentos). Acrescente uma colher (chá) de suco de limão fresco e água fria suficiente para que a mistura forme uma massa — você pode precisar de até 300 ml de água adicionados aos poucos. Trabalhe bem até obter uma massa macia. Abra-a em uma superfície de trabalho levemente polvilhada com farinha até obter um retângulo de 25 x 35 centímetros, mantendo as bordas e pontas retas. Coloque o retângulo de manteiga sobre um dos lados do retângulo de farinha e dobre a outra metade da massa para cobri-lo. Pressione as pontas para fechá-la num "pastel".

Abra a massa devagar até que o comprimento seja três vezes maior do que a largura. Tome cuidado para que a manteiga não saia pela massa. Agora, dobre a ponta de cima, que deve ser do tamanho de um terço da massa, para baixo e outro terço da massa para cima, como um cobertor. Vire a massa de lado e abra-a de novo, polvilhando levemente com farinha, se necessário. Dobre de novo em três pedaços e embrulhe-a com papel filme. Leve à geladeira para descansar por 20 minutos, abra-a e dobre-a mais duas vezes. Tente se lembrar de dobrar e virá-la sempre na mesma direção. Divida a massa folhada em duas ou três porções, como precisar, e embrulhe-as com papel filme. Use um pouco e congele o resto. A receita faz 1,2 kg de massa.

Crème Anglaise

Caso você nunca tenha preparado um pudim suculento antes, é melhor manter uma tigela de água gelada pronta para mergulhar a base da panela para resfriar a mistura rapidamente. Outra dica útil: você pode usar um termômetro de açúcar ou um termômetro eletrônico para saber se o creme já está bem-cozido — a temperatura deve ser de 82°C.

Abra uma fava de baunilha e retire as sementes com a ponta de uma faca. Coloque 250 ml de leite e 250 ml de creme de leite fresco em uma panela de fundo grosso e acrescente as sementes de baunilha. Jogue a fava lá também. Aqueça até que o líquido comece a subir pelos lados da panela, retire do fogo e deixe descansar por dez minutos. Enquanto isso, ponha seis gemas de ovos orgânicos e 90 g de açúcar refinado em uma tigela grande apoiada sobre um pano molhado (para que fique firme) e bata com um *fouet* até que a mistura adquira uma consistência cremosa e uma coloração dourado-clara. Retire a fava de baunilha do leite e o leve ao fogo para ferver novamente. Passe, aos poucos, pequenas porções desse leite "temperado" para a mistura de açúcar e gemas, batendo bem. Quando a mistura estiver homogênea, devolva-a à panela, no fogo mais baixo. Mexa com uma colher de pau por dois minutos, até que a mistura comece a engrossar e grude nas costas da colher. Não esquente demais ou ela vai coalhar. Peneire, cubra e deixe esfriar, mexendo de vez em quando para evitar que uma película se forme na superfície. Esta receita faz 600 ml de *crème*.

Sorvete de Tomilho

Esquente 250 ml de leite integral e 250 ml de creme de leite fresco em uma panela grande até que o líquido comece a subir pelos lados da panela. Acrescente as folhas e flores de três raminhos de tomilho fresco e deixe esfriar.

Coloque seis gemas de ovos orgânicos e 90 g de açúcar refinado em uma tigela grande posta sobre um pano molhado (para mantê-la firme). Com um *mixer* de mão, bata a mistura até que se torne grossa e cremosa. Reaqueça a mistura de leite e, quando o líquido subir de novo, jogue a mistura de gemas ainda com o *mixer* ligado na velocidade mínima. Bata até ficar homogêneo. Peneire o líquido e devolva-o à panela. Jogue o tomilho fora. Com o fogo mais baixo, mexa a mistura com uma colher de pau até que engrosse e grude nas costas da colher. Não deixe que esquente demais ou ela com certeza vai coalhar e se tornar granulosa. Espere o creme esfriar, mexendo de vez em quando para evitar que uma película se forme na superfície. (O ideal é esfriá-lo de modo rápido, mergulhando parcialmente a panela em uma tigela de água gelada.) Bata em uma máquina de sorvete até que a mistura se torne um creme grosso e macio. Passe para um pote de plástico resistente ao frio e congele por algumas horas. Em seguida, sirva em diversos formatos. Nós usamos duas colheres de chá para modelar *quenelles*, mas você pode achar que é mais fácil fazer bolas. Serve quatro porções.

Sorvete de *Fromage Blanc*

Forte e muito branco, este sorvete limpa perfeitamente o paladar e serve como acompanhamento leve para bolos doces e amanteigados. Ele fica melhor se feito com uma máquina de sorvete elétrica, que vai remexer a massa até você obter uma textura cremosa. Os grãos de pimenta dão um toque picante surpreendente.

Coloque 350 ml de Concentrado de Limão (p.214) para ferver com quatro grãos de pimenta-do-reino. Deixe esfriar e leve à geladeira. Retire as pimentas e acrescente o suco de um limão. Adicione 400 g de *fromage frais* com 8% de gordura e bata bem com um *fouet*. Em seguida, bata a mistura em uma máquina de sorvete elétrica até que fique cremosa. Passe para um pote resistente ao frio e congele até que esteja firme. Sirva em bolas ou *quenelles* ou, para obter raspas, force o sorvete com uma colher de metal. Serve seis porções.

Sorvete de Limão

Coloque 600 ml de água para ferver. Acrescente 250 g de açúcar refinado e mexa até dissolver. Depois, deixe ferver e cozinhe em fogo baixo, sem deixar ferver, por cinco minutos. Retire do fogo e acrescente as raspas de um limão e o suco de três. Deixe esfriar, peneire e leve à geladeira. Bata em uma máquina de sorvete até obter uma textura de raspadinha de gelo, coloque em um pote resistente ao frio e congele. Cerca de dez minutos antes de servir, retire do *freezer* e deixe amolecer à temperatura ambiente. Serve seis porções.

Tuiles de Coco

Este é um dos nossos biscoitos mais populares, e nós o servimos com todo tipo de sobremesa. Nós os preparamos bem pequenos, mas você pode preferir um tamanho mais generoso.

Bata 40 g de coco desidratado em um processador de alimentos até obter a raspa mais fina possível. Adicione 40 g de açúcar de confeiteiro e 15 g de farinha de trigo comum e ligue novamente o processador. Acrescente uma clara de ovo orgânico batida e uma colher (sopa) de manteiga derretida e bata até obter uma pasta grossa e molenga. Preaqueça o forno a 180°C. Passe de quatro a seis colheres (chá) da mistura de coco para uma assadeira forrada com papel-manteiga ou para uma placa de silicone própria para forno. Com uma pequena espátula mergulhada em água fria, espalhe a mistura de modo igual, formando pequenos círculos finos. Asse por sete minutos até que estejam firmes, mas não dourados. Retire do forno, espere um minuto ou pouco mais e passe os biscoitos para uma grelha para que esfriem e fiquem crocantes. Repita a operação com o restante da mistura. Caso os biscoitos endureçam antes que você os remova da assadeira, apenas os leve de novo ao forno por alguns segundos para que amoleçam. Caso você queira biscoitos no formato de telhas (*tuiles*), pouse os biscoitos quentes em um rolo de macarrão e os deixe esfriar lá. Esta receita faz 12 porções (ou 24 biscoitinhos menores).

Laranja e Limão Cristalizados

Ferva 200 ml de Concentrado de Limão (p. 214). Enquanto isso, fatie uma laranja grande sem sementes e um limão em rodelas de três milímetros com a casca. Coloque as fatias de fruta no concentrado fervente, retire do fogo e deixe esfriar. Use as fatias cristalizadas quando precisar. Elas se conservam em geladeira por até um mês se forem guardadas em um pote fechado. Quando todas as fatias confeitadas acabarem, você pode reaquecer o concentrado (ele terá aroma de laranja e limão) e usá-lo de novo.

Pralina

Preaqueça o forno a 180°C. Esquente 120 g de amêndoas em flocos no forno por dez minutos. Enquanto isso, derreta 160 g de açúcar refinado em uma panela com um pouco de água até que a mistura fique transparente, mexendo uma ou duas vezes. Esprema um pouco de suco de limão no açúcar derretido, aumente o fogo e cozinhe até obter uma cor de caramelo. Acrescente as amêndoas e passe tudo para uma assadeira plana forrada com papel-manteiga. Deixe esfriar e endurecer. Quebre a massa em pedaços com um rolo de macarrão, depois bata em um processador de alimentos até obter uma paçoca. Guarde em um pote com tampa de rosca e use quando precisar. Pralinas são uma cobertura deliciosa para *sundaes*. Esta receita faz 280 g.

Como preparar alcachofras

Nós usamos apenas o "fundo" das alcachofras — também chamado de "coração" —, que é a sua base encorpada, cercada de folhas duras e protegida por um "invólucro" com espinhos no meio.

Depois que você retirar o talo da alcachofra (1), arranque as pétalas externas com as mãos (2). Em seguida, usando uma faca pequena e afiada, descasque a base das alcachofras para retirar as pétalas restantes (3). Retire as folhas internas, de cor creme-arroxeada, cortando-as um pouco acima do fundo corpulento (4). Vire o fundo de lado e, com uma faca de cozinha maior, faça um corte reto para baixo, assim retirando as fibras mais finas do invólucro (5). Por fim, com a ponta de uma colher de chá firme, remova a base do invólucro fibroso (6) para separar apenas o fundo/coração. Ele pode ser cortado em gomos ou fatias grossas (7), que podem ser, em seguida, cortadas em losangos.

1

2

3

4

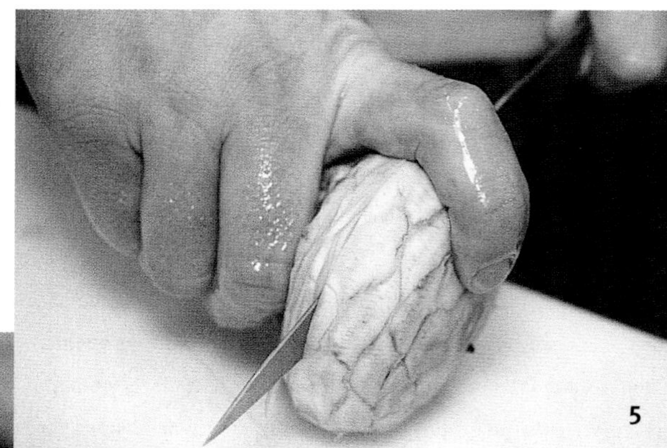
5

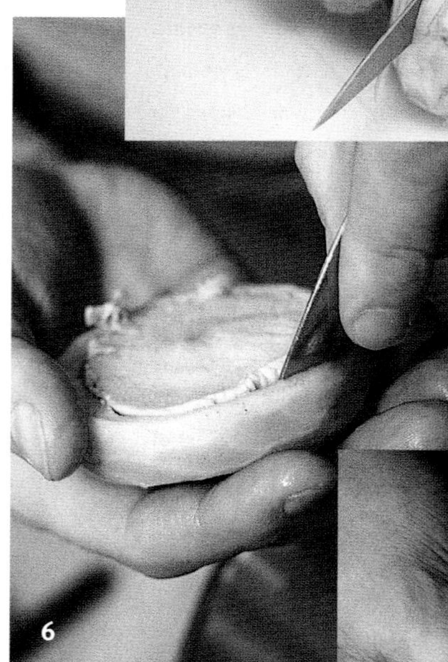
6

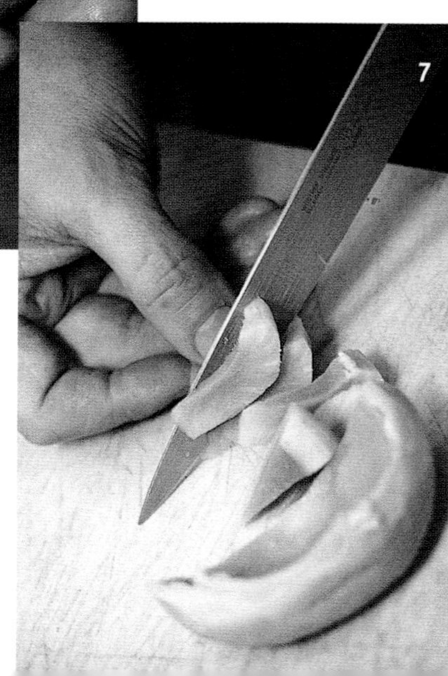
7

1

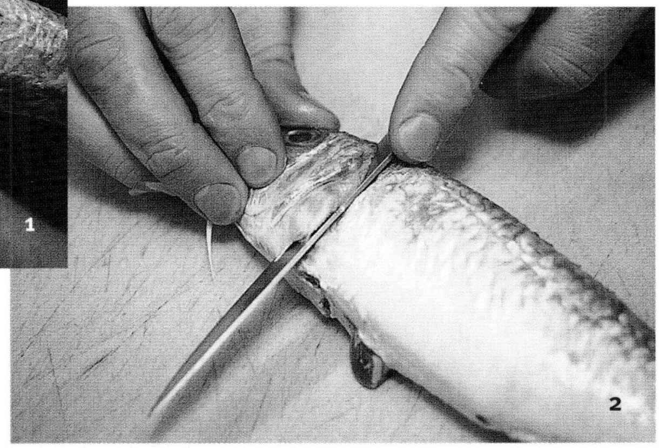
2

Como abrir um peixe inteiro

Com esta técnica, um peixe inteiro é transformado em filé sem ser dividido em duas metades. Aqui, eu abri um salmonete (que é usado na receita de Pequenos Salmonetes com Chucrute e Ruibarbo, da p. 184), mas qualquer peixe de pequeno porte pode ser preparado desta maneira. É essencial que você tenha em mãos uma faca para fazer filés muito afiada, com uma lâmina fina e flexível. Só assim conseguirá cortes limpos sem retirar a pele do peixe.

Antes de tudo, escame o peixe, caso o peixeiro não tenha feito isso por você. Um salmonete tem escamas macias que podem ser retiradas com os dedos. (Recomendo que façam isso com o peixe dentro de um saco de lixo, para que as escamas não voem para todos os lados.) Em seguida, apare o rabo e as principais barbatanas com tesouras de cozinha (1). Corte a cabeça logo acima das guelras e jogue-a fora (2). Corte a barriga e retire as vísceras. Em seguida, lave bem o peixe com água fria corrente passando o dedo indicador pelas veias para garantir que todo o sangue seja retirado. Com a ponta de uma faca para fazer filés, separe, cuidadosamente, as espinhas da carne. Isso deve ser feito em cada lado individualmente. Faça um movimento de serra contra as espinhas enquanto você puxa a carne solta com a outra mão (3). Faça isso em todo o peixe e pare quando chegar à parte de cima e à espinha principal. Você não deve cortar a pele. Repita o procedimento do outro lado e solte o "esqueleto". Quando terminar, a espinha ainda estará presa ao rabo. Retire-a usando uma tesoura (4), mas mantenha o rabo preso ao filé. Por fim, apare as pontas do peixe aberto para retirar pequenas espinhas (5) e passe a ponta dos dedos pela carne para garantir que não haja outras.

3

4

5

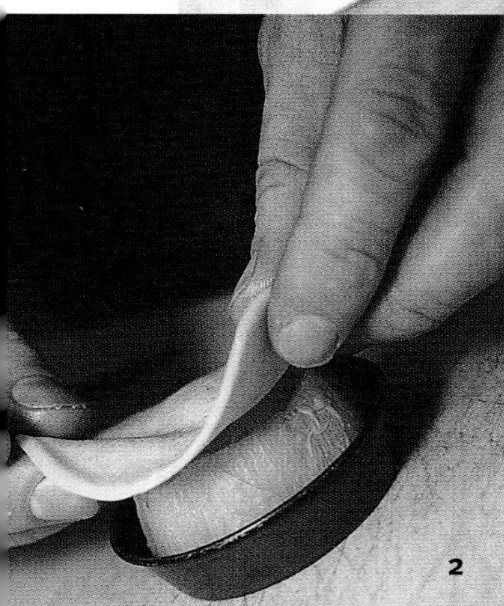

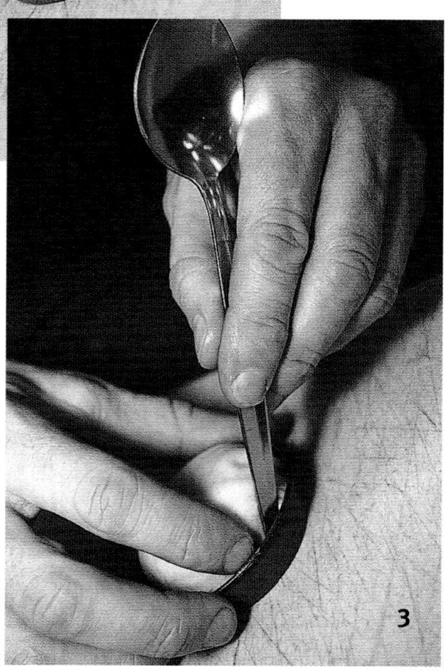

Como preparar tortas de endívia

Estas tortas bonitinhas, usadas na receita de Pato Gressingham com Torta de Endívia, da p. 190, são uma versão saborosa da tarte Tatin. *Elas contêm três elementos: um caramelo aromatizado com vinagre balsâmico, a base de uma cabeça de endívia e um círculo de massa folhada.*

Prepare o caramelo e passe-o para as forminhas. Apare todas as cabeças de endívia para que você obtenha uma base curta e grossa de cerca de três centímetros de altura (as pontas podem ser usadas em saladas). Coloque as bases de endívia nas forminhas, com o lado mais largo para baixo, para que fiquem submersas no caramelo (1). Ponha um círculo de massa por cima delas (2) e "enterre-o" em torno da endívia com o cabo de uma colher (3). Depois de assá-las, vire as tortinhas em um prato. Para que o aspecto fique ainda mais parecido com uma rosa, separe de leve as folhas de endívia com o cabo de uma colher (4).

Como debulhar uma espiga de milho

Grãos de milho fresquinhos são deliciosamente macios e suculentos. Durante a temporada do milho, eu gosto de debulhá-lo para usar seus grãos em pratos como o Risoto de Milho com Cebolinha (p. 68). Eles também são ótimos petiscos caso esteja batendo aquela fome... eles têm menos gordura do que amendoins!

Depois de retirar a palha e o cabelo do milho, corte a ponta da espiga. Coloque-a em pé em uma tábua de madeira e corte a ponta meio inclinada. Segure bem a espiga pelo cabo. Com uma faca de cozinha afiada, faça um corte para baixo da espiga para remover as fileiras de grãos. Eles provavelmente vão voar para todos os lados, por isso proceda devagar e com cuidado. Depois de cada corte, gire a espiga um pouco. Repita a operação até que todos os grãos doces e suculentos estejam soltos. (As espigas sem os grãos podem ser usadas para preparar um caldo de legumes.)

1

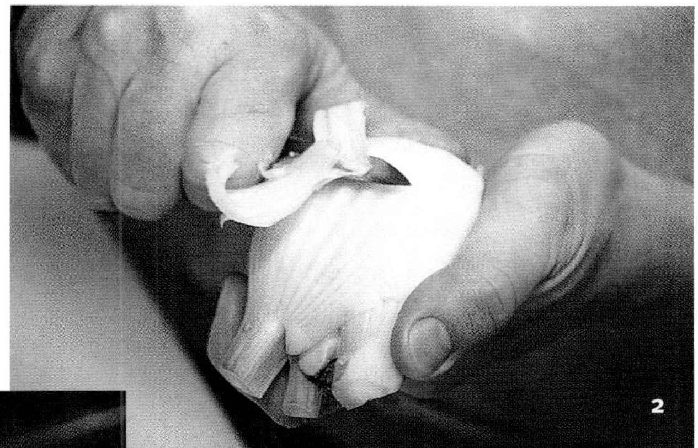

2

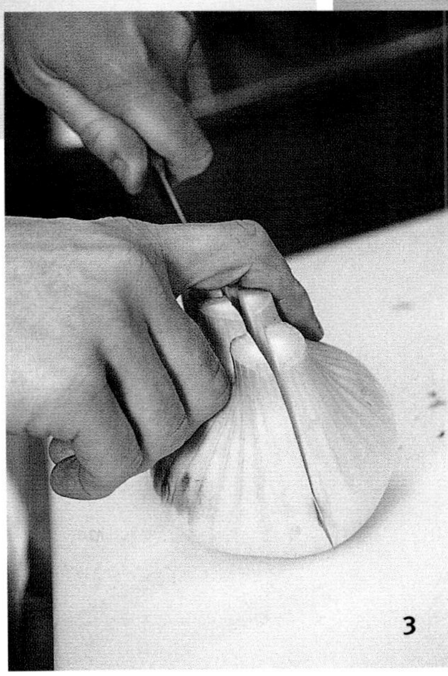

3

4

Como fazer leques de funcho

É preciso aparar, descascar e cortar muito para moldar esses leques, mas a técnica, na verdade, é muito simples, e o resultado, bem atraente. Eu os sirvo com o prato de Salmonete com Funcho Coberto de Laranja e Molho Pesto *(p. 136).*

Antes de tudo, retire os caules e as folhas (1) — você pode usá-los em outros pratos, ou decorar algumas receitas com as folhas. A parte externa do funcho fica melhor se for um pouco descascada para ficar mais macia, por isso retire as camadas exteriores com uma faca pequena e afiada (2). Coloque o bulbo de funcho aparado e descascado em pé em uma tábua e corte-o ao meio com firmeza (3). Com a faca pequena, corte a base de cada metade — que tem forma de "V" (4) —, mas mantenha o lado da raiz intacto para que as camadas do funcho se mantenham juntas. Depois de fritá-los em um caldo amanteigado até que fiquem macios, passe as duas metades do funcho para uma tábua com o lado do corte para baixo. Com a ponta de uma faca de cozinha, retalhe cada metade em fatias de igual tamanho (5), mas deixe o lado da raiz inteiro para que o "leque" se mantenha. Passe as metades de funcho para pratos aquecidos com uma espátula e pressione com cuidado o legume cortado para separar as tiras e abrir o leque (6).

5

6

Como preparar nhoque

Preparar nhoque de batata é divertido e fácil, e eles ficam deliciosos com uma salada de ervilhas e favas (p. 24) ou com um coelho cozido lentamente em gordura de ganso (p. 145). As batatas devem estar bem secas, então as asse ou as seque no forno depois de cozinhá-las em água.

Misture o purê de batatas com farinha de trigo, ovos e os outros ingredientes para obter uma massa firme, mas macia. Em seguida, divida-a em bolas do tamanho de uma maçã pequena. Em uma superfície de trabalho polvilhada com um pouco de farinha, enrole cada bola criando um charuto de cerca de 25 centímetros de comprimento (1). Amasse o charuto levemente para obter uma forma oval. Com as costas de uma faca de mesa ou uma faca de cozinha cega, corte os charutos em pedaços de três centímetros de comprimento. Passe a faca levemente na diagonal (2). Isso vai dar ao nhoque as pontas amassadas características desse prato. Cozinhe os nhoques assim que forem cortados para que não desidratem.

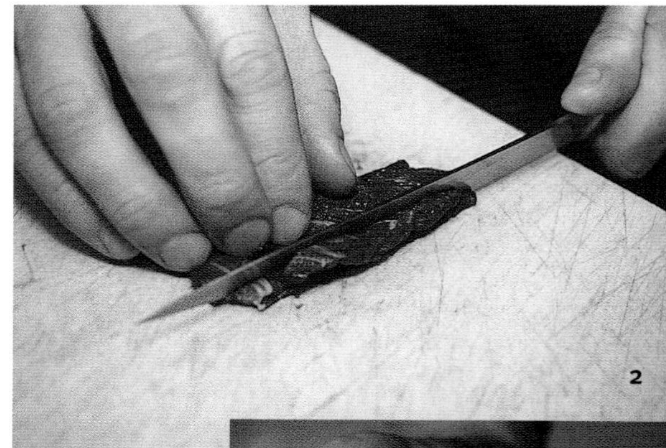

Como preparar *steak tartare*

Para preparar um steak tartare *perfeito, você vai precisar de carne orgânica bem--selecionada e de primeira. A minha, é claro, vem da Escócia, que é a melhor do mercado. A carne deve ser picada apenas uma vez para manter um gosto e uma textura limpos — picar demais, ou pior, moer, acaba prejudicando a carne e destruindo seu sabor, fazendo-a ficar com um gosto "cozido". Minha receita com o* steak tartare *pode ser vista na p. 197.*

Primeiramente, retire qualquer vestígio de gordura do filé. Em seguida, corte-o em fatias finas (1). Corte cada fatia em tiras finas (2). Junte algumas tiras e corte-as no comprimento em cubinhos pequenos (3). Passe a carne bem-picada para uma tigela de metal posta sobre uma tigela maior cheia de água gelada (4) para que esfrie rapidamente. Para finalizar, misture-a aos temperos e forme montinhos redondos de carne.

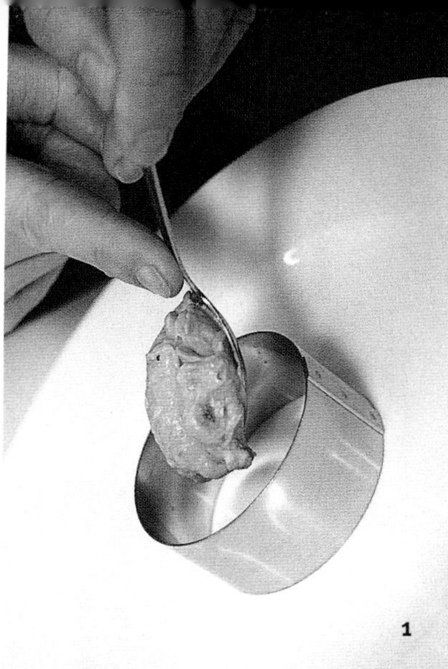

1

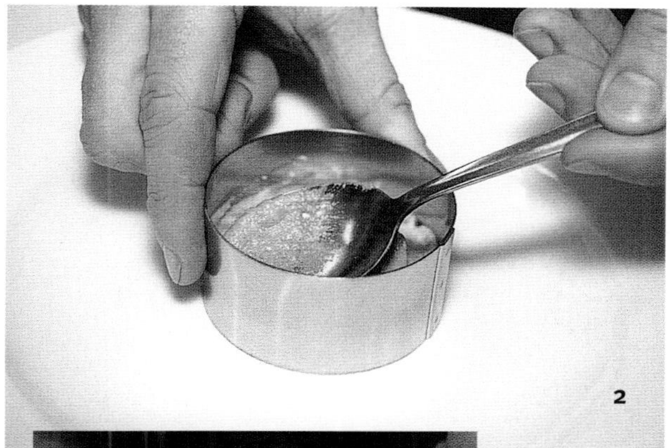

2

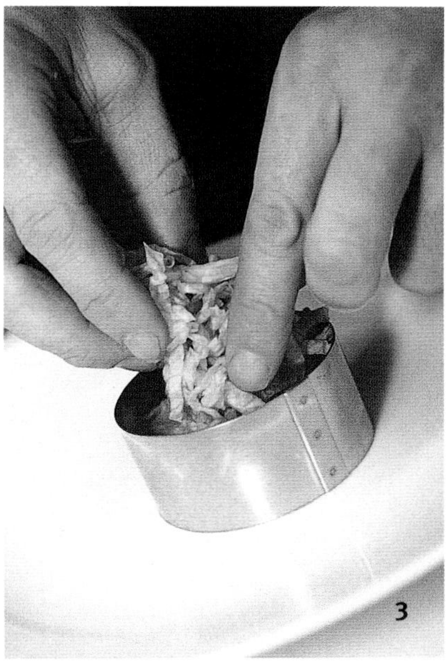

3

4

5

Como moldar torres

Esta é uma técnica muito simples para criar apresentações que dão um acabamento atraente e profissional aos seus pratos. Ela pode ser usada em todos os tipos de prato, desde risotos e purês de raízes cremosos a camadas de legumes e verduras cobertas com filés de peixe ou belos pedaços de carne. Nas ilustrações, estou montando camadas com o coquetel de caranguejo da Sopa de Tomate e Pimenta da p. 64. Você vai precisar de um anel de metal profundo e com os lados retos parecido com um cortador de biscoitos comum.

Coloque o cortador no meio de um prato ou tigela e passe a primeira camada para dentro dele — aqui, é o abacate amassado (1). Alinhe esta camada com as costas de uma colher (2). Em seguida, adicione a próxima camada, que é a salada de caranguejo (3), e pressione-a um pouco com cuidado (4). Arremate com um pouco de molho do coquetel. Prenda a respiração e retire o cortador (5). Limpe-o e comece a preparar o outro prato.

Índice remissivo

Agradecimentos

Um livro deste nível não é produzido de um dia para o outro, apesar de a equipe da Quadrille ter demonstrado eficiência e habilidade impressionantes para cumprir os prazos apertados que tínhamos. Eu fiquei totalmente embasbacado com a qualidade do trabalho deles. Por isso agradeço muito a todos os envolvidos: a Roz Denny, por sua determinação plácida, por sua habilidade em me manter trabalhando (mais ou menos) no prazo e por suas maneiras engenhosas de extrair informações de mim; a Mark Sargeant, um dos meus funcionários indispensáveis, por trabalhar comigo nas sessões de foto e sacrificar seus passeios de bicicleta de fim de semana (nenhum *sous-chef* poderia ter um amor tão grande por seu mestre); a Georgia Glynn Smith, sempre estonteante e calma, com o olho direito mais atento do ramo, por produzir verdadeiras obras de arte que me deixaram sem fôlego; a Helen Lewis, por seu *design* claro e inteligente e por me fazer chegar pontualmente nas sessões de foto aos sábados; a Norma MacMillan, por seu detalhismo, profissionalismo e jeitinho gentilmente persuasivo que fizeram com que tudo acontecesse na hora certa; e a Anne Furniss, da Quadrille, por seu entusiasmo e por acreditar em mim.

No entanto, acho que os maiores agradecimentos devem ser direcionados a duas das mulheres mais importantes da minha vida: à minha assistente Carla Pastorino, que controla e influencia com firmeza, mas cheia de simpatia, todos os aspectos da minha vida profissional; e à minha esposa doce e *sexy*, Tana. Foi a paciência dela que me permitiu trabalhar aos sábados, exatamente o dia da semana que eu havia prometido estar em casa para ajudá-la com a pequena Megan e com os gêmeos. Como recompensa, prometo começar a cozinhar almoços de domingo para ela e para as crianças quando todas forem grandes o suficiente para se sentarem à mesa.